한국인의
종합병원

한국인의 종합병원

신재규 지음

환자와 보호자는
무엇으로
고통받는가

생각의힘

Ⅲ. 아픈 사람의 시간, 돌보는 사람의 시간

프롤로그

    나는 미국 캘리포니아주에서 활동하는 약사이고, 약학대학에서 교수로 일하고 있다. 2017년 6월 말, 당시 73세이던 나의 어머니는 췌장암 4기 진단을 받았다. 때마침 여름방학 기간이라 장기 휴가를 낼 수 있었다. 그해 8월 중순 어머니가 돌아가실 때까지 한국에서 어머니의 투병 생활을 함께하면서 서울에 있는 대학병원, 대형약국, 동네의원, 동네약국 등을 두루 경험할 수 있었다. 그러면서 우리나라의 암 정보 사이트를 살펴보기도 했고, 주변 친지분들이 권하는 민간요법을 알아보기도 했다. 또 어머니가 생의 마지막을 호스피스 병원에서 보내셨기 때문에 호스피스 병원도 경험하게 되었다.

    어머니의 치료를 위해 여러 의료기관을 방문하면서 경험한 우리나라의 의료 서비스는 나에게 매우 낯설었다. 환자보다는

의료공급자 중심이었고, 안전하고 효과적인 치료보다는 편의성
이 좀 더 강조되었다. 또 임상시험 결과에 근거한 치료가 이루어
지지 않는 것 같았다. 한때는 우리나라의 의료시스템을 나도 당
연하게 받아들였을 텐데, 아마도 미국에서 17년 동안 살면서 미
국의 의료시스템에 익숙해지다 보니 그렇게 느끼게 되었을 것
이다. 그래서 이 책에서는 미국의 의료와 교육 현장에 몸담고 있
는 사람이 한국에서 환자의 보호자로서 직접 겪은 경험을 바탕
으로, 한국과 미국의 의료제도를 비교하고 우리나라 의료시스
템의 개선 방안을 제안하고자 한다.

한국에서 법적으로는 의료인으로조차 간주되고 있지 않은
약사라는 직업을 가진 사람이 의료시스템에 대해 논할 자격이
있는지 의아해하실 독자들도 있을지도 모르겠다. 그래서 내가
지금 하고 있는 일과 경력에 대해 간략히 소개하려고 한다. 나
는 현재 샌프란시스코에 위치한 캘리포니아 주립대학University of
California San Francisco의 약학대학 임상약학과Department of Clinical
Pharmacy에서 교편을 잡고 있다. 여느 교수처럼 학교에서 연구,
교육, 사회봉사 측면의 일을 맡고 있다. 여기에 더해 매주 금요
일마다 샌프란시스코 종합병원San Francisco General Hospital에 있
는 클리닉에서 환자를 직접 보는 일도 한다. 이 클리닉은 '약사
돌봄 클리닉Pharmacist care clinic'이라고 불리는데 병원 내 가정의
학과 소속이다. 나는 주로 가정의학과 의사들이 약물 사용에 관
해 협진 의뢰를 요청한 환자들을 만나고 돕는다. 미국에서 가정

의학과 의사는 우리나라에서 흔히 주치의라고도 불리는 1차 의료제공자primary care provider이다. 따라서 가정의학과 의사들과의 협진 경험은 1차 의료의 중요성을 이해하는 데 큰 도움이 되고 있다. 그리고 이 경험으로 환자 치료에 좋은 결과를 내려면 여러 직종 간의 긴밀한 의사소통과 협력이 중요하다는 사실을 깨닫게 되었다. 또 환자가 집에서 안전하고 효과적으로 약을 사용하기 위해서는 의료제공자와 환자 사이에 명확한 의사소통이 꼭 필요하다는 것도 알게 되었다. 조제를 주 업무로 하는 일반 약사들과는 달리, 나는 병원에서 일정 범위 내에서 약을 처방하고 필요한 검사를 오더할 수 있는 권한을 가지고 있다. 이런 경험을 통해 안전하고 효과적인 약물을 사용하려면 처방 제도 등 제도적 뒷받침이 중요하다는 것을 확인할 수 있었다.

임상실습교육에 직접 관여한 경험도 우리나라와 미국의 의료 교육을 비교하고 이해하는 데 도움이 되었다. 나는 강단에서만 가르치는 것이 아니라 외래환자 클리닉과 순환기내과 입원 환자팀 실습에 참여하는 약대 학생과 수련 약사pharmacy residents들을 임상 현장에서도 직접 가르치고 있다. 또 약학대학뿐만 아니라 의과대학, 간호대학, 치과대학, 물리치료학과 등 여러 건강 관련 직역의 실습 학생들을 함께 가르치는 과정인 전문직 간 상호교육interprofessional education에도 참여하고 있다. 그리고 교육 및 임상 실무에 관련된 여러 위원회에서 다른 건강 관련 직역 교수들과 함께 활동하고 있다. 이처럼 여러 분야의 학생, 교수 들과의 협력은 다양한 직역의 역할과 교육내용에 대해 이해를 넓힐 수 있는 좋은 기회를 제공해 주었다.

비록 임상교육 및 실무 경험을 모두 미국에서 쌓았지만, 30년간 한국에 살면서 받은 교육과 직장 경험은 내가 우리나라 의료시스템을 이해하는 출발점이다. 나는 1990년대에 우리나라에서 약학대학과 대학원을 졸업하고, 한 제약회사에서 연구원으로 일하면서 신약개발에 참여했었다. 이 경험은 우리나라 건강 관련 직종의 교육과 신약개발 과정을 이해하는 데 기반이 되었다.

의료 서비스를 제공하는 과정에서 안전하고 효과적인 돌봄을 담보할 수 없는 경우는, 고의나 태만이 그 원인이 아닌 이상 대부분 개인의 잘못보다는 여러 사람이 관련된 시스템에 문제가 있어서 벌어진다. 2017년 12월 16일 밤, 1시간 30여 분에 걸쳐 이대목동병원의 중환자실에 입원하고 있던 신생아 네 명이 사망했다. 이 신생아들은 시트로박터 프룬디Citrobacter freundii라는 균에 오염된 주사 영양제를 맞고 패혈증에 걸려 사망했다. 이에 따라 검찰은 담당 의료진과 간호사 들을 감염 예방 수칙을 위반하고 관리 감독을 소홀히 한 혐의로 기소했다. 하지만 법원은 "감염을 방지할 주의 의무를 소홀히 한 과실은 인정되지만 이 점과 신생아 사망 사이의 인과 관계가 합리적 의심 없이 입증되었다고 보기 어렵다"고 판단, 전원 무죄를 선고했다. 병원에서 치료를 받던 신생아 네 명이 목숨을 잃었는데 잘못한 사람이 아무도 없다니 이를 어떻게 봐야 할까?

언론에서 보도된 신생아 사망 사건의 원인을 살펴보면 ①약국에서 조제한, 쉽게 변질될 수 있는 주사용 영양제가 상온에 보관되었고, ②신생아 한 명당 한 병의 영양제를 주사해야 하지만 병원은 이를 소분해 여러 신생아에게 사용했고, ③무균 시설을 갖춘 약국에서 약사가 분주해야 할 영양제를 간호사가 병동에서 직접 분주했으며, ④보관 또는 분주 과정에서 균에 오염되어 투약되었다. 게다가 주사제 준비자와 투약자가 같아야 한다는 원칙도 어겼다. 그런데 이 병원은 1993년 개원 이래로 한 병의 영양제를 여러 신생아에게 나누어 맞추는 관행을 계속해 왔다.

이 사건은 한 사람 혹은 소수의 고의, 태만으로 벌어지지 않았다. 의사, 간호사, 약사 등 신생아 중환자실 돌봄에 관련된 병원 직원들이 시스템에서 요구하는 역할을 수행하던 중에 발생한 사건이다. 그러므로 '시스템의 문제'로 일어난 사건이다. 가령, 약국에서 병동으로 주사제를 보낼 때 라벨에 보관 방법을 명확히 표기하지 않았거나, 병동의 냉장 보관 시설이 미흡할 수 있다. 또 병동에서 주사제 준비자와 투약자가 같은지에 대한 정기 점검과 개선책이 마련되어 있지 않았을 수도 있다. 무엇보다 주사 영양제를 신생아에게 사용할 때 따라야 할 매뉴얼이 없었거나 혹은 매뉴얼이 있다고 하더라도 이를 제대로 지키는지 병원 차원에서 정기적인 점검과 분석을 하지 않았을 수도 있다. 특히 개원 이래로 한 병의 영양제를 여러 신생아에게 나누어 맞추는 관행이 계속되었다는 것은 구성원들이 이를 주사 영양제 투여에 관한 병원의 정책으로 여기고 따랐을 가능성이 크다.

따라서 이 사건을 법적으로 판단할 때, 병원이 신생아들에게 주사 영양제를 안전하게 사용하도록 유도하는 시스템을 갖추고 있었는지, 개선하는 노력을 꾸준히 기울여 왔는지에 대해 초점을 맞췄어야 했다는 점에서 아쉬움이 크다. 그렇게 해야 건강 관련 종사자들이 시스템을 개선하려고 노력하게 된다. 개인의 잘못에만 무게를 둔다면 시스템의 문제는 그대로 남게 되어 비슷한 사건이 재발할 수 있다.

따라서 이 책에서는 우리나라와 미국의 의료시스템을 경험하면서 발견한 이슈들을 가능한 한 시스템의 관점에서 살펴보려고 한다. 즉 외래진료, 처방과 조제, 입원치료, 의료 인력의 교육과 수련, 건강보험 등 이슈에 따라 적절한 시스템을 골라 개인적으로 경험한 미국과 우리나라의 의료 서비스를 비교하고, 더 효과적이고 안전한 돌봄을 위해 시스템을 어떻게 개선할 것인지 고민해 볼 것이다.

이 책은 개인의 체험을 바탕으로 한다. 따라서 그 한계가 있음을 미리 말해 두고 싶다. 2017년 우리나라의 유명 대학병원 두 곳과 주변에서 흔히 볼 수 있는 동네의원과 약국을 이용하면서 겪은 경험에서 발견한 이슈를 중심으로 삼았지만, 이 경험을 다른 모든 병원, 의원, 약국으로 일반화시키기에는 무리가 있을지도 모른다. 마찬가지로 미국에서의 경험도 내가 교육받고 일하는 기관의 예일 뿐이다. 이런 한계에도 불구하고 우리나라의 의료시스템을 개선하는 데, 아이디어가 될 수 있다면 이 책은 그 역할을 충분히 한다고 생각한다.

이 책은 나 혼자만의 힘으로 나온 것이 아니다. 먼저 출간을 제안하고 발행해 주신 생각의힘 출판사 김병준 대표님과 원고를 꼼꼼히 편집해 주신 박강민 편집자에게 감사드린다. 늘 어머니 곁에 있어 주었던 동생 호경은 어머니를 함께 보살피며 겪었던 일들을 확인해 주고 빠진 부분을 메워 주었다. 그 덕분에 당시 상황의 온전한 기록이 남게 되었다. 그리고 책을 쓰도록 격려해 준 아들 택인이와 초고를 세심하게 교정해 준 사랑하는 아내 원선은 이 책을 완성하게 한 원동력이었다. 마지막으로 이 책을 지금은 다시 뵐 수 없는 존경하는 어머니께 바친다.

I

어느 날, 갑자기 암이 들이닥쳤다

1

지연된 진단

"날벼락이야."

어머니께서 병원에 다녀온 뒤 황당해하셨다. 나도 날벼락을 맞은 기분이었다. 고혈압이나 당뇨병 같은 흔한 만성질환 하나 없이 건강하시던 어머니가 어느 날 갑자기 치료가 거의 불가능하다고 알려진 췌장암 4기 진단을 받았으니 말이다.

어머니가 소화가 잘 안된다고 처음 느꼈던 때는 2017년 3월 말경이었다. 속이 쓰리거나 아프지는 않았지만 평소에 즐겨 먹던 음식이 잘 소화되지 않는 증상이 일주일 이상 지속되자 어머니는 동네병원을 방문했다. 이때 어머니는 위염 진단과 함께 위산 분비 억제제인 라베프라졸rabeprazole 등이 처방된 약을 복용했다. 하지만 4주가 지나도 차도를 보이지 않자 의사의 권유로 위내시경 검사를 받았다. 검사 결과는 심하지 않은 위염과 역류성 식도염이었다. 그래서 어머니는 같은 약을 4주 더 복용했다. 하지만 증상은 호전되지 않았다. 곧 등이 불편한 새로운 증상이 나타났고 체중도 6kg이나 감소했다. 그러자 동네병원 의사는 큰 병원에 가 보라면서 어머니에게 진료의뢰서를 써 주었다.

5월 말, 어머니는 서울 A대학병원 소화기내과 X교수와 처음 만났다. 어머니와 동생은 진료의뢰서 외에도 내시경 필름과 복용했던 약들의 목록도 준비해 갔다. 당시에 나는 미국에 있었으므로 어머니와 함께 병원에 갈 수는 없었다. 대신 어머니와 동생이 병원에 다녀온 후에 화상통화를 했다.

"어머니, 의사가 뭐래요?"

"소화 기능 저하래."

"그래서 무슨 약 주었어요?"

"이게 받은 약이야."

어머니는 다음과 같은 약 목록을 카톡으로 보내 주셨다.

– 포리부틴 서방정(trimebutine 300mg), 하루 두 번 복용, 위 운동을 촉진시켜 음식물을 빨리 내려가게 함.

– 복합파자임이중정Phazyme complex, 하루 세 번 복용, 소화 효소제

– 에트라빌정(amitriptyline 10mg), 하루 두 번 복용, 진통제

– 알비스디정(ranitidine 84mg/tripotassium bismuth dicitrate 100mg/sucralfate 300mg) 하루 두 번 복용, 위산 분비 억제제, 위벽 보호제

"어머니, 진짜 이렇게 처방해 줬어요?"

"응. 위내시경 필름을 보더니 위염이 약간 있다면서 의사가 이 약들을 4주만 먹으면 낫는대."

어머니의 말이 끝나자 동생이 말했다.

"그래서 다른 추가 검사도 안 했고, 재진 예약도 안 해 줬어."

내가 동생에게 물었다.

"어머니가 복용하고 있는 약 목록은 보여줬니?"

"응. 그냥 훑어보더니 그게 끝이었어. 뭐 이런 걸로 대학병원에 오냐는 말투였어."

내가 무엇보다도 놀랐던 것은 위산 분비 억제제의 처방이었다. 어머니가 동네병원에서 처방받아 복용했던 라베프라졸은 수소 펌프 억제제proton pump inhibitor 계열의 약이다. 그런데 수소 펌프 억제제는 위산 분비 억제제 중에서 가장 강력한 약이다. 어머니는 라베프라졸을 하루에 한 번 복용하고 있었다. 위염이나 소화불량이 원인인데 라베프라졸 하루 한 번 복용하는 것으로 차도가 없었다면, 복용량을 늘려 하루에 두 번 복용하도록 하는 것이 좀 더 합리적인 치료 방법이다. 하지만 의사는 오히려 수소 펌프 억제제보다 위산 분비 억제 효과가 약한 히스타민 수용체 2형 길항제 계열인 라니티딘ranitidine을 처방했다. 그뿐만 아니라 용량도 150mg을 하루 두 번씩 쓸 수 있는데도 대략 반 정도의 용량을 처방했다. 강한 약을 썼는데도 효과가 없었는데 더 약한 약을, 그것도 작은 용량으로 처방하다니 무슨 이유였을까?

"Don't treat the number, but treat the patient."

검사 수치를 치료하지 말고 환자를 치료하라는 말이다. 임상에서 검사를 많이 하다 보니 검사 수치가 정상치가 아니면 여기에 치료의 초점이 맞춰진다. 검사 수치가 비정상일 때 이를 정상으로 돌리는 것도 중요하지만 더 중요한 것은 환자의 증상과 상태이다. 검사 수치가 비정상이더라도 환자가 증상을 느끼지 않거나 상태가 양호한 경우가 있고, 반대로 검사 수치가 정상이더라도 환자의 상태가 좋지 않은 경우도 많기 때문이다. 따라서 환자를 치료할 때 검사 수치와 환자의 증상과 상태를 함께 고려해야 한다.

A대학병원 X교수는 아마도 위내시경 검사에서 보이는 약한 위염과 역류성 식도염에 맞는 약을 처방한 것으로 보인다. 어머니가 그동안 아무런 약을 복용하지 않았다면 수소 펌프 억제제보다 제산력이 약한 히스타민 수용체 2형 길항제 계열의 약(가령, 라니티딘)을 쓰는 것에 동의한다. 하지만 어머니는 더 센 약을 8주 동안 복용하고도 증상이 호전되지 않았다. 또 체중이 6kg이나 급격히 감소했다. 그렇다면 내시경 검사 결과로는 심하지 않은 위염이라고 하더라도 환자의 증상과 그간 복용했던 약 등을 고려해서 다른 질환을 의심해야 하지 않았을까? 미국에서 인턴이나 레지던트가 이런 실수를 하는 것은 본 적이 있지만 경험이 풍부한 교수가, 그것도 국내에서 가장 좋은 병원으로 손꼽히는 A대학병원의 교수가 검사 결과에만 의존해 환자를 살핀다니 참

믿기 어려운 일이었다.

어쨌든 어머니는 X교수가 처방해 준 약들을 3주 더 복용했다. 그런데도 증상이 호전되지 않자, 6월 중순 무렵에 다시 진료를 받았다.

"어머니, 의사가 뭐래요?"

"이상해하면서 약을 바꿔 줬어."

아래는 어머니가 받은 새 처방전이다.

- 포리부틴서방정 300mg, 하루 두 번 복용, 먼저 방문 때 받은 약과 같음
- 복합파자임이중정, 하루 세 번 복용, 먼저 방문 때 받은 약과 같음
- 에트라빌정 10mg, 하루 두 번 복용, 먼저 방문 때 받은 약과 같음
- 스토가정lafutidine 10mg, 하루 두 번 복용, 위산 분비 억제제
- 글립타이드정sulglycotide 200mg, 하루 세 번 복용, 위산 제거와 위점막 보호

위에서 보듯이 다섯 개의 약 중에서 세 개는 지난번 처방과 동일하고 나머지 두 개—스토가정, 글립타이드정—는 바뀐 것이었다. 그런데 스토가정은 히스타민 2형 수용체 길항제 계열의 약이다. 즉, 약 이름만 바뀌었지 약의 작용 방법이나 강도는 바뀌지 않은 셈이다. 위염이 원인인데 히스타민 수용체 2형 길항제 계열의 약으로 호전되지 않았다면 더 센 약(가령, 수소 펌프 억제

제)으로 처방해 주어야 할 것이다. 그런데 같은 계열 내에서 약만 바꾸다니? 혹시 다른 이유가 있는지 궁금해서 임상시험 논문을 찾아보았다. 하지만 라니티딘으로 효과를 보지 못한 환자들에게 스토가정이 효과를 보였다는 결과를 보고한 임상시험은 찾을 수 없었다.

어머니와 같이 화상통화를 하던 동생이 나에게 말했다.

"엄마의 체중이 계속 줄어들고 등이 아파서 밤에 잠도 못 주무시고 증상도 호전되지 않으니까 무슨 검사라도 하는 게 좋지 않겠느냐고 담당 의사에게 물었어. 그랬더니 의사가 등이 아픈 것과는 상관없어 보이지만 확인 차원에서 복부초음파를 하자고 했어. 그래서 내일 복부초음파 검사를 하기로 예약했어."

며칠 뒤 A대학병원에서 복부초음파 검사 결과가 나왔다면서 어머니에게 조속히 병원을 방문하라는 연락이 왔다. 어머니는 모임 약속을 취소하고 급하게 병원으로 향했다. 어머니에게 X교수는 검사 결과에 대해 구체적으로 설명해 주지 않았다. 대신 췌장 전문의인 Y교수로 담당 의사를 바꿔 진료 예약을 해 두었으니 바로 만나 보라고만 했다(어머니 말씀에 따르면 이전에는 책상과 모니터만 응시하던 X교수가 처음으로 어머니의 눈을 바라보면서 이야기했다고 한다).

"확인 차원"에서 진행한 초음파 검사 결과는 심각했다. 어머니의 췌장과 간에 종양이 있는 것으로 의심되었다. 어머니는 A

대학병원에 입원하여 CT촬영과 조직검사를 받았고, 간까지 전이된 췌장암으로 확진되었다.

5월 말에 내려졌어야 할 췌장암 진단이 X교수의 잘못된 판단으로 한 달이나 지연된 것이다. 어머니의 증상이 호전되지 않아 걱정하던 동생이 나서서 무슨 검사라도 해 달라고 부탁하지 않았더라면 췌장암 진단이 나오기까지 더 오랜 시간이 걸렸을 것이다. 이처럼 환자를 고려하지 않고 검사 결과에만 의존하면, 유명대학 교수라고 하더라도 임상적 판단이 일반인보다도 못할 수 있다.

2

동네병원에서 대학병원의 의사를
처음 만나기까지

"어떻게 어머니가 A대학병원의 X의사를 보게 되었니?"

나는 어머니가 A대학병원의 X의사를 만나게 된 과정이 궁금해서 동생에게 물어보았다.

"오빠, 엄마가 한 달 동안 동네병원에서 위염 약을 먹어도 별 차도가 없자 의사가 큰 병원으로 가 보라고 하면서 소견서를 써 주었어. 처음에는 동네병원 의사가 나온 대학의 부속병원에 가려고 생각했는데, 그 병원은 집에서 가려면 교통이 불편해서 지하철로 한 번에 갈 수 있는 A대학병원으로 가기로 했지. 그 병원은 우리나라에서 가장 좋은 병원 중 하나잖아. 진료 예약은 엄마 대신 내가 직접 전화로 했어. 동네병원에서 치료받은 내용과 의사가 진료의뢰 소견서를 써 주었다고 말했지. 또 외할머니가 췌장암으로 돌아가셨는데 어머니도 외할머니처럼 등이 아프다고 하시니 췌장 전문의를 만나게 해 달라고 부탁했어. 그런데 병원 방침이 기존에 위염으로 치료를 받았기 때문에 일단 위장 전문의에게 진료를 받아야 한다고 해서 X의사를 만나게 된 거야."

"전화 받은 사람이 간호사였니?"

"아니. 그냥 진료 예약을 담당하는 직원 같았어."

어머니가 동네의원(1차 의료기관)에서 진료의뢰 소견서를 받았지만 대학병원(3차 의료기관)에서 진단이 지체된 데에는 우리나라의 1차 의료기관과 3차 의료기관 사이의 진료의뢰 과정과 담당 의사를 배정하는 3차 의료기관의 독특한 방침이 한몫했다. 어머니의 예를 바탕으로 1차 의료기관에서 3차 의료기관으로의 진료의뢰 과정을 다음과 같이 정리할 수 있다.

1. 환자가 1차 의료기관의 의사로부터 진료의뢰 소견서를 받는다.
2. 이를 바탕으로 환자나 환자 보호자가 3차 의료기관에 직접 진료 예약을 한다.
3. 3차 의료기관은 그 병원의 방침에 따라 담당 의사를 배정한다.

이 과정을 살펴보면 1차 의료기관의 의사가 하는 역할은 진료의뢰 소견서를 써 주는 선에서 끝나고, 그다음 단계—병원 선택과 진료 예약—는 환자나 환자 보호자가 직접 담당해야 한다. 이러한 진료의뢰 과정이 어머니의 진단을 늦어지게 한 것이다.

첫째, 어머니의 사례에서 보듯이 환자나 보호자 그리고 3차 의료기관에서 담당 의사를 배정하는 직원까지 모두 의료 전문가가 아니기 때문에 이들은 3차 의료기관에서 어떤 의사를 만나는 것이 가장 좋을지 잘 모를 가능성이 크다.

둘째, 3차 의료기관이 진료의뢰를 받은 환자를 무조건 1차 의료기관에서 치료받은 질병의 전문의에게 배정하는 것은 진료의뢰서를 고려하지 않는 방법이다. 진료의뢰 사유에 따라 담당 의사를 유연하게 배정해야 할 필요가 있다. 가령, 1차 의료기관에서 진료의뢰를 요청한 이유가 당뇨병이 점점 더 악화되는 것이라면 3차 의료기관에서도 당뇨병 전문의에게 환자를 배정하는 것이 맞다. 그런데 어머니의 경우에는 한 달 동안 위염을 치료했음에도 불구하고 증상이 호전되지 않았으므로 위염이 아닌 다른 질병도 의심해야 한다. 1차 의료기관에서 위염 증상으로 치료를 받았으니 3차 의료기관에서도 무조건 위장 전문의에게 진료를 받아야만 하는 것은 그다지 합리적인 방침으로 보이지 않는다. 의사가 진료의뢰를 직접 받았더라면 유연한 결정을 내릴 수 있었을지도 모르지만, 임상에 대해 잘 모르는 일반 직원이 의사를 배정하기 때문에 이를 기대하기는 어렵다. 그뿐만이 아니다. 이러한 진료의뢰 과정과 3차 의료기관의 담당의 배정 방식은 진료의 효율성을 떨어뜨린다. 3차 의료기관의 담당 의사는 환자를 직접 대면한 후에 1차 의료기관이 발행한 진료의뢰 소견서를 볼 수 있으므로 담당 의사가 잘못 배정되는 경우에 시간을 허비하게 된다.

이런 진료의뢰 과정은 내가 경험한 미국의 시스템과는 좀 다르다. 샌프란시스코 종합병원과 UCSF 대학병원은 1차 의료기관의 담당 의사가 3차 의료기관에 직접 환자를 의뢰하도록 하고 있다. 샌프란시스코 종합병원의 경우, 1차 의료를 담당하는 의사가 진료의뢰서를 작성해 병원 내 전산망을 이용하여 전문의에게 보낸다. UCSF 대학병원은 병원에서 특별히 마련한 진료의뢰 서식을 1차 의료기관의 의사가 직접 작성하여 온라인 등을 통해 진료의뢰를 요청하도록 하고 있다.

이렇게 하면 환자의 상태를 잘 아는 1차 의료기관의 의사가 왜 진료의뢰가 필요한지 직접 설명할 수 있기 때문에 3차 의료기관의 의사가 "뭐 이런 거 가지고 대학병원에 오냐는" 태도로 환자를 대하지 못할 것이다. 또 환자가 3차 의료기관에 방문하기 전에 의료진은 미리 진료의뢰서를 살펴볼 수 있다. 따라서 이를 읽은 의료진은 환자의 상태에 가장 적절한 의사를 배정할 수 있다. 이러한 방침은 전문 분야가 세분화된 진료과목에서 환자에게 가장 적절한 의사를 배정하는 데에 큰 도움이 된다. 가령, 소화기내과로 진료의뢰서가 들어오면 이를 검토하고 의사를 배정하는 전문의가 있다. 이 전문의는 진료의뢰서 내용에 따라 위 전문의, 췌장 전문의, 간 전문의 등 환자에게 가장 적절한 의사를 배정한다. 그 후 3차 의료기관에서 환자에게 직접 연락해 진료 예약을 잡는다. 그 과정을 요약하면 다음과 같다.

1. 1차 의료기관의 담당 의사가 3차 의료기관에 직접 진료의뢰를 요청한다.
2. 진료의뢰서를 바탕으로 3차 의료기관은 환자에게 가장 적절한 의사를 배정한다.
3. 3차 의료기관이 환자에게 직접 연락해 진료 예약을 확정한다.

물론 A대학병원에서 X의사로 배정받았더라도 X의사가 좀 더 비판적으로 사고하여 자신의 전문 분야인 위장병 외에 다른 소화 기관의 질병을 의심했더라면 어머니의 진단은 지연되지 않았을 것이다. 그렇다고 하더라도 3차 의료기관의 의사가 환자를 직접 만났을 때에서야 (환자가 직접 들고 온) 진료의뢰서를 읽게 되는 것은 비효율적이다.

다행히 최근에 A대학병원은 온라인 진료협력 시스템을 열었다. 따라서 1차 의료기관의 의사가 진료의뢰서를 온라인으로 전달하고, 3차 의료기관에서 환자의 정보를 온라인으로 확인할 수 있게 되었다. 이는 어머니의 경우와 비교했을 때 많이 개선된 진료의뢰 시스템이다. 그런데 온라인상으로는 3차 의료기관 내에서 의사를 배정하는 사람이 일반 직원인지 의사인지 뚜렷하지 않다. 이 새로운 진료의뢰 시스템에서는 전문 분야가 세분화된 진료과목의 경우, 의사가 직접 진료의뢰서를 읽고 환자에게 가장 적절한 의사를 배정할 수 있길 바란다.

이 시스템을 이용하려면 1차 의료기관의 의사는 A대학병원의 프로그램을 직접 다운로드해야 하는데 다소 번거로운 과정일 수 있다. 하지만 진료의뢰에 있어 의사와 의사 간의 의사소통이 환자와 병원, 환자와 일반 직원 간의 의사소통보다 좀 더 효율적이기 때문에 1차 의료기관의 의사들이 환자들을 위해 적극적으로 많이 참여했으면 좋겠다.

여전히 많은 3차 의료기관들이 1차 의료기관과의 온라인 진료협력 시스템을 갖추지 않은 것으로 보인다. 아마도 새로운 시스템을 개발하는 데 비용과 자원이 많이 들고 그 효과가 잘 확립되지 않아서 그럴 것이다. 그래서 나는 A대학병원에서 실시하는 새로운 온라인 진료협력 시스템이 잘 정착되기를 바란다. 그러면 모든 3차 의료기관들이 이를 시행할 수 있을 것이고 이는 좀 더 효율적인 1차 의료기관과 3차 의료기관 간의 진료의뢰로 이어질 것이다.

3

다른 장기로 전이된
암 치료의 딜레마

　여기서 독자의 이해를 돕기 위해 췌장암과 그 치료법에 대해
간략하게 이야기하고 다른 장기로 전이된 암 치료에 관련된 딜
레마에 대해 생각해 보고자 한다. 어머니가 진단받은 췌장암의
증상과 경과를 이해하는 데에 도움이 되도록 먼저 췌장의 기본
적인 역할, 위치, 구조에 대해 알아보자.

　췌장은 음식물의 소화와 혈당 조절에 중요한 역할을 하는 장
기이다. 우리가 먹은 음식물이 소장에서 흡수되려면 잘게 부서
져야 한다. 단백질은 아미노산으로, 전분 등 큰 탄수화물은 포도
당과 같은 작은 탄수화물로, 지방은 지방산 등으로 분해되어야
한다. 그런데 이들을 잘게 부수려면 여러 소화 효소가 필요하다.
예를 들어, 단백질을 아미노산으로 부수는 데에는 트립신trypsin,
큰 탄수화물을 작은 탄수화물로 쪼개는 데에는 아밀레이스amy-

lase, 지방을 지방산 등으로 잘게 만드는 데에는 라이페이스lipase 와 같은 효소들이 그것이다. 췌장은 이런 소화 효소들을 만들기 때문에 음식물의 소화에 꼭 필요한 장기이다.

또 췌장은 인슐린insulin, 글루카곤glucagon 등과 같은 호르몬 을 만든다. 인슐린은 혈당을 낮추고 글루카곤은 혈당을 높이는 역할을 한다. 따라서 췌장이 제 역할을 하지 못하면 우리 몸의 혈당을 제대로 조절하기 어렵다. 여기서 한 가지 강조하고 싶은 것은 췌장 내에서 소화 효소를 만드는 세포의 종류와 호르몬을 만들어 내는 세포의 종류가 다르다는 점이다. 또 췌장에서 분비 되는 여러 종류의 호르몬들은 동일한 세포가 아닌, 여러 종류의 다른 세포에서 만들어 낸다.

췌장은 위장 뒤에 위치한다. 그래서 배보다는 등에 더 가까 이 있고, 간과 소장에도 가까이 위치한다. 췌장에서 만들어진 소 화 효소가 음식물이 있는 소장에 도달하기 위해서는 몇 개의 관 을 지나야 한다. 먼저 소화 효소들은 췌장관이라고 불리는 췌장 내에 있는 관으로 모인다. 이 췌장관은 소장과 직접 연결되어 있 는 담즙관을 만난다. 따라서 췌장관에 모인 소화 효소는 궁극적 으로 담즙관을 타고 소장으로 들어가게 된다(그림1). 췌장에서 만들어진 인슐린, 글루카곤과 같은 효소는 췌장에 직접 연결된 혈관을 통해 혈액으로 들어가서 혈당을 조절한다. 정리하면 췌 장에서 만들어진 소화 효소는 췌장관과 담즙관을 따라 소장으 로 들어가는 반면, 췌장에서 만들어진 혈당을 조절하는 호르몬은 췌장에 직접 연결된 혈관으로 분비된다.

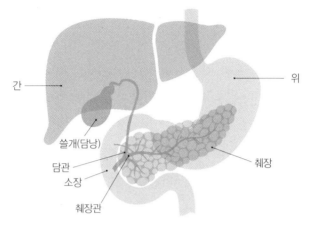

그림 1 췌장의 위치

췌장암은 어떤 종류의 췌장 세포에서 암이 시작되었느냐에 따라 크게 두 가지로 나뉜다. 하나는 소화 효소들이 이동하는 관이나 소화 효소들을 만드는 세포에서 시작된 것이고, 다른 하나는 호르몬을 만드는 세포에서 시작된 것이다. 즉, 하나는 소화 효소의 생성과 이동에 관련된 세포에서 시작한 암이고, 다른 하나는 혈당 조절 호르몬의 생성을 담당하는 세포에서 발생한 암이다. 전자가 췌장암 전체의 95퍼센트를 차지하는데, 어머니가 진단받은 췌장암의 종류이기도 하다.

우리 몸의 세포들이 자라는 것은 정교하게 조절된다. 정상적인 상태에서 우리 몸의 세포는 필요한 만큼만 그 수가 늘어나도록 조절되므로 세포의 숫자가 끝없이 늘어나지는 않는다. 그런데 세포의 돌연변이 등으로 이를 조절하지 못하게 되면 세포의 수가 계속 늘어난다. 이것이 바로 암이다.

어머니가 진단받은 췌장암은 정확히는 췌장관의 세포에서 시작된 것이었다. 췌장관의 세포가 마구 자라면 췌장관 내부가 좁아지거나 막힌다. 그러면 췌장에서 만들어진 소화 효소가 소장으로 들어갈 수 없게 되어 음식물이 잘 소화되지 않는다. 음식물의 흡수가 제대로 되지 않고, 암세포가 자라느라 몸속의 영양분을 빼앗아 체중이 줄어든다. 또 췌장은 등에 가까이 자리 잡고 있어 등에 통증이 나타난다. 이러한 소화불량, 체중 감소, 등에 느껴지는 통증이 어머니에게 나타난 주요 증상이었다. 그리고 어머니가 췌장암을 진단받았을 때는 이미 간으로 전이된 상태였다. 이는 췌장의 위치가 간과 가까워 췌장암이 간으로 쉽게 전이될 수 있기 때문이다.

어머니가 췌장암 진단을 받을 때 내 마음을 가장 무겁게 만든 것은 '예후prognosis', 즉 과거에 췌장암 진단을 받은 환자들의 통계를 통해 병이 앞으로 어떻게 진행될지에 대한 예측이었다. 췌장관 세포에서 시작된 암의 경우, 암이 췌장 주변에 퍼지지 않은 단계의 환자들조차 5년 생존율이 30퍼센트를 넘지 못하고, 어머니처럼 다른 장기로 전이된 경우에는 5년 생존율이 고작 3퍼센트에 불과하다. 미국 국립암센터에서도 2017년 한 해 동안 약 53,000여 명의 췌장암 환자가 새로 발생하여 전체 암 중에서 발생 건수로 12위를 차지하지만, 그중 약 43,000여 명이 사망해 사망자 수로는 3위를 차지할 것으로 예측했을 정도로 예후가 좋지 않다.

주변으로 퍼지지 않은 췌장암의 경우, 암을 절제하는 수술을 고려할 수 있다. 그러나 이미 다른 장기로 전이된 경우에는 수술을 할 수 없고 항암제를 주로 쓴다. 과거에는 젬시타빈gemcitabine이라는 항암제를 단독으로 쓰는 치료법이 많이 쓰였지만, 어머니가 진단받을 때인 2017년에는 네 가지 약을 함께 쓰는 폴피리녹스FOLFIRINOX 요법이나 두 가지 약—젬시타빈과 납-파클리탁셀nab-paclitaxel—을 쓰는 요법을 많이 사용하고 있었다.

폴피리녹스 요법은 류코보린leucovorin, 5-플루오로우라실5-Fluorouracil, 이리노테칸irinotecan, 옥살리플라틴oxaliplatin이라는 약들을 함께 쓰는 방법이다. 임상시험에 따르면, 이 병용 요법은 젬시타빈 단독 요법보다 평균 수명을 약 7개월에서 11개월로 늘려 주었다. 즉, 병용 요법은 단독 요법보다 수명을 4개월 정도 더 늘려 준 것이다. 그러나 여기에 따르는 부작용이 만만치 않다. 극심한 신경 통증sensory neuropathy과 설사 등의 부작용이 젬시타빈 단독 요법으로 치료받은 환자보다 훨씬 많이 발생한다. 그리고 면역세포 중 하나인 호중구neutrophil 수치가 크게 줄어들 수 있다. 호중구는 병균으로부터 우리 몸을 방어하는 데 큰 역할을 한다. 따라서 호중구 수가 많이 줄어들면 심각한 감염증과 감염으로 인해 발생하는 발열febrile neutropenia의 위험이 크게 증가

할 수 있다.

젬시타빈과 납-파클리탁셀의 두 약을 함께 쓰는 요법은 젬시타빈 단독 요법보다 평균 수명을 약 8개월에서 8.5개월로 늘린다. 즉, 약 보름 정도 수명이 증가하는 것이다. 하지만 병용 요법은 호중구 부족으로 인한 심각한 감염증, 말초 신경 손상에 의한 통증, 설사, 피로 등의 부작용이 젬시타빈 단독요법보다 더 많이 나타난다.

항암치료를 받지 않을 경우, 이미 다른 장기로 전이된 췌장암 환자의 여명 기간은 3~6개월로 알려져 있다. 따라서 항암치료를 하면 평균적으로 3~6개월 정도 생존 기간이 늘어난다고 말할 수 있다. 대신 삶의 질을 떨어뜨리는 부작용을 감수해야 한다. 그렇다면 3~6개월 더 살기 위해 그 위험을 무릅써야 할 만큼 항암치료가 가치 있는 것일까?

이에 대한 대답은 환자 개인에 따라 다를 수밖에 없다. 어떤 환자에게는 조금이라도 수명을 연장하는 것이 매우 중요하고, 또 다른 환자에게는 삶의 질이 더 중요한 가치이다. 가령, 3개월 뒤에 자녀의 결혼식이나 다른 중요한 일이 예정된 경우, 수명을 좀 더 연장하는 것이 삶의 질보다 중요할 수 있다. 반면에 항암치료와 이에 따라 나타난 부작용 치료를 위해 병원을 드나드는 것보다는 가족들과 함께 마지막 여행을 하고 싶은 환자도 있을 것이다. 즉 자신의 상황이나 가치관에 따라 답은 달라질 수 있다. 그런데 환자가 자신의 상황, 가치관에 따라 답을 하려면 자신의 질병에 대한 예후와 치료의 득과 실에 대해 정확히 알고 있어야 한다. 그렇다면 환자들은 자신에게 맞는 치료 방법을 결정할 수 있도록 충분한 정보를 얻고 있을까?

4

치료 방법 결정에서
배제되는 환자

"오빠, 엄마 오늘 항암제 맞으셨어."

공항으로 나를 마중 나온 동생이 심각한 얼굴로 내게 전했다. 그날 오전, 어머니, 동생 그리고 사촌 동생이 조직검사 결과를 듣기 위해 A대학병원 췌장/담도암 센터의 담당의를 만나러 갔다. 내가 같이 갈 수 있었으면 좋으련만 샌프란시스코에서 출발한 비행기가 인천에 오후 늦게 도착하기 때문에 동행할 수 없었다.

"생각할 시간을 좀 달라고 부탁하라고 그랬잖니?" 내가 물었다.

"의사가 너무 강력하게 권해서 어떻게 할 수 없었어. 엄마가 부작용 때문에 안 맞고 싶다고 해도 일단 시작해 보고 부작용이 심하면 그때 중단해도 된다면서 권유했어. 환자들이 처음에는 괜찮다가 대개 세 사이클이 지나면 힘들어하고, 엄마보다 나이 많은 환자들도 다 맞는다고 하면서….”

　그런데 어머니는 항암제 주사를 맞는 것에 대해 끝까지 주저하셨나 보다. 치료비를 수납할 때 항암제를 맞지 않겠다고 마음을 바꾸셨기 때문이다. 그런데 수납처 직원이 병원에서 항암 주사를 벌써 준비해 놓았기 때문에 주사를 맞지 않으면 보험적용이 되지 않아 약값 80만 원을 모두 내야 한다고 해서 어머니는 어쩔 수 없이 항암제를 맞았다고 한다. 의료보험이 적용된 약값은 5만 원이었으니 75만 원을 아끼기 위해 어머니는 스스로 확신이 서지 않은 주사를 맞은 셈이다.

　“의사가 뭐라고 하던?”

　“암이 많이 퍼져 있는 상태래. 간까지 전이되었고, 복수도 차있고…. 그런데 이렇게 될 때까지 아무 증상도 느끼지 못했느냐고 물었어.”

　난 의아했다. 환자가 증상을 자각했는지 의사가 아는 것이 지금 환자가 항암치료 여부를 결정하는 데에 무슨 도움이 될 수 있을까?

　“의사가 예후에 대해서는 이야기해 주었니? 항암치료를 하지 않으면 얼마나 오래 사실 수 있는지 또 항암치료를 하면 얼마나 더 살 수 있는지….”

　“아니.”

　“그러면, 항암제 효과와 부작용에 대해서는?”

　“그냥 세 사이클이 지나면 좀 힘들어질 거라고만 했어.”

3분도 안 되는 진료 시간 중에서 정작 환자에게 꼭 필요한 정보는 전하지 않고, 의사 자신의 궁금증을 해소하는 듯한 질문으로 소중한 시간을 낭비한 것 같아 안타까웠다.

"엄마가 충격을 많이 받으신 것 같아."

암 진단은 환자와 가족 모두에게 큰 충격이다. 어머니의 경우, 40여 년 전 동생을 낳을 때 입원한 것이 유일하게 병원에 입원한 경험이었을 정도로 그동안 건강하게 살아왔기에 그 충격이 더 컸을 것이다. 내가 근무하고 있는 UCSF 대학병원의 완화치료과 주임교수에 따르면, 암과 같은 충격적인 소식을 환자에게 전할 때 의사는 진단명을 말해 주고 나서 환자가 말할 때까지 5분이고 10분이고 아무 말도 하지 말고 기다려야 한다고 한다. 환자가 충격적인 소식을 받아들일 시간을 충분히 주라는 것이다.

또 이런 큰 충격을 받은 상태에서 환자와 그 가족은 합리적인 판단을 하기가 어렵다. 미국에서 한국으로 출발하기 전에 어머니와 동생에게 항암치료 여부를 바로 결정하지 말고 1~2주정도 생각할 시간을 달라고 담당 의사에게 부탁하라고 당부한 것도 그런 이유다. 집이나 자동차 같은 물건을 살 때도 시간을 두고 이것저것 조사하고 비교한 다음에 결정한다. 하물며 사람의 생명이 걸린 경우이고, 더구나 항암치료로 수명 연장이 크지않은 전이성 췌장암은 환자가 치료 방법을 선택하는 데에 생각할 시간을 충분히 주어야 하지 않을까?

어떤 질병이든지 치료를 결정할 때에는 치료 방법의 득과 실을 잘 따져 봐야 한다. 암 치료의 득은 수명 연장이다. 따라서 치료를 받지 않으면 얼마나 살 수 있는지, 치료를 받으면 얼마나 수명이 길어지는지에 대해 알아야 한다. 전이성 췌장암의 경우, 앞장에서 설명했듯이 항암치료를 하지 않으면 기대 수명은 약 3~6개월 정도이고 항암치료를 받으면 수명이 3~6개월 더 연장되어 9~12개월 정도 사는 것으로 알려져 있다.

항암치료의 실은 부작용이다. 어떤 부작용이 있는지, 치료를 중단할 경우 부작용이 사라지는지, 부작용의 예방 및 치료법이 있는지, 부작용이 삶의 질에 어떤 영향을 끼치는지 등을 고려해야 한다. 예를 들어, 어머니는 납-파클리탁셀과 젬시타빈 항암제를 맞으셨다. 그중 납-파클리탁셀이 일으킬 수 있는 손발 저림과 통증 등의 신경독성은 항암제를 중단해도 사라지지 않을 수 있다. 또 젬시타빈은 몸이 백혈구 등 면역세포를 만드는 것을 줄여 심각한 감염을 일으킬 수 있는데, 이를 치료하기 위해서는 병원에 며칠 입원해야 한다. 항암치료 중에는 감염의 위험 때문에 환자는 여러 사람이 모이는 곳을 피해야 한다. 어머니는 노인복지관을 오랫동안 계속 다니셨고 이를 매우 좋아하셨다(그래서 유산 중 일부를 복지관에 기증하기도 했다). 그런데 어머니가 항암치료를 받게 되면 이를 그만두셔야 한다.

개인이 삶에서 무엇을 중요하게 여기는지도 치료 여부와 방법을 결정하는 데에 중요한 요소이다. 치료를 통해 수명이 얼마 늘어나지 않더라도 조금이라도 더 사는 것을 중요하게 생각한다면 치료를 선택하는 것이 낫다. 나의 고모부는 전이성 췌장암으로 돌아가셨는데, 가족과 함께 조금이라도 더 사는 것을 중요하게 여겼다. 돌아가시기 몇 주 전에는 몸이 항암치료를 더는 견딜 수 없을 정도로 많이 쇠약해졌지만, 항암치료가 예약되어 있던 날에는 벌떡 일어나 병원에 가셨다고 한다. 하지만 병원에서는 항암제를 드리지 못하고 대신 영양제를 항암제라고 속이고 주었어야 했다고 하니, 생의 마지막까지 고모부에게는 조금이라도 더 사시는 것이 매우 중요했던 것 같다.

의사가 환자에게 진단명과 치료의 득과 실에 대한 정보를 전하는 방식에는 문화의 영향도 있다. 미국에서는 이런 정보를 의사가 환자에게 직접 전하는 것이 당연하게 여겨지지만 우리나라에서는 그렇지 않다. 먼저 환자 가족들에게 이런 정보가 전달되고, 환자 가족들은 "환자가 충격을 받을까 봐" 이 정보를 환자에게 숨기는 경우가 많다. 어머니가 나중에 입원하셨던 호스피스 병원의 상담 전문 간호사에 따르면, 여명 기간이 3개월 미만이어야만 입원할 수 있는 호스피스 병원 환자들조차도 상당수는 앞으로 살날이 어느 정도나 남았는지 알지 못한 채 입원한다고 한다. 심지어 암이라는 진단명이나 얼마나 더 살 수 있는 지를 환자에게 직접 알려준 의사는 환자의 가족들에게 철천지원수가 되는 경우도 더러 있다.

환자에게 미칠 충격을 줄여 주고자 하는 바람은 충분히 이해한다. 나도 암이라는 진단 자체로 큰 충격을 받으신 어머니를 뵐 때 마음이 무척 아팠다. 여기에다가 잃는 것에 비해 얻는 것이 크지 않은 치료에 대한 정보와 얼마나 더 살 수 있는지에 대한 정보까지 전해서 충격을 더한다는 것은 환자에게 참 가혹한 일이다. 하지만 치료를 결정하는 데, 환자 자신이 직접 관여해야 하며 그것이 궁극적으로 환자를 위하는 길이다. 환자가 남아 있는 자신의 삶에 대해 결정하는 것이기 때문이다. 그런데 자신의 병에 대한 구체적인 정보 없이는 남은 삶에 대해 결정하기 어렵다. 이 결정에는 치료 여부와 치료법의 종류에 대해서만 국한된 것이 아니라 삶을 어떻게 정리할지에 대한 계획까지 포함된다. 유산을 어떻게 정리할 것인지, 마지막으로 가 보고 싶은 곳이 있는지, 세상을 떠나기 전에 풀어야 할 관계가 남아 있는 사람과의 만남 등이 바로 그것이다.

또 현실적으로도 환자에게 진단명과 치료에 관련된 득과 실을 완전히 숨기기는 힘들다. 병원에 계속 가야만 하고, 가족들이 자기를 피해 상의하거나 쉬쉬하는 것을 보면 환자는 자신이 위중한 병을 앓고 있다는 것과 삶이 얼마 남지 않았다는 것을 결국 눈치챈다. 만약 환자가 충격받을 것을 우려한다면 의사는 환자에게 환자 본인과 가족 중 누구에게 진단명과 치료에 대한 정보를 알려 주는 것이 좋겠냐고 묻고 그에 따르는 것이 좋다고 생각한다. 환자 자신이 직접 듣는 것을 거부하고 가족에게만 알려야 한다고 해도 이는 환자에게 숨기는 것이 아니라 그 뜻을 존중하는 것이기 때문이다.

어머니의 경우, 담당 의사가 어머니에게 얼마나 오래 살 수 있는지에 대한 정보나 항암치료의 득과 실에 대한 설명을 하지 않았기 때문에 내가 이 역할을 맡을 수밖에 없었다. 어머니는 당신이 아직 2~3년은 더 살 수 있을 것으로 생각하고 계셔서 나는 가슴이 매우 아팠다. 하지만 어머니가 당신의 가치관을 바탕으로 치료의 득과 실을 따져 삶을 정리할 수 있도록 도와드리는 것이 아들의 도리라고 생각했기 때문에 어쩔 수 없이 어머니에게 사실대로 말씀드릴 수밖에 없었다.

어머니는 며칠 시간을 가지고 생각하셨다. 그리고 어머니는 항암치료를 더 이상 받지 않겠다고 결정했다. 어머니는 부작용을 감수해도 몇 년 더 살 수 있다면 항암치료를 받겠지만 몇 개월 더 살려고 고생하고 싶지는 않다고 말했다. 아들로서는 아쉬웠지만 어머니다운 용기 있는 결정이기에 존중하고 따르기로 했다.

5

의료 과실을 줄이려면
협력이 필요하다

A대학병원 췌장/담도암 센터의 담당 의사의 진료 과정에서 일어난 문제는 환자에게 치료의 득과 실에 대한 충분한 정보를 주지 못한 채 치료 여부와 방법을 결정하는 것에만 국한되지 않았다. 처방한 항암제의 부작용과 영양 공급에 대한 환자 교육이 부실했고, 췌장암이 진행되면서 나타난 불편한 증상을 줄여 주는 처방이 빠졌기 때문이다.

항암제는 신체의 여러 장기에 영향을 끼쳐 다양한 부작용을 일으킨다. 또 독성이 강해 치명적인 부작용도 종종 나타난다. 어머니는 항암제를 단 한 번만 맞았지만 여러 가지 부작용을 겪었다. 먼저 췌장암 진단을 받기 전부터 나타났던 소화가 안 되고 속에 뭔가 고여 있는 듯한 증상이 항암제를 맞은 뒤 더욱 악화되었다. 이는 항암제가 위와 장의 점막세포를 파괴해서 일어난 부작용이다. 항암제로 인해 방광과 요도 점막세포가 약해져서 요도염도 발생했다. 피부에 발진이 나타났고, 항암제를 맞은 3주 후부터는 머리카락도 쑥쑥 빠지기 시작했다.

항암제 부작용을 줄이거나 방지하려면 다른 약을 사용하거나 생활습관을 바꾸는 것이 필요하다. 그래서 항암치료를 시작하기 전에 환자들은 항암제에 대한 교육을 받아야 한다. 하지만 어머니는 A대학병원에서 부작용에 대한 교육을 거의 받지 못했다. 암 진단을 받은 환자들에게 병원 차원에서 제공하는 암환자 교육이 있던 것 같은데, 무슨 이유에서인지 담당 의사는 이를 어머니에게 알려 주지 않았다. 그래서 어머니가 받은 교육이라고는 두 가지밖에 없었다. 하나는 열이 나서 체온이 38도 이상 오르면 빨리 병원으로 오라고 항암제 주사실 간호사가 말해 준 것이고, 다른 하나는 췌장암과 항암제 부작용에 대한 설명을 담은 소책자를 받은 것이었다.

췌장암은 심한 소화불량을 일으켜 체중을 급격히 감소시키는 암이다. 어머니가 췌장암 진단을 받았을 때는 이미 6kg이나 몸무게가 줄어 있었고, 식사로 소량의 죽만 드시고 계신 상태였다. 따라서 영양 공급이 중요한 상황이었지만 어머니는 이에 대한 교육을 전혀 받지 못했다.

3분 진료라는 우리나라의 특수한 의료 현실에서 의사가 질병과 약에 대해 자세히 설명하고 처방해 주기를 기대하는 것은 무리일 것이다. 그래서 A대학병원은 '설명 간호사'라고 불리는 간호사를 통해 암환자 교육을 제공하고 있었다. 이렇게 여러 직역이 다양한 역할을 맡을 경우에는 원활한 치료를 위해서 병원 내 전산시스템 등을 이용한 직역 간의 긴밀한 의사소통이 중요하다. 그런데 A대학병원에서는 이 점이 잘 이루어지지 않았다. 또 문제를 발견했을 때 적극적으로 해결하려는 노력도 부족해 보였다. 어머니와 동생의 말에 따르면, 항암제 주사실 간호사는 어머니가 아무런 사전 교육을 받지 않고 항암 주사를 맞으러 온 것에 대해 놀란 것처럼 보였지만 의사에게 이를 알리거나 어머니에게 암 관련 교육에 대한 시간과 장소 등의 정보를 따로 전해 주지 않았다.

췌장암과 항암제에 대한 소책자는 한 제약회사가 만든 것이었다. 이 책은 그림이 많고 중요한 점을 잘 요약해 놓아서 환자 교육용으로 적절했다. 그런데 A대학병원은 이런 좋은 환자 교육 자료를 제대로 이용하고 있지 않아 보였다. 항암제 주사실 간호사가 구두 설명 없이 소책자만을 건네주었기 때문이다.

효과적인 환자 교육을 위해서는 말과 글 양쪽으로 정보를 제공해야 한다. 말로만 설명하면 환자가 모든 정보를 다 기억할 수 없으므로 집으로 돌아갔을 때 중요한 점을 놓칠 수 있다. 반면 글로만 정보를 제공하게 되면 환자가 그 글을 읽고 생긴 의문점을 해결하기가 쉽지 않다. 또 글로 제공된 정보에 대해 환자가 잘못 이해한 부분이 있을 때 이를 고쳐 주기 힘들다. 무엇보다 눈으로 글을 읽으면서 동시에 귀로도 듣게 되면 학습 효과가 더 높다. 실제로 우리 뇌에서는 눈으로 들어온 정보와 귀로 들어온 정보를 처리하는 부위가 다르다. 그런데 눈과 귀 중 한쪽으로만 정보가 들어 오게 되면, 뇌의 한 부위에서만 정보를 처리해야 하기 때문에 그 부위에 과부하가 걸려 정보 처리가 느려진다. 눈과 귀, 두 부분으로 정보가 들어오면 한 부분에만 과부하가 걸리는 것을 피할 수 있어 정보처리가 더 원활해지고, 이에 따라 학습 효과도 커진다.

특히 약에 대한 설명은 간호사보다는 약사가 하는 것이 더 효과적이다. 약사는 약의 효과, 부작용, 사용 전반에 대한 교육을 체계적으로 받았기 때문이다. 그래서 UCSF 대학병원에서는 약사뿐만 아니라 임상 실습을 하러 병원에 온 약대생들이 환자에게 약물 교육을 하고 있다.

어머니는 이미 병세가 많이 진행되어 췌장암이 간까지 전이된 상태라 여러 가지 불편한 증상으로 힘들어하고 계셨다. 조직 검사를 받기 전부터 윗배가 불편하고 속이 꽉 찬 느낌의 증상 때문에 소량의 죽을 하루에 두세 번만 드시고 있었고, 등이 아파서 잠도 못 주무실 정도였다. 하지만 어머니가 이런 증상들에 대해 처방받은 것이라고는 입원해서 조직검사를 하고 퇴원할 때 받은 진통제인 울트라셋(트라마돌tramadol과 아세트아미노펜acetaminophen) 복합제 일주일분이 전부였다. 즉, 소화불량에 대한 처방은 아무것도 없었다. 어머니는 퇴원하고 이틀 뒤에 담당 의사를 외래진료로 만났다. 그런데 담당 의사는 어머니를 만난 그다음 주에는 학회에 참석해야 해서 2주 뒤에나 다시 만날 수 있었다. 그런데도 담당 의사는 진통제를 추가로 처방해 주지 않았고 소화불량에 대해서도 새로 처방해 주지 않았다. 재진 때까지 진통제를 아껴 먹고, 소화불량을 참고 지내란 말인가?

어머니의 소화불량 증상을 줄여 드리기 위해서 내가 직접 자료를 조사해 보니 어머니에게는 위장관 운동 촉진제와 췌장 효소제가 필요해 보였다. 그래서 다음날 어머니를 모시고 처음 위염 진단을 내린 동네병원을 찾아가서 메토클로프라마이드meto-clopramide라는 위장관 운동 촉진제와 췌장 효소제, 2주분의 울트라셋을 처방받았다. 이 약들 덕분에 A대학병원의 담당 의사를 만나기 전까지 어머니의 소화불량 증상과 통증을 그런대로 조절할 수 있었다. 내 경우 임상 경험이 있으니 이렇게라도 할 수 있었지만 그렇지 않은 사람이 환자 보호자인 경우라면 참 난감했을 것이다.

어머니가 외래로 담당 의사를 처음 만난 날은 췌장암 진단을 확진하는 날이었는데, 담당 의사는 아마도 진단과 항암치료에만 신경을 쓴 것 같다. 혹은 많은 환자들이 기다리고 있어서 이것저것 물어볼 시간과 여유가 없었을지도 모른다. 이처럼 정신없이 바쁘고 스트레스가 높은 상황에서 모든 것을 개인에게 의존할 경우 실수가 일어날 가능성이 크다. 이는 우리나라 병원에만 국한되는 것이 아니라 미국 병원에도 해당한다. 그러면 어떤 방법으로 실수를 줄이고 방지할 수 있을까?

내가 경험한 미국 대학병원에서는 실수를 줄이고 방지하기 위한 목적으로 여러 가지 방법을 쓰고 있는데 여기서는 두 가지를 소개한다. 첫 번째는 특정한 진단이나 치료에 필요한 여러 가지 오더를 하나로 묶은 '오더세트order set'를 쓰는 것이다. 마치 맥도날드에서 세트 메뉴를 주문하면 햄버거, 감자튀김, 탄산음료가 한 세트로 나오듯이 오더세트를 쓰면 여러 검사 항목, 약 처방 등이 한꺼번에 오더된다. 가령, 췌장암 진단을 받은 환자용 항암제 오더에 위장관 운동 촉진제, 췌장 효소제, 진통제 처방을 자동으로 포함시켜 하나의 오더세트로 만드는 것이다. 그러면 의사가 컴퓨터에서 이 췌장암 항암제 오더세트를 열 때마다 위장관 운동 촉진제, 췌장 효소제, 진통제의 처방전도 자동으로 뜨게 된다. 만약 의사가 그중에 필요하지 않은 약이 있다고 판단되면 이를 빼기만 하면 된다. 또 이 오더세트에 암 교육도 포함되어 있으면 이를 빠뜨리는 것도 방지할 수 있다.

　　두 번째 방법은 의사, 약사, 간호사 등 여러 직역이 함께 협력할 수 있는 시스템이다. 암환자처럼 여러 부분을 세심하고 꼼꼼히 챙겨야 하는 경우에는 의사 혼자 모든 것을 다 하기가 쉽지 않다. 특히, 우리나라 대학병원처럼 많은 환자를 짧은 시간 안에 진료하는 경우는 더 그렇다. UCSF 대학병원의 암환자 외래 클리닉에는 암환자의 약물치료에 대한 전문적인 수련을 받은 약사들이 상주하고 있다. 이들은 의사가 처방한 항암제 오더를 검토하고 환자에게 항암제 부작용과 모니터 교육을 시킨다.

이뿐만 아니라 의사가 잊고 처방하지 못한 약들을 찾아내고 의사에게 연락을 해 추가로 처방될 수 있도록 돕고 있다.

내가 맡고 있는 클리닉도 이에 대한 좋은 예다. 내 클리닉은 샌프란시스코 종합병원의 가정의학과 소속으로 가정의학과 의사로부터 약물에 대한 이슈가 있는 환자의 협진 의뢰를 받는다. 약물 이슈에는 여러 가지가 있다. 예를 들면, 어떤 약물을 집에서 복용하고 있는지 정확하게 알 수 없거나 약물과 질병에 대한 이해가 부족해 환자 교육이 필요한 경우다. 이런 이슈를 해결하려면 많은 시간이 필요한데, 다른 환자도 진료해야 하는 바쁜 의사에게는 그럴 여유가 없다. 그래서 약사를 활용하는 것이다. 직역 간의 협력은 약사에게만 국한되는 것이 아니라 간호사, 사회복지사 등도 포함된다. 사회복지사의 경우 환자의 보험, 가정 환경 등의 이슈를 해결하는 데 도움을 준다.

좋은 의료는 시스템과 팀워크의 산물이다. 좋은 의료를 위해 훌륭한 의료진이 필요한 것은 두말할 필요도 없다. 그런데 이 훌륭한 의료진도 사람이기에 실수를 한다. 특히, 진료할 환자가 많고 환자의 상태가 복잡한 경우에는 더욱 그렇다. 여기에는 오더 세트 등 병원 전산시스템의 개선을 통해 처방 단계에서부터 실수를 줄이는 것과 약사, 간호사 등 다른 직역을 적극 활용하는 것 등이 포함된다. 개선된 시스템을 통해 환자들이 좀 더 안전하고 효과적인 치료를 받을 수 있기를 기대한다.

6

환자보다 효율성이 중요한
대학병원 응급실

"얘야, 내 소변 좀 봐 줄래? 거품이 좀 많은 것 같아." 어머니가 물었다.

"소변 보실 때 통증이 있었어요?"

"아프지는 않았는데 좀 불편했어."

어머니의 열을 재어 보니 첫 번째는 38도, 두 번째는 38.4도였다. 어머니는 이틀 전에 항암제를 맞으셨기 때문에 면역세포인 호중구 부족에 의한 발열이 우려되었다. 항암제는 암세포만 죽이는 것이 아니라 성장이 빠른 건강한 세포도 죽인다. 이렇게 성장이 빠른 건강한 세포 중 한 종류가 호중구라 불리는 세균에 대한 방어를 담당하는 세포다. 그런데 호중구 수치가 항암제 투여로 줄어들게 되면 우리 몸은 세균을 방어하지 못하게 된다. 그러면 몸 안에서 세균이 쉽게 증식해 감염증이 발생하고, 이에 따른 증상으로 열이 나는 것이다. 어머니가 항암제를 맞을 때 간호사는 체온이 38도를 넘으면 바로 병원으로 오라고 했었다. 그래서 어머니를 모시고 급하게 A대학병원 응급실로 달려갔다.

미국 병원의 응급실은 기다리는 시간이 길기로 악명이 높다. 몇 년 전, 나도 발목을 삐어서 응급실에 간 적이 있었는데 두어 시간을 기다려서야 의사를 만날 수 있었다(그런데 다른 사람들의 경험과 비교했을 때 나는 진료를 빨리 받은 축에 속했다). 그래서 A대학병원 응급실에서도 오래 기다려야 하지 않을까 걱정했지만, 도착한 지 30분 이내에 진료를 받을 수 있어서 놀랐다. 알고 보니 A대학병원은 응급실 확장 공사를 하고 있었고 이로 인해 그 규모와 서비스가 많이 줄어서 근처에 있는 다른 병원들의 응급실로도 환자들을 안내하고 있었다. 그래서 대기 환자 수가 적었고 어머니는 빨리 진료를 받을 수 있었던 것이었다.

A대학병원 응급실은 보호자 한 명만 보안 검색대를 거쳐 응급실 안으로 들어가도록 허용하고 있었다. 약사인 내가 어머니를 따라 들어가기로 하고, 동생은 응급실 밖 대기실에 남기로 했다. 미국 병원의 응급실과는 달리 출입할 수 있는 보호자 수를 제한하고 있는 이유는 아마도 몇 년 전 전국을 두려움에 떨게 했던 메르스MERS 감염 때문인 것 같았다.

보안 검색을 통과하고 나서 의사를 보기 전에 두 명의 간호사를 차례로 만나야 했다. 첫 번째 간호사는 응급실 문 바로 앞에 앉아 있었다. 이 간호사에게 어머니의 병력과 약력—전이성 췌장암과 항암제 치료—그리고 증상을 설명했더니 간호사는 우리를 응급실 내부에 있는 두 번째 간호사에게 보냈다. 두 번째 간호사는 '설명 간호사'라는 명패를 달고 있었다. 그래서 무엇을 설명해 주려나 기대했지만 간호사는 아무런 설명 없이 첫 번째 간호사처럼 증상만 물었다. 그 간호사는 우리에게 응급실 안에 있는 대기실에서 기다리라고 안내했다. 그런데 왜 같은 질문을 서로 다른 간호사가 두 번이나 물어보도록 만들어 놓았을까? 그 이유는 지금도 미스터리다.

응급실 안 대기실에서 잠시 기다리자 인턴으로 보이는 의사가 진료실 문을 열고 나와서 어머니 이름을 호명하고는 바로 들어가 버렸다. 그래서 진료실 문을 우리가 직접 열고 들어가야만 했다. 굳이 의사 본인이 직접 진료실 밖으로 나와서 호명했으면 혼자 들어가 버리지 말고 좀 기다려서 환자와 보호자에게 인사하고 함께 진료실로 들어갔다면 더 좋지 않았을까? 그러면 환자와 보호자가 좀 더 환영받는 느낌을 받을 수 있었을 것이다.

진료실 안에는 담당 의사로 보이는 의사와 어머니를 호명했던 의사 둘이 있었다. 담당 의사는 진료실 문을 정면으로 바라보고 있는 책상 앞에 앉아 있었고, 우리를 호명했던 의사는 진료실 구석에 위치한 다른 책상 앞에 앉아 있었다. 담당 의사가 진료하는 동안, 우리를 호명했던 의사는 어머니의 진찰과 문진에 전혀 관여하지 않고 의무기록이 떠 있는 컴퓨터 모니터만 열심히 보고 있었다.

담당 의사는 자신에 대한 아무런 소개도 없이 증상부터 먼저 물어보기 시작했다. 우리를 호명했던 의사도 우리가 진료실 안으로 들어갔을 때 자신을 소개하지 않았다. 이렇게 의사가 자신에 대해 아무런 소개도 하지 않는 것은 후에 외래진료차 방문한 다른 대학병원에서도 마찬가지였다. 병원 문화의 차이일지도 모르겠지만 미국의 경우, 환자를 처음 만나면 의사, 간호사, 약사 등 누구나 자신을 먼저 소개한다. 가령, 오늘 응급실 담당 의사인 누구라고 이름과 직책을 환자에게 먼저 알려 주고 악수를 청한다. 자신을 환자에게 직접 소개하는 것은 환자와의 상호 신뢰를 쌓는 첫 단계라고 생각한다. 건강 관련 종사자와 환자 사이의 상호 신뢰는 의료진이 처방하거나 추천한 치료법을 환자가 따르게 하는 데 매우 중요한 역할을 한다―내가 다른 사람을 믿고 따르기 위해서는 먼저 그 사람이 누군지 알아야 한다.

　　물론 의사 가운에 명찰이 달려 있으므로 굳이 구두로 자신을 다시 소개할 필요가 없다고 말할 수도 있겠다. 하지만 의료진 본인이 자기 자신을 직접 환자에게 소개한다면 환자는 좀 더 친근감을 느낄 수 있고, 이는 환자에게 신뢰감을 주는 좋은 방법이다. 무엇보다 처음 만난 사람에게 자기 자신을 직접 소개하는 것은 만나는 사람에 대한 기본적인 예의이다. 처음 만난 사람이 자신에 대한 소개를 하지 않고 나를 대하면 당혹스럽고 때로는 불쾌하기까지 하지 않은가?

　　응급실 담당 의사는 진찰을 하기 위해 어머니에게 묻지도 않

고 갑자기 겉옷을 올리려고 했다. 담당 의사는 여자였지만 인턴
은 남자였기 때문에 어머니는 난처해했다. 이때 의사로 보이는
다른 남자가 노크도 없이 갑자기 문을 열고 들어와서 어머니는
더욱 부끄러워하셨다. 이런 의료진의 행동으로 미루어 보아 이
들에게 환자의 프라이버시에 대한 고려는 전혀 없어 보였다. 엄
밀히 말하면 환자는 인턴이 아닌 응급실 담당 의사를 만나러 온
것이다. 환자의 치료에 책임을 지는 사람은 담당 의사이지 수련
중인 인턴이 아니다. 물론 인턴은 수련을 위해 담당 의사의 지도
하에 환자를 같이 진료할 수 있다. 그런데 진료 중에는 신체 노
출뿐만 아니라 환자의 프라이버시에 관한 정보가 노출될 수 있
다. 따라서 담당 의사는 진료를 시작하기 전에 치료에 반드시 필
요하지 않은 사람인 인턴이 함께 있어도 되는지 환자에게 묻고
허락을 구해야 한다. 내 경우에도 임상 실습을 하러 온 수련인이
있을 때면 먼저 환자에게 수련인이 함께 있어도 되는지 반드시
묻는다. 그런데 A대학병원 응급실뿐만 아니라 우리나라의 다른
의료기관에서도 수련인이 담당 의사와 함께 진료를 할 때 담당
의사가 수련인이 함께 있어도 되는지 허락을 구하는 것을 결코
본 적이 없다.

　어머니가 A대학병원에서 췌장암을 진단받고 치료 중인 환자
였음에도 담당 의사는 의무기록을 미리 읽어 보지 않은 것 같았
다. 의무기록에서 얻을 수 있는 정보인 항암제 투여 내용(항암제
의 종류와 투여 시기)을 모르고 있는 것처럼 보였기 때문이다. 또 현

재 어떤 약을 복용하고 있는지도 물어보지 않았다. 나중에 깨달은 것이지만 환자의 의무기록을 미리 읽지 않고, 현재 복용하고 있는 약에 대해 묻지 않는 것은 A대학병원 응급실뿐만 아니라 내가 방문한 다른 대학병원 외래진료에서도 흔히 볼 수 있는 진료 방식이었다.

의무기록은 환자의 질병과 치료 상황에 대한 정보를 담고 있어 지금까지의 치료 경과를 이해하고 현재의 환자 상태를 예측하고 문제를 풀어가는 데 큰 도움이 된다. 그리고 환자의 의무기록을 미리 숙지하고 있으면 의무기록에서 찾을 수 있는 정보를 굳이 환자에게 물어보지 않아도 되기 때문에 좀 더 효율적으로 진료할 수 있다. 또 환자가 현재 복용하고 있는 약은 진료와 치료에 영향을 끼칠 수 있다. 예를 들어, 응급실에 오기 전에 열을 내리기 위해 어머니가 항생제나 해열제를 복용했으면 응급실에서 오더한 검사 결과에 영향을 끼칠 수 있다. 이처럼 환자가 오기 전에 미리 의무기록을 읽지 않고 환자가 복용하고 있는 약에 대해 묻지 않는 진료 방식은 나에게는 생소했다.

응급실 담당 의사가 혈액 검사, 소변 검사, 흉부 엑스레이 검사를 의뢰해서 우리는 다시 응급실 내 대기실로 나왔다. 대기실은 마치 외래진료를 하는 곳처럼 채혈 구역, 흉부 엑스레이 구역 등 검사 구역이 여러 군데로 나뉘어 있었다. 그래서 환자는 각각의 검사 구역으로 스스로 이동해 번호표를 뽑고 기다렸다가 검사를 받아야 했다. 이런 식의 검사방법은 UCSF 대학병원과 내가 환자로서 가 보았던 카이저병원Kaiser Permanente의 응급실과는 좀 다른 방식이었다. 이들 병원에서는 응급실에 들어가게 되면 환자는 응급실 내의 병실 하나를 배정받고, 모든 과정이 끝날 때까지 그 병실에 머무른다. 이 병실은 독실이라 다른 환자는 없다. 이 병실로 간호사가 방문해서 채혈하고, 의사가 직접 와서 진료하고 치료한다. 만약 다른 검사실에서 진행되는 검사가 필요하면, 간호사나 병원 담당자가 와서 환자를 직접 검사실로 이송하고 검사가 끝나면 환자를 배정된 병실로 다시 데려온다. 다시 말해 환자가 검사를 받기 위해 환자 혼자 이동하게 하지 않는다. 이렇게 하는 이유는 응급실 환자의 특성상, 환자 혼자 이동할 경우 안전 문제가 발생할 수 있기 때문이다.

예를 들어, 환자가 스스로 이동하는 동안 넘어질 수 있고, 전염성이 강한 감염증을 가진 환자는 대기실에서 기다리거나 검사를 위해 이곳저곳으로 이동하는 동안 다른 환자들을 감염시킬 수 있다. 이 경우 감염을 막기 위해서 동반 보호자 수를 제한하는 것보다는 처음부터 개별 병실에 환자를 배정하는 것이 좀 더 효과적이다. A대학병원에서 환자 스스로 검사 구역을 이동하게 하는 이유는 아마도 응급실의 부족한 병실과 간호 인력 때문인 것 같았다. 모든 환자에게 독방을 배정하기에는 환자가 너무 많고 간호사들이 환자에게 직접 와서 채혈하거나 환자를 검사실로 이동시키기에는 간호사 수가 부족한 것이다(이는 의료 수가, 의료 전달 등 전체 의료시스템의 문제에서 비롯되는 것이다).

응급실 안의 대기실에는 의자만 있고 침대는 없었다. 그래서 기운이 떨어지신 어머니가 눕고 싶어도 누울 수 없어 매우 힘들어하셨다. 미국의 병원처럼 응급실 내에 병실을 배정받았으면 환자는 병실에 비치된 침대에 누워 있을 수 있었을 것이다. 어머니는 응급실에서 정맥을 통해 수액을 공급받고 있었다. 수액은 환자가 움직이기 편하도록 바퀴가 달린 수액걸이에 매달려 있다. 그런데 응급실의 화장실은 좁고 문턱이 있어서 수액걸이를 끌고 들어가거나 나오기가 매우 불편했다.

담당 간호사는 정기적으로 순회하면서 환자의 상태를 살피고 혈압, 체온 등을 측정했다. 이 간호사는 매우 친절하고 말도 따뜻하게 해서 환자를 배려한다는 느낌이 들었다. 어머니는 드신 것이 별로 없어서 소변이 잘 나오지 않아 소변 검사가 지연되었다. 5시간 동안이나 소변 채취를 위해 노력했지만 검사에 필요한 만큼 충분한 양을 얻을 수 없었다. 그래서 결국 간호사가 관을 이용해 소변을 채취해야 했다.

다행히 어머니의 검사 결과는 모두 정상이었다. 응급실 담당 의사는 호중구감소증은 항암제 주사를 맞고 약 일주일 이후에 나타나므로 호중구감소에 의한 감염이 아니라 바이러스에 의한 발열 같다고 친절하게 설명해 주었다. 그리고 해열제인 아세트아미노펜을 처방해 주었다. 그런데 진료가 끝날 즈음에 담당 의사가 우리에게 준 조언은 충격적이었다.

"다음부터는 열이 나면 집 근처 병원의 응급실로 가세요. 저희 병원에는 입원할 병실이 없어서 어차피 저희도 이 근처 다른 병원으로 입원을 주선해 줄 수밖에 없거든요."

A대학병원은 어머니를 중증 암환자로 진단한 담당 의사가 있고, 이틀 전 어머니에게 항암치료를 제공한 병원이다. 그러므로 어머니의 상태에 대해 가장 잘 알고 있는 병원이다. 다른 병원으로 가게 되면 어머니에 대한 A대학병원의 자료에 접근할 수 없기 때문에 이미 받았던 검사를 다시 받아야 할지도 모른다. 이렇게 되면 진단과 치료가 지연될 수 있다. 물론 A대학병원의 병실이 부족하게 된 데에는 환자들이 이 병원으로 몰리기 때문이고, 이런 현상에 대해 현재의 우리나라 의료시스템에서 A대학병원이 당장 할 수 있는 일이 많지 않을 것이다. 그렇지만 어머니와 같은 중증 환자는 갑자기 위급한 상황이 벌어질 수 있다. 그런 상황에서 환자가 해당 병원에서 치료를 받을 수 없다면 그 병원에서 계속 치료를 받아야 할 필요가 있을까?

환자가 필요할 때 응급실을 통해 도움을 받을 수 없는 병원이라면 더 이상 다닐 필요가 없다는 생각이 들었다. 그래서 2주 뒤 어머니의 췌장암 담당 의사를 외래진료로 만날 때 그동안의 진료기록을 받아 다른 병원으로 옮기기로 결정했다.

7

우리나라 동네의원과
미국의 외래 클리닉

어머니는 6월 22일에 췌장암 진단을 받은 뒤 담당 의사와의 재진 예정일인 7월 6일까지 2주 동안 동네의원을 네 차례 방문했다. 처음 두 번은 A대학병원에서 빼먹고 처방해 주지 않은 진통제와 위장관 운동 촉진제를 받기 위해서, 나머지 두 번은 항암제 부작용으로 생긴 방광염을 치료하기 위해서였다. 동네의원을 이용하기로 한 이유는 집에서 A대학병원까지 차로 1시간 이상 걸리는 데다가 외래진료를 받으려면 오랜 시간을 대기해야 한다고 듣기도 했다. 또 미국의 경우 진통제와 위장관 운동 촉진제 처방과 방광염 치료는 암 전문의가 아닌 '1차 의료제공자 primary care provider'가 충분히 할 수 있는 일이기 때문에 우리나라 동네의원에서도 할 수 있으리라고 생각했다.

미국에서는 환자가 위급한 상황이 아닌 경우, 환자는 그동안 자신을 담당해 온 1차 의료제공자를 먼저 만나야 한다. 1차 의료제공자를 만나려면 전화나 인터넷을 통해 사전 예약을 해야 한다. 당일 진료를 원하는 경우에도 마찬가지다. 예약을 하지 않으면, 1차 의료제공자를 내가 원하는 날짜와 시간에 만날 수 없고, 만날 수 있다고 하더라도 오래 기다려야 한다. 당일 진료를 받고 싶지만 1차 의료제공자를 만날 수 없는 경우에는 다른 의사를 만나야 한다. 이때 이용할 수 있는 곳들은 응급치료소 urgent care clinic, 방문 순서대로 진료를 받을 수 있는 워크인 클리닉walk-in clinic, 병원 응급실emergency department 등이다. 응급치료소와 워크인 클리닉은 처치를 빨리 받는 게 좋지만 입원은 필요하지 않은 환자를 주로 다룬다.

가령, 내가 플로리다 주립대학교University of Florida에서 펠로우십fellowship 수련을 2007년 8월에 마치고 나서 10월에 샌프란시스코에 소재한 UCSF에서 교수로 일을 시작하기까지 약 한 달간 직업이 없었다. 플로리다에서부터 운전해서 온 것이 힘들었던지 샌프란시스코에 도착한 뒤 나는 급성 기관지염을 앓았다. 무직인 상태라 건강보험이 없었고, 따라서 1차 의료제공자도 없어서 응급치료소에서 치료를 받아야 했다. 그 당시 응급치료소나 워크인 클리닉은 많지 않았고, 환자들도 많아 병원 응급실처럼 대기 시간이 매우 길었다. 응급치료소나 워크인 클리닉의 진료비는 1차 의료제공자를 만나는 경우보다 훨씬 비싸다. 2007년 내가 응급치료소에 급성 기관지염 진료비로 낸 비용은 무려 400달러였다.

반면, 우리나라 동네의원은 어떤 의사를 먼저 만나야 하는지에 대한 제약이 없다. 어머니와 내가 만난 동네의원 의사는 소화기내과 전문의였다. 미국에서 소화기내과 전문의를 만나려면 환자를 담당하는 1차 의료제공자가 진료협진 의뢰를 요청해야 하지만 우리나라에서는 이런 절차가 필요하지 않았다. 또 우리는 동네의원을 네 번 방문했지만 한 번도 진료 예약을 하지 않았고, 모두 당일에 진료를 받을 수 있었다. 당일 진료 절차는 미국의 워크인 클리닉과 비슷해서 방문 순서대로 의사를 보는 방식이었다. 하지만 동네의원 수가 많고, 환자 일인당 의사의 진료 시간이 짧아서인지 대기실에서 기다리는 시간은 길지 않았다. 또 당일 진료였지만 이에 대한 보험적용이 예약 진료와 다르지 않았다. 그래서 우리가 낸 진료비는 천 원대로 무척 저렴했다.

동네의원의 시설은 내 클리닉이 있는 샌프란시스코 종합병원의 외래환자 클리닉이나 나의 1차 의료제공자가 있는 카이저병원 외래환자 클리닉보다 훨씬 좋았다. 아파트 주변 상가 2층에 위치한 동네의원은 소화기내과 전문의 두 명이 동업해 문을 열었는데 실내가 깨끗했고 조명, 나무 바닥 등 인테리어도 매우 고급스러웠다. 사실 영리 목적으로 개인이 세운 병원인 동네의원과 저소득층에게 의료를 제공하기 위해 시에서 운영하는 공공의료기관인 샌프란시스코 종합병원의 외래환자 클리닉의 시설을 비교하는 것은 무리다(샌프란시스코 종합병원의 일부 건물은 지은지 100년도 넘는다). 그런데 사기업이 운영하는 카이저병원의 인테리어도 우리나라의 동네병원 수준에 미치지 못한다. 인터넷으로 광고하는 다른 동네의원들의 사진을 보니 다들 적어도 이 수준의 인테리어를 하고 있는 것 같아 상당히 놀랐다. 아마도 이렇게 꾸며 놓지 않으면 환자들이 잘 찾아오지 않나 보다.

고급스럽고 화려한 병원 인테리어는 동네의원에만 국한되지 않는다. 대학병원 로비도 고급스럽기는 마찬가지였다. 또 일부 대학병원의 로비는 음식점 등 많은 상점이 입점해 있어 화려한 쇼핑몰에 와 있는 것 같은 착각이 들 정도였다. 병원 로비에 좋은 음식점이 많아서 그런지, 내가 몇 년 전 우리나라 한 대학에서 세미나를 했을 때 세미나를 주선한 교수가 학교 근처 병원 내 로비의 일식점에서 점심을 사 주기도 했다. 반면, 미국 대학병원은 고작 카페테리아와 선물가게(환자들에게 선물로 많이 주는 곰인형과 "Get well"이라고 쓴 풍선 등을 주로 판다) 등이 상업 시설로 제공되기 때문에 손님을 대접할 만한 곳이 되지 못한다.

그런데 우리나라 대학병원은 로비의 상업 시설이 화려하고 고급스러운 반면에 정작 안전하고 효과적인 환자 돌봄을 위한 시설, 예를 들어 감염을 막기 위한 응급실 내 1인실 등이 미흡해 아쉬웠다. 몇 년 전 나는 한국계 미국인인 약사 레지던트를 가르친 적이 있다. 이 레지던트는 약학대학을 다닐 때 우리나라의 큰 대학병원에서 약 두 달간 실습을 했었다. 그래서 한국에서 실습한 경험을 물어보니 그는 전반적으로 좋은 경험이었다고 말했다. 하지만 중환자실에 1인실이 없어 감염증에 걸릴 위험이 높고 감염되면 심각한 상태가 되기 쉬운 중환자들이 중환자실에서 서로 다닥다닥 붙어 있어서 "쇼킹했었다"고 대답했다. 우리나라 병원 내 상업 시설과 환자 돌봄 시설 간에 큰 차이가 있다는 것이다.

우리나라 동네의원의 진료 순서도 미국의 외래 클리닉의 진료 순서와 좀 달랐다. 우리나라의 진료 순서는 접수 → 대기 → 간호사 → 의사 → 수납의 순서이다. 미국 외래 클리닉의 진료 순서는 접수 → 수납 → 대기 → 간호사 → 의사 순이다. 우리나라 병원은 진료를 받은 다음 수납을 하지만 미국 병원은 진료를 받기 전에 수납을 먼저 한다. 미국 병원에서 진료를 받기 전에 수납을 하는 이유는 보험을 가진 환자의 경우, 환자가 내야 하는 본인부담금이 진료 내용에 관계없이 일정하기 때문이다. 미국에서 외래 클리닉을 방문했을 때 보험을 가진 환자는 일정한 액수의 본인부담금을 내는데, 그 액수는 보험에 따라 다르다. 예를 들어, 내 경우에는 카이저병원의 외래 클리닉을 방문하면 진료 내용과 관계없이 20달러를 내야 한다.

내가 미국에서 경험한 클리닉의 대기실은 우리나라 동네의원 대기실과 크게 다르지 않았다. 대기실에는 여러 사람이 앉을 수 있도록 의자가 마련되어 있고 주간지나 월간지 등이 비치되어 있다. 일부 대기실은 TV도 마련되어 있었다. 환자의 순서가 되면 담당 간호사는 대기실로 와서 환자를 호명한 다음 환자를 진찰실로 데리고 간다. 여기서 간호사는 방문 이유, 약물 알레르기 여부 등을 묻는다. 그러고 나서 간호사는 체온, 혈압, 맥박, 호흡수, 통증 정도 등 바이털 사인vital sign을 측정한다. 간호사는 의사가 환자를 보기 전에 미리 볼 수 있도록 이 모든 기록을 전자의무기록에 입력한다. 입력을 마친 다음, 간호사는 진찰실을 나가고 환자는 의사가 올 때까지 진찰실에 남아 기다린다.

보통 미국의 외래 클리닉에는 진찰실이 여러 개 있다. 그래서 의사는 한 진찰실에서 환자를 기다리는 것이 아니라 의사 자신이 환자가 있는 진찰실로 직접 돌아다닌다. 이렇게 여러 개의 진찰실을 두는 이유는 의사와 간호사가 서로 환자를 효율적으로 보기 위해서이다. 환자 개인정보 보호를 위해 간호사는 대기실에서 환자를 볼 수 없다. 따라서 간호사가 환자를 볼 수 있는 대기실과는 독립된 공간이 필요하다. 간호사가 진찰실을 이용하면 이는 대기실과 독립적이고 환자의 개인정보도 보호할 수 있다. 그런데 진찰실이 하나만 있으면 의사가 환자를 보는 동안 간호사는 다른 환자를 볼 수 없다. 또 간호사가 환자를 보고 있으면 의사는 간호사가 환자를 다 볼 때까지 기다려야 한다. 만약 진찰실이 두 개이면 간호사와 의사는 두 명의 다른 환자를 동시에 볼 수 있기 때문에 클리닉의 효율이 증가한다. 병원의 진찰실에는 진료와 기록에 필요한 장비와 기구, 예를 들어 컴퓨터, 개수대, 진료 침대 등이 모두 비치되어 있다. 따라서 의사와 간호사는 환자를 본 진찰실에서 그 환자에 대한 진료기록을 작성할 수 있다.

그런데 시설이 충분치 않은 샌프란시스코 종합병원에서는 진찰실이 부족해서 간호사가 간호사실이나 복도에서 바이털 사인을 측정하고, 그다음 의사가 와서 환자를 자신의 진찰실로 직접 데리고 간다. 하지만 간호사실이나 복도는 환자 대기실과 좀 떨어져 있어 개인정보를 보호할 수 있다.

미국의 진료 순서와 비교할 때 우리나라 동네의원의 진료 순서에는 간호사 문진과 바이털 사인 측정 단계가 생략되어 있었다. 대신 환자가 원하면 스스로 측정할 수 있도록 대기실에 자동 혈압측정계가 비치되어 있었다. 이 측정계는 고정된 커프cuff에 팔을 밀어 넣어 혈압을 측정하는 방식으로, 혈압을 정확하게 측정하지 못하는 것으로 알려져 있다. 혈압 측정값의 정확도는 팔을 감는 도구인 커프의 사이즈와 환자의 측정 자세에 영향을 받는다. 그런데 이 자동 혈압측정계는 커프 사이즈를 팔의 크기에 따라 조정할 수 없다. 그리고 어떤 자세에서 측정해야 혈압 측정값이 정확한지 모르는 환자가 대부분이기 때문에 환자 스스로 측정한 혈압이 부정확할 가능성이 높다. 또 환자가 스스로 혈압을 측정하면 누가 그것을 환자의 의무기록에 기록하는지도 의문이다. 그런데 이 방식의 혈압계는 3차 의료기관인 A대학병원과 다른 대학병원의 외래진료 대기실에도 비치된 것으로 보아, 우리나라에서는 간호사 대신 환자 스스로 혈압을 측정하는 것이 널리 이용되는 방법인 것 같다.

의사가 환자를 보기 전에 간호사가 먼저 바이털 사인을 측정하고 방문 이유, 약물 알레르기 등을 기록하면 의사는 환자를 좀 더 효율적으로 볼 수 있는 장점이 있다. 내 클리닉의 예를 들면, 내가 대기실에 있는 환자를 데리러 가기 전에 간호사가 바이털 사인을 전자의무기록에 입력해 놓는다. 그래서 환자를 보기 전에 환자의 혈압이 높은지 맥박이 비정상적으로 빠른지 미리 알 수 있다. 또 내가 환자를 데리러 대기실에 가면 간호사는 혈압과 맥박 등에 이상이 있거나 상태가 안 좋아 보이는 환자를 나에게 미리 알려 준다. 이런 정보는 내가 환자에게 무엇을 물어볼지, 진찰실에서 혈압을 다시 측정할지 등에 대한 계획을 세우는 데 도움이 된다. 또 간호사가 전자의무기록에 기록한 방문 이유를 보고 이전에 비슷한 이유로 방문했었는지, 그렇다면 어떤 치료를 받았으며 그 결과는 어땠는지를 미리 찾아볼 수 있어 좀 더 효율적으로 환자를 볼 수 있다.

그뿐만이 아니다. 간호사가 취합, 기록하는 정보는 환자 치료에 꼭 필요한 내용이다. 고혈압 환자에게는 당연히 혈압이 필요한 정보이고, 어머니처럼 방광염 증상으로 방문한 경우에는 체온이 중요하다. 특히, 어머니는 최근에 항암제를 맞았기 때문에 방광염 증상과 함께 체온이 높다면 의사는 어머니를 응급실로 보내야 한다. 그런데 방광염으로 동네의원에 두 번 방문하는 동안 간호사는 한 번도 어머니의 체온을 측정하지 않았다. 항생제를 복용하고도 낫지 않아서 재진료를 받으러 갔을 때 비로소 의사가 직접 어머니의 체온을 측정했다(다행히 정상 체온이었다).

    우리나라 동네의원의 진찰실 내부의 시설과 미국 병원 클리닉을 비교했을 때 가장 눈에 띄게 다른 점은 우리나라의 진찰실에는 개수대가 설치되어 있지 않았다는 것이다. 이는 동네병원에만 국한된 것이 아니라 어머니의 췌장암 치료를 위해 방문한 대학병원 두 군데에서도 공통적으로 발견한 점이다. 미국 병원의 진찰실에 개수대가 설치되어 있는 이유는 손 소독용 알코올만으로는 제거할 수 없는 병원균이 있기 때문이다. 가령, 심한 설사를 일으킬 수 있는 클로스트리디움 디피실리Clostridium difficile라는 균은 알코올에 죽지 않는다. 그래서 의사와 환자를 보호할 수 있도록 미국 병원의 진찰실에는 비누로 손을 씻을 수 있는 개수대가 있다.

    대학병원의 외래 클리닉에 있는 의사와 달리 동네병원 의사는 매우 친절했다. 특히, 어머니의 위염을 진단한 의사는 자신이 좀 더 빨리 대학병원으로 진료의뢰를 요청하지 못한 데에 대한 자책감이 있었는지, 어머니 손도 잡아 주고 질문에 자세하게 대답을 해 주는 등 매우 따뜻하게 대해 주었다. 그리고 통증을 줄이기 위해서라도 자기 어머니라면 항암치료를 받게 할 것이라면서 항암치료를 적극적으로 권했다. 게다가 복수에 대해 묻자 무료로 복부초음파 검사를 해 주기도 했다. 이런 태도는 내가 만난 대학병원 의사들과는 매우 대조적이었다. 어머니의 췌장암

치료로 만난 일부 대학병원 의사들은 찾아오는 환자들이 충분히 많다고 생각해서인지 사무적이고 퉁명스러웠고 때로 비인간적으로 느껴지기도 했기 때문이다. 물론 동네병원 의사의 약물 처방에서 의아하게 느낀 점도 있었다. 하지만 이는 대학병원 의사들에게서도 똑같이 발견한 문제였다. 동네병원만의 문제라기보다는 우리나라 의료 교육 등 시스템 자체의 문제로 보였다.

암과 같은 큰 질환은 대학병원에서 진료를 받더라도 방광염과 같은 경미한 질환은 접근이 용이하고 더 친절한 동네의원을 이용하는 것이 좋을 것 같다. 그런데 안전하고 효과적인 치료를 위해서는 동네의원에서 수행한 검사 결과와 처방한 약의 목록이 대학병원 의사에게 전달되고, 대학병원의 검사 결과와 처방한 약의 목록이 동네의원에 전달되는 등, 동네의원과 대학병원 간의 긴밀한 소통과 협조가 필요하다. 안타깝게도 현재 우리나라에서는 이에 대한 제도적인 뒷받침이 부족해서 환자나 보호자가 대신해야 한다. 예를 들어, 어머니의 방광염 치료를 위해 만난 동네의원 의사는 어머니가 대학병원에서 어떤 약을 처방받았는지 모르고 있었기 때문에 내가 직접 알려 주어야 했다. 나는 의료 지식이 있으므로 어떤 정보가 의사에게 필요할지 구분해서 알려 줄 수 있었지만, 의료 지식이 깊지 않은 대부분의 환자나 보호자가 이렇게 하기는 어렵다. 따라서 이런 문제를 해결하기 위해 동네의원과 대학병원 간의 협진, 소통 및 협력을 도모할 수 있는 시스템과 제도가 만들어져야 한다. 이에 대해 다음 장에서 이야기하기로 하겠다.

8

환자를 통합적으로
돌보기 위한 제도

환자는 자신이 가진 질병의 종류에 따라 여러 의사를 만난다. 예를 들어 심장 질환을 앓고 있다면 심순환기 전문의에게, 당뇨병이 있다면 내분비의학 전문의에게 치료를 받는다. 어머니의 경우, 췌장암 치료를 위해 대학병원의 췌장암 전문의에게 치료를 받고 있었다. 그런데 의사가 한 환자를 효과적으로 치료하려면 다른 질환 때문에 먼저 만났던 의사들이 그 환자에게 어떤 진단을 내리고 치료했는지 잘 알아야 한다. 다른 의사들의 진단과 치료가 자신이 내리는 진단과 치료에 영향을 끼칠 수 있기 때문이다.

가령, 내분비의학 전문의에게 처방받은 피오글리타존piogli-tazone이라는 당뇨병 치료약을 복용하는 환자가 있다. 그런데 이 환자가 최근에 숨이 차고 부쩍 피곤하며 다리가 붓는 증상이 나타나자 심순환기 전문의를 만난다. 환자를 살펴본 심순환기 전문의는 심부전증으로 진단하고 치료하고자 한다. 이때 기존에 복용하고 있던 피오클리타존은 심부전증을 일으키거나 악화시킬 수 있으므로 환자는 복용을 중단해야 한다. 만약 심순환기 전문의가 해당 환자가 피오글리타존을 복용하고 있다는 사실을 모르고 있다면 환자의 심부전증을 잘 치료할 수 없을 것이다.

이처럼 환자가 여러 의사를 만나게 되는 경우, 의사는 환자가 가진 여러 가지 의학적인 문제들을 통합적으로 다루기보다는 자신의 전문 분야에 따라 일부 증상만을 다루게 될 가능성이 있다. 숲을 보지 못하고 나무만 보는 것이다. 이렇게 되면 환자에게 해가 될 수 있다. 나의 어머니 사례에서 보듯이, 환자에게 필요한 치료가 지연되거나 놓칠 수 있기 때문이다. 또 여러 의사가 비슷한 치료 방법을 중복해서 처방할 수도 있다. 같은 사항에 대해 여러 의사로부터 다른 지시를 받아 환자가 혼란스러워할 수도 있다. 이와 같은 환자 돌봄의 파편화fragmentation와 불연속성discontinuity에 따른 여러 가지 문제를 줄이려면 환자의 치료에 관여하는 모든 건강 관련 종사자들이 서로 긴밀하게 소통하고 협력해야 한다. 이를 위해 미국의 병원은 여러 가지 제도적 장치를 도입하고 있는데 그중 네 가지를 소개한다.

전자의무기록의 공유

우리나라가 전자의무기록를 사용하던 2000년대 초에 미국은 여전히 종이로 된 의무기록을 사용하고 있을 정도로 전자의무기록 사용이 낙후되어 있었다. 그래서 내가 수련을 받을 때는 병동에 올라가서 환자의 의무기록지를 일일이 읽어야 했다. 또 의사가 환자의 의무기록을 작성하고 있으면 끝날 때까지 기다려야 의무기록을 읽을 수 있었다. 하지만 지금은 전자의무기록이 보편화되어 어디에서든지 환자의 의무기록을 읽을 수 있고, 의사가 의무기록을 작성하는 중이더라도 그 전에 입력된 기록을 볼 수 있다.

일반적으로 같은 병원 소속의 의료인은 누구나 환자의 전자의무기록을 볼 수 있다. 이는 여러 의료인이 환자를 통합적으로 돌보는 데에 많은 도움을 준다. 먼저 그동안 환자에게 어떤 진단이 내려졌고 어떤 치료를 처방했는지 전자의무기록을 통해 알 수 있다. 또 환자가 그동안 받은 검사 기록도 열람이 가능해 중복 검사를 줄일 수 있다. 다른 의료인에게 환자의 진단과 치료에 관해 궁금한 점이 있는 경우, 병원 내 전자의무기록 시스템으로 직접 물어볼 수도 있다.

그런데 일반적으로 병원들은 전자의무기록을 서로 공유하지 않는다. 예를 들어, 샌프란시스코 종합병원에서 치료를 받고 있는 내 환자가 카이저병원의 응급실을 방문하게 되면 나는 이 환자의 카이저병원 전자의무기록에 접근할 수 없다. 물론 병원이 환자에게 의무기록 복사본을 주고 환자가 이를 내게 가져오면 읽어 볼 수 있지만 이런 경우는 많지 않다. 또 대부분의 미국 대학병원은 지역적인 병원망으로 이루어져 있기 때문에 환자가 여행 중 다른 지역의 병원을 방문하게 되면 이에 대한 정보를 전자의무기록으로부터 직접 얻기가 어렵다. 다행히 이런 문제점이 최근에 점차 해소되고 있다. 그 예로 에픽Epic이라는 회사에서 제공하는 전자의무기록 프로그램은 다른 병원에서 작성한 의무기록을 볼 수 있도록 만들어 놓았다(물론 병원들이 서로 전자의무기록을 공유하는 것을 동의해야 한다). 만약 다른 병원이 에픽이 제공하는 전자의무기록 프로그램을 사용하지 않는 경우, 웹을 통해 환자에게 제공되는 전자의무기록을 통해 접근할 수 있다.

미국의 재향군인병원Veterans Administration Hospital, VA의 전자의무기록도 전국적으로 접근이 가능한 의무기록의 좋은 사례이다. 재향군인병원은 국가가 운영하는 전국적인 병원 시스템으로 미국 각 지역에 병원을 두고 있는데, 재향군인은 전국 어디를 가더라도 재향군인병원을 이용할 수 있다. 2002년 약대에 다니던 시절에 플로리다주 게인스빌Gainesville에 있는 재향군인병원에서 외래 클리닉 실습을 한 적이 있다. 그때 나는 실습하고 있는 병원뿐만이 아니라 다른 지역의 재향군인병원에서 작성한 환자들의 전자의무기록을 모두 읽어 볼 수 있어서 큰 도움이 되었다.

나는 우리나라의 병원에서 일한 경험이 없기 때문에 병원들이 전자의무기록을 얼마나 효율적으로 서로 공유하고 있는지 잘 알지 못한다. 하지만 적어도 어머니를 모시고 다녔던 병원들은—동네병원이든지 큰 대학병원이든지—전자의무기록을 서로 공유하고 있지 않았다. 환자나 보호자가 병원에 의무기록 복사를 요구해 갖고 다닐 수도 있지만 매우 번거로운 일이다. 또 환자와 보호자는 어떤 의무기록이 필요한지 모를 가능성이 크다. 의무기록 복사하려면 수수료를 내야 해서 이를 꺼리거나 최소한의 의무기록만을 복사하려고 할지도 모른다. 따라서 가장 좋은 방법은 병원 간 전자의무기록을 공유하는 것이다.

환자의 돌봄 전환을 도와주기

환자 돌봄을 담당하는 건강 관련 종사자가 바뀌는 것을 '돌봄 전환transitions of care'이라고 부른다. 예를 들면, 어머니가 A대학병원 외래진료로 췌장암 전문의를 만나다가 동네의원 의사를 만나는 것은 돌봄의 전환이다. 돌봄 전환은 외래에서 외래로, 외래에서 입원으로, 입원에서 외래로 그리고 입원에서 입원으로도 일어날 수 있다. 그런데 환자의 돌봄을 담당하는 건강 관련 종사자가 다른 사람으로 바뀔 때 돌봄이 파편화되거나 불연속적으로 변하기 쉬워 의료 사고나 실수가 발생할 위험이 커진다. 특히 환자의 돌봄을 새로 맡게된 건강 관련 종사자가 기존에 담당했던 건강 관련 종사자로부터 환자에 대한 정확한 정보를 받지 못했을 때 그 위험성이 높다.

따라서 돌봄 전환이 일어날 때 문제 발생을 줄이기 위한 장치가 필요하다. 어머니의 경우, 내가 이 장치를 담당한 셈이다.

즉, 대학병원의 전문의가 실수로 처방하지 않은 약들을 보호자가 발견해서 동네의원 의사에게 알려줌으로써 환자의 돌봄이 매끄럽게 전환되도록 했던 것이다.

미국에서는 돌봄 전환을 돕는 임상 서비스가 따로 개설되어 있는데, 이를 '돌봄 전환 서비스transitions of care service'라고 부른다. UCSF 대학병원의 경우, '돌봄 전환 클리닉transitions of care clinic'이라는 클리닉이 따로 설립되어 운영되고 있다. 이 클리닉은 주로 입원했던 환자가 퇴원할 때, 입원에서 외래로 전환되는 것을 돕는다. 구체적으로 한 가지 예를 들자면, 입원하기 전에 복용했던 약이 환자가 퇴원할 때 바뀌는 경우가 많다. 환자의 상태에 따라 입원하기 전에 복용했던 약을 퇴원할 때는 중단하기도 하고, 복용량을 바꾸기도 한다. 또 기존에 복용하지 않았던 약이 추가되기도 한다. 그런데 입원 자체가 환자에게는 큰 스트레스로 작용하므로 환자는 퇴원할 때 복용해야 할 약들이 어떻게 바뀌었는지 충분히 숙지하기가 어려울 수 있다. 따라서 돌봄 전환 클리닉에서는 환자가 퇴원할 때, 바뀐 약을 포함해서 앞으로 복용해야 하는 모든 약의 목록을 만들어 주고 상담해 준다. 환자가 외래 클리닉에서 의사를 만날 때 돌봄 전환 클리닉에서 만들어 준 약 목록을 가지고 가면 의사는 환자가 현재 복용하고 있는 약에 대한 정확한 정보를 얻을 수 있다. 또 돌봄 전환 클리닉은 퇴원 후 1~2주 안에 환자에게 연락해 어떻게 지내고 있는지, 약은 제대로 복용하는지 확인하고 환자의 질문에 답변한다.

미국의 공공의료 보장제도인 메디케어Medicare는 돌봄의 전환을 매끄럽게 도와주는 서비스의 중요성을 인정하여 이러한 서비스에 대해 보험 지급을 해 주고 있다. 마찬가지로 미국의 많은 민간 의료보험들도 돌봄 전환 서비스에 보험 지급을 하고 있다. 우리나라도 돌봄 전환의 중요성을 인식하고 돌봄 전환 서비스를 도입하고 있다. 예를 들어, 나는 2020년 돌봄의 전환에 대한 우리나라의 한 학회에 온라인으로 참석할 수 있었다. 이 학회에서 나는 약사, 간호사 등이 참여하는 돌봄 전환 서비스가 서울과 전주의 큰 대학병원 등에 잘 구축되어 있다는 것을 알게 되었다. 이 서비스가 모든 병원으로 확대 구축되면 좀 더 많은 환자들이 혜택을 받을 수 있을 것이다.

진료 요약 문서의 교부

많은 외래 클리닉에서 환자와의 진료를 마친 후 의사가 진료 내용을 요약한 문서를 환자에게 교부한다. 이 문서를 영어로는 'after visit summary'라고 부르는데 그 이유는 환자가 '의사와의 진료를 마친 뒤 발급'되고, 환자가 의사에게 진료받고 상담한 내용을 '요약'해 담고 있기 때문이다.

진료 요약 문서에는 언제 병원을 방문했는지, 방문 목적이 무엇인지, 진료 당시 측정한 혈압, 맥박, 체온 등의 바이털 사인, 진단명, 복용하고 있는 약, 상담 내용, 의사의 지시사항, 재진 날짜와 시간 등이 들어 있다. 따라서 환자는 진료 요약 문서를 참조해 의사가 지시한 내용을 집에서 따를 수 있다. 가령, 진료 요약 문서에 기록된 복용하고 있는 약 목록은 환자가 처방받은 대로 약을 복용할 수 있도록 돕는다. 다른 의사에게 진료를 받아야 할 경우에도 이 요약지를 들고 가면, 기존에 어떤 진단과 치료를 받았는지 알 수 있다. 따라서 진료 요약 문서는 환자 돌봄의 파편화를 줄이고 연속성을 확보하는 데 도움을 준다.

미국에서 사용하는 많은 전자의무기록 프로그램은 진료 요약 문서를 자동으로 작성하는 기능이 있다. 에픽이 제공하는 전자의무기록 프로그램은 환자가 의사를 방문하는 동안 기록된 여러 가지 사항—바이털 사인, 복용약 리스트, 새로운 처방약, 상담과 지시 내용, 재진 날짜와 시간—등을 환자가 읽기 쉽게 한꺼번에 묶어 출력하는 기능이 있다. 또 어떤 약이나 치료법에 대한 설명이 필요한 경우, 프로그램 자체에 그 정보가 포함되어 있으면, 진료 요약 문서에 넣을 수 있다. 가령, 허리 통증의 치료를 위한 특정 체조를 권장하는 경우, 이 체조 방법이 에픽 프로그램에 포함되어 있으면 진료 요약 문서에 넣을 수 있다. 이처럼 진료 요약 문서에는 환자가 집에서 의사의 상담과 지시를 따르는 데 필요한 모든 정보가 들어 있어 환자에게 큰 도움이 된다.

진료 요약 문서는 병원에서 환자 치료와 관련된 모든 사람이 접근하여 인쇄할 수 있다. 즉, 담당 의사뿐만 아니라 간호사, 재진 예약을 담당하는 직원들도 필요한 경우에는 진료 요약 문서를 열어 볼 수 있다. 따라서 간호사나 재진 예약을 담당하는 직원이 환자에게 교부할 수 있으므로 바쁜 의사가 굳이 시간을 따로 내어 진료 요약 문서를 환자에게 교부하지 않아도 된다.

어머니의 췌장암 치료를 위해 우리나라의 대학병원과 동네 의원을 여러 번 방문하는 동안, 나는 한 번도 그날 받은 진료에 대해 요약한 문서를 받은 적이 없다. 의사가 권장하거나 지시한 치료 방법에 대한 환자의 순응도를 높이고, 환자가 다른 의사를 만날 때 돌봄의 연속성을 유지하기 위해 모든 의료기관이 환자에게 진료 요약 문서를 교부하는 것을 제도적으로 뒷받침하는 것을 고려해야 한다.

환자가 복용하고 있는 약을 전자의무기록에 업데이트하기

환자가 복용하고 있는 약은 수시로 바뀔 수 있다. 주치의를 다시 만나거나 새로운 의사를 만날 때 기존에 복용하던 약이 중단되고 새로운 약이 처방되기도 하며 복용하던 약의 용량이 바뀌기도 한다. 또 의사의 처방을 따르지 않고 환자가 임의로 약을 중단하거나 용량을 바꾸기도 한다. 때로는 비처방약을(진통제, 비타민제 등) 환자가 의사에게 알리지 않고 복용하는 경우도 있다. 건강보조식품이라고 분류된 상품들도 처방이 필요하지 않기 때문에 환자들이 언제든지 복용할 수 있다.

그런데 환자가 복용하고 있는 약은 의사의 진단과 치료에 큰 영향을 끼칠 수 있다. 복용하는 약끼리 상호작용을 일으켜 약의 효과가 너무 커져 부작용이 나타날 수 있고, 반대로 약의 효과가 줄어들어 치료에 실패할 수도 있다. 건강보조식품도 처방약이나 비처방약과 상호작용을 일으킬 수 있기 때문에 복용에 주의가 필요하다. 따라서 정확한 진단과 안전하고 효과적인 치료를 위해서는 환자가 복용하고 있는 모든 약에 대해 알아야 한다. 그래서 미국에서는 환자가 입원할 때나 외래진료를 받을 때마다 환자가 현재 복용하고 있는 약에 대한 정보를 전자의무기록에 기록한다. 환자가 현재 복용하고 있는 약에 대한 정보가 전자의무기록에 빠져 있다면, 해당 의료기관은 그 환자에 대한 보험 급여를 받을 때 불이익을 당할 수도 있다.

환자가 현재 복용하고 있는 약에 대한 필요한 정보에는 약이름, 용량, 복용 횟수, 복용 방법, 복용 기간 등이 있다. 환자들에게 복용하고 있는 약에 대해서 질문하면 이름만 대략 알려 주는 경향이 있는데, 안전하고 효과적인 치료를 위해서는 약 이름 외에도 얼마나 많은 양을 복용하는지, 얼마나 자주 복용하는지, 어떻게 복용하는지, 언제부터 복용하기 시작했는지 등의 정보가 필요하다. 그런데 이와 같은 정보는 환자가 같은 의사에게 여러 차례 진료받는 동안에도 바뀔 수 있다. 가령, 의사가 처음에는 A라는 약 10mg을 하루에 두 번 복용하도록 처방했지만, 환자가 부작용을 느껴 10mg을 하루 한 번만 먹는 것으로 나중에 바꿀 수도 있다. 따라서 같은 의사를 만나더라도 환자가 현재 복용하고 있는 약에 대한 정보를 만날 때마다 업데이트해야 한다.

어머니의 췌장암을 치료하기 위해 방문한 우리나라의 대학병원과 동네의원 어디에서도 '어떤 약을, 어떻게 복용하고 있는지' 물어보는 곳은 한 군데도 없었다. 어쩌면 전자의무기록를 통해 그동안 처방된 약을 살펴봤을지도 모른다. 하지만 환자가 실제로 약을 복용하는 것은 전자의무기록과 다를 수가 있다. 또 환자가 처방대로 복용하고 있는지 확인하는 것은 치료 효과와 부작용을 평가하는 데 매우 중요한 과정 중 하나다. 따라서 안전하고 효과적인 약의 사용과 질병의 적절한 치료를 위해서는 환자가 복용 중인 약에 대한 정보를 환자가 방문할 때마다 전자의무기록에 계속 업데이트해야 한다.

우리나라의 경우, 의사가 환자 한 명을 진료하는 시간이 미국보다 훨씬 짧아 환자가 복용하고 있는 약에 대한 업데이트를 의사가 직접 하는 게 현실적으로 불가능할지도 모른다. 그렇다면 샌프란시스코 종합병원처럼 약사를 이용하는 것은 어떨까? 특히, 우리나라에는 한 건물에 병원과 약국이 함께 있는 경우가 많다. 따라서 환자가 병원을 방문하기 전에 약국에 들르도록 한다면 현재 복용하고 있는 약에 대한 업데이트를 약사가 할 수 있다. 더구나 약사는 약국에서 건강보험심사평가원의 전산 시스템에 접근할 수 있다. 약사는 환자가 다른 약국에서 어떤 약을 처방받았는지 조회할 수 있고, 이는 환자의 복용약을 업데이트하는 데 도움이 될 것이다. 환자가 의사를 만나기 전에 약사가 업데이트한 복용약 정보를 가지고 의사를 만나거나 의사가 업데이트된 정보에 접근할 수 있다면 이를 진단과 치료에 활용할 수 있다.

의료가 세분화되어 환자가 여러 의사에게 진료를 받는 현재의 의료시스템에서는 환자를 통합적으로 돌보기 위한 제도적 장치가 꼭 필요하다. 특히 우리나라처럼 환자가 여러 의사를 제한 없이 볼 수 있는 경우는 더욱 그렇다. 전자의무기록의 공유, 돌봄 전환 서비스에 대한 지원, 진료 요약 문서의 교부, 복용하는 약에 대한 업데이트 등 미국에서 시행되고 있는 이런 제도적 장치들은 의료인들 간의 긴밀한 의사소통과 협력을 가능하게 해 돌봄의 파편화를 줄이고 연속성을 유지하는 데에 도움을 주고 있다. 우리나라도 우리의 실정에 맞는 제도적 장치를 고안해 환자의 돌봄이 좀 더 통합적으로 이루어지기를 기대한다.

9

우리 집 주치의,
1차 의료제공자

    환자를 통합적으로 돌보기 위해서는 의료인과 의료인, 의료인과 환자 사이에 원활한 의사소통과 긴밀한 협력을 도모하게 하는 제도적 장치와 이를 조정하고 조절하는 컨트롤타워가 필요하다. 아무리 좋은 의료시스템이 있어도 이를 원활하게 이용할 수 있도록 연결하고 조정하는 역할을 하는 사람이 없으면 환자를 통합적으로 돌보기 어렵다.

    먼저 환자의 돌봄을 적절한 의료 자원에 연결하는 것에 대해 생각해 보자. 예를 들어 기침과 코막힘 등의 증상을 보이는 환자가 있다고 하자. 이 환자는 내과 의사를 만나는 것이 좋을까 아니면 이비인후과 의사를 만나는 것이 좋을까? 대부분의 환자들은 의학 교육을 받지 않았기 때문에 이를 혼자 결정하기가 쉽지 않다. 반면에 의사는 의학 교육을 받고 의료 현장에서 직접 활동하고 있으므로 의료 상황과 의료 자원에 대해 잘 알고 있다. 따라서 이 환자의 경우 개인의 판단보다는 의사의 도움을 받아 결정하는 것이 가장 효율적이다. 다시 말해 환자가 아닌 의사가 환자의 증상과 상태에 따라 가장 적절한 의료 자원에 연결시켜 주어야 한다.

만약 자신이 치료할 수 있는 증상과 상태인 경우, 의사는 환자를 직접 치료한다. 또 이 의사는 환자의 치료 결과를 함께 검토하고, 그 결과에 따라 다음 단계의 치료에 대한 결정을 내리는 역할을 수행한다. 즉 이 의사는 환자를 직접 치료하기도 하고 때로는 환자에게 가장 적절한 의료 자원을 연결해 주는 컨트롤타워의 역할을 한다.

미국에서 이런 역할을 맡은 의사가 있는데 이들이 바로 1차 의료제공자primary care provider이다. 유럽에서는 이들을 문지기 gate keeper라고도 부르기도 하지만 역할 자체—환자를 통합적으로 돌보기 위한 컨트롤타워를 하는 역할—는 미국과 다르지 않다. 그런데 우리나라의 경우 환자 돌봄의 컨트롤타워인 1차 의료제공자가 잘 정립되어 있지 않은 상황이 의료의 질을 떨어뜨리는 주요 원인이다.

1차 의료제공자에 대해 이해를 돕기 위해 먼저 이들이 제공하는 1차 의료와 이와 대비되는 개념인 2차 의료, 3차 의료 등의 의료전달체계health care delivery system 용어에 대해 간단하게 살펴보자. 의료전달체계에서 '전달'은 영어의 'delivery'를 옮긴 것이다. 그런데 의료전달체계는 한 나라 안에 존재하는 다양하면서도 한정된 의료 서비스 자원을 국민들에게 효율적으로 제공하기 위해 만든 체계이므로 '의료 서비스 제공 체계'로 이해하는 것이 더 좋을 듯하다.

1차 의료는 우리가 아플 때 처음으로 접하는 의료 서비스이다(표 1). 우리나라 의료 서비스 제공 체계상으로는 갑자기 열과 함께 기침과 콧물이 나서 동네의원의에 가는 것을 예로 들 수 있다. 2차 의료는 특정 장기나 질병을 전문으로 다루는 의료 서비스를 말한다. 열, 기침, 콧물증상 때문에 동네의원에서 약을 처방받아 복용했는데 차도가 없어서 동네에 있는 이비인후과 의원을 방문한다면 이는 2차 의료 서비스를 이용한 예가 된다. 그런데 동네 이비인후과 의사를 만나서 치료를 받았는데도 차도를 보이지 않아 대학병원으로 가서 수술을 하게 되었다면 이는 3차 의료 서비스를 이용하는 것이다. 이처럼 1차 의료에서 3차 의료로 갈수록 치료하는 장기나 질병의 범위가 좁아지는 대신

표 1 1차, 2차, 3차 의료

구분	제공자	예
1차 의료	가정의학과 의사, 일반내과 의사, 소아과 의사, 산부인과 의사, 전문 간호사, 의사 보조사 등	감기 치료
2차 의료	전문의	이비인후과 치료
3차 의료	대학병원, 대형병원	이비인후과 수술

그 장기나 질병에 대한 전문성은 높아진다. 예를 들어, 내 어머니가 대학병원에서 만난 췌장암 전문의는 일반적으로 위, 소장, 대장 등 여러 소화 기관 중에서 췌장만을 전문으로 다루며 췌장의 여러 질병 중에서도 췌장암에 대한 지식과 경험이 가장 많다.

1차 의료제공자는 말 그대로 1차 의료 서비스를 제공해 주는 사람이다. 1차 의료제공자의 대부분은 의사이지만 미국에서는 일부 전문 간호사nurse practitioner와 의사 보조사physician's assistant도 1차 의료제공자로 활약하고 있다. 의사 직역을 좀 더 구체적으로 살펴보면, 가정의학과, 일반내과, 소아청소년과, 산부인과 등이 1차 의료제공자 역할을 한다. 그러면 1차 의료제공자의 역할은 무엇일까? 2차, 3차 의료제공자와 비교할 때 1차 의료제공자는 크게 네 가지의 독특한 역할이 있다.

- 1차 의료제공자는 환자가 의료시스템을 접할 때 제일 먼저 만나는 의료진이다.
- 1차 의료제공자는 일회성이 아닌 장기간에 걸쳐 환자의 건강을 돌본다.
- 1차 의료제공자는 치료뿐만 아니라 환자의 질병 예방과 건강 증진을 도모한다.
- 1차 의료제공자는 2차, 3차 의료제공자들과의 협진을 연결하고 조정한다.

환자가 의료시스템을 접할 때 제일 먼저 만나는 의료진

1차 의료제공자는 환자가 의료시스템을 이용하려고 할 때 가장 먼저 만나는 의료진이다. 미국에서 의료보험을 가지고 있는 사람은 모두 자신의 1차 의료제공자를 지정해야 한다. 일단 1차 의료제공자가 정해지면, 환자는 어떤 증상이 생겨 치료를 받고자 원할 때 먼저 1차 의료제공자를 만나야 한다. 가령, 갑자기 열과 함께 기침과 콧물이 나서 감기약을 처방받고 싶으면 1차 의료제공자를 방문해야 한다. 물론 예약을 할 수 없거나 여행 중이어서 1차 의료제공자를 만날 수 없는 경우에는 응급치료소나 병원 응급실을 이용할 수 있지만 대부분은 반드시 1차 의료제공자를 만나야 한다. 1차 의료제공자를 만나지 않고는 2차, 3차 의료제공자를 만날 수 없기 때문이다. 지정된(자신을 진료해 왔던) 1차 의료제공자의 예약이 꽉 차 있는 경우, 클리닉이나 병원은 환자가 당일 여유가 있는 다른 1차 의료제공자를 만나게 해 줄 수는 있다. 하지만 원칙적으로는 환자가 자신의 1차 의료제공자가 아닌 다른 1차 의료제공자를 지정해서 만날 수는 없다(환자는 자신의 1차 의료제공자가 마음에 들지 않으면 바꿀 수 있다).

환자가 어떤 증상이 생겨 의료기관을 방문할 때 항상 처음 만나는 의료진이 1차 의료제공자라는 것은 중요한 의미가 있다. 증상의 치료가 1차 의료제공자에서 끝날 수도 있고, 필요하면 2차, 3차 의료제공자로까지 갈 수 있는데 이를 결정하는 주체가 1차 의료제공자이기 때문이다. 1차 의료제공자는 어떻게 보면 환자의 치료에 있어 첫 번째 방어선 역할을 하는 셈이다. 또 1차 의료제공자는 환자의 치료에 2차, 3차 의료제공자가 필요한지 결정하는 역할도 한다. 그래서 1차 의료제공자를 가리켜 환자가 의료시스템의 문을 두드릴 때 처음 만나는 문지기라고도 부르는 것이다.

평생에 걸쳐 환자의 건강을 돌본다

1차 의료제공자는 한 환자를 장기간에 걸쳐 돌본다. 내 경우에도 2008년부터 같은 1차 의료제공자에게 진료를 받고 있다. 지난 10년 동안 이런저런 건강 문제로 종종 만났기 때문에 1차 의료제공자는 나에 대해서 잘 알고 있다. 심지어 내 직업에 대해서도 알고 있을 정도다. 즉, 이처럼 오랫동안 환자의 건강을 돌보면서 의사-환자와의 관계를 쌓아 오기 때문에 1차 의료제공자는 환자의 질병, 전반적인 건강 상태와 치료 방법에 따른 선호도 등에 대해 잘 파악할 수 있다. 따라서 환자의 치료가 더 효과적이고 효율적이다.

또 어떤 1차 의료제공자—가정의학과 1차 의료제공자—는 환자와 가족 구성원 모두를 담당하기도 한다. 이 1차 의료제공자는 환자와 그 가족 구성원의 건강을 오랜 기간 돌보기 때문에 가족력뿐만 아니라 주거 환경과 동네 분위기에 대해서도 잘 알고 있다. 이런 지식과 경험은 환자가 사는 지역에 특정한 질병이 돌 때 환자와 가족이 감염되는 것을 미리 예방할 수 있도록 조치를 취하는 등 환자와 가족 구성원의 건강을 효율적으로 돌볼 수 있게 한다.

이렇듯 오랫동안 맺은 관계이기 때문에 1차 의료제공자와 환자와의 관계는 의사-환자라는 약간은 사무적인 관계에서 좀 더 나아가 인간적으로 발전되는 것 같다. 그래서 환자에게 암과 같은 심각한 질병이 걸렸다는 것을 알려 줄 때 눈물을 흘리는 1차 의료제공자도 있다. 또 샌프란시스코 종합병원의 가정의학과 클리닉 의료진들은 클리닉 환자들 중 그해에 사망한 분들을 추모하는 모임을 매년 갖고 있다.

환자의 질병 예방과 건강 증진을 도모한다

1차 의료제공자는 환자가 어떤 증상이 새로 생기거나 질병에 걸렸을 때만 만나는 것이 아니다. 1차 의료제공자는 질병을 예방하고 건강을 증진하는 역할도 맡는다. 따라서 1차 의료제공자는 질병의 예방과 건강 증진을 위해 특별한 질병이 있건 없건 환자를 정기적으로 만난다. 가령, 나와 나의 1차 의료제공자는 1년에 한 번은 꼭 만난다. 이때 1차 의료제공자는 나의 생활습관에 대해 묻고 상담하면서 내 성별과 나이에 맞는 건강검진을 오더한다.

여기서 중요한 점은 어떤 건강검진 검사가 필요한지 결정하는 주체는 환자가 아니라 1차 의료제공자라는 것이다. 이는 환자가 직접 결정하는 우리나라와 많이 다르다.

환자보다 1차 의료제공자가 환자에게 필요한 건강검진 검사의 종류를 결정하는 것이 좀 더 합리적인 이유는 여러 가지다. 먼저 1차 의료제공자는 의학 공부를 한 사람이므로 의학 지식과 경험이 환자보다 훨씬 풍부하다. 1차 의료제공자는 환자의 나이와 성별에 따라 현재 정부기관이나 의사 단체에서 그동안의 임상시험 결과를 바탕으로 권고하고 있는 건강검진 항목을 잘 알고 있다. 따라서 1차 의료제공자는 질병 예방과 비용 대비 효과의 증거가 충분한 검사만을 오더할 수 있어 의료 자원을 효율적으로 사용하는 것을 도모할 수 있다. 또 1차 의료제공자는 한 환자와 오랫동안 함께했기 때문에 이를 고려하여 검사 결과를 환자에게 설명해 줄 수 있다. 그뿐만 아니라 검사 결과에 따라 치료가 필요한 경우, 1차 의료제공자는 이를 주도해 2차나 3차 의료기관의 협진을 연결하고 조정할 수 있다. 따라서 건강검진에 있어서 환자 돌봄의 연속성을 유지하고 환자를 통합적으로 돌볼 수 있다.

반면, 우리나라는 사실상 환자가 건강검진 항목을 선택해야 하기 때문에 필요한 검사가 빠질 수도 있고 혹은 불필요한 검사를 받을 수도 있다. 모든 검사에는 위험이 따르기 때문에 불필요한 검사를 받게 되면 부작용의 위험이 증가한다. 또 검사 비용이 증가하고 부작용이 나타날 경우 치료비도 추가로 발생한다.

우리나라에서는 주로 건강검진센터를 이용하여 건강검진을 받는다. 그런데 건강검진센터의 의료진은 환자를 오랫동안 지켜보던 사람들이 아니기 때문에 검사 결과를 해석할 때 그동안의 환자 상태를 고려하기 힘들다. 예를 들어, 환자의 혈중 콜레스테롤 수치가 기준보다 좀 높게 나왔다고 하자. 그런데 이 환자는 고지혈증 약을 복용 했었지만 부작용 때문에 지금은 생활습관을 바꾸는 것만으로 고지혈증을 조절하고 있었다. 의사가 환자의 이런 상황을 알고 있다면 콜레스테롤 수치가 생활습관을 바꾸기 전보다는 나아진 것으로 해석할 수도 있다. 반면에 이런 정보가 없다면 환자의 콜레스테롤 수치가 비정상이라고만 해석하게 된다. 따라서 검사 결과를 정확하게 해석하려면 환자의 상태를 알고 있어야 한다. 하지만 환자를 처음 대면한 건강검진센터 의사에게 이를 기대하기는 어렵다. 건강검진센터의 의사의 역할은 주로 결과를 해석하고 상담해 주는 것이므로 검사 결과상 치료가 필요하다고 하더라도 환자의 치료를 담당하지 못한다. 결국 환자는 다른 의사를 만나서 치료를 받아야 한다. 이런 과정은 환자 돌봄의 연속성을 확보할 수 없게 한다.

환자에게 백신을 처방하는 것도 1차 의료제공자가 하는 질병 예방 활동 중 하나다. 백신은 특정 세균이나 바이러스가 일으키는 질병을 예방할 수 있는 가장 좋은 도구 중 하나다. 그런데 환자의 나이, 성별, 기저 질환에 따라 추천하는 백신의 종류가 다르다. 1차 의료제공자는 환자를 오랫동안 보아왔기 때문에 기저 질환 등 환자의 상태에 대해 잘 알고 있고, 정기적으로 환자를 만나기 때문에 이 정기 방문을 이용해 환자에게 알맞은 백신을 처방할 수 있다. 이처럼 1차 의료제공자는 환자에게 추천되는 건강검진과 백신접종을 통해 환자의 건강을 유지하는 데에 주도적인 역할을 한다.

다른 의료제공자들과의 협진을 주선하고 조정한다

1차 의료제공자는 대부분의 흔한 질병에 대한 진단과 치료법에 대해 수련을 받았기 때문에 이를 치료할 수 있다. 그런데 흔한 질병이라고 해도 어떤 경우에는 좀 더 전문적인 지식과 경험이 필요하다. 예를 들어, 당뇨병 환자가 병이 오래 진행되어 여러 종류의 인슐린을 맞아야 되는 경우라면, 당뇨병과 다양한 인슐린 제품들에 대한 전문 지식과 경험이 필요하다. 이 경우 1차 의료제공자는 2차 의료제공자인 당뇨병 전문의에게 협진을 요청할 수 있다.

내가 운영하고 있는 클리닉도 1차 의료제공자의 요청에 의한 협진의 좋은 사례이다. 나는 가정의학과 1차 의료제공자들로부터 약물치료에 대한 협진 의뢰를 요청받아서 환자를 만난다. 이 환자들은 여러 가지 약을 복용하고 있거나 약에 대해 혼동하고 있어 약사의 도움이 필요한 경우가 많다.

또 1차 의료제공자들은 3차 의료제공자들에게도 협진 의뢰를 요청할 수 있다. 나의 어머니처럼 한 달간 제산제를 복용하였어도 증상이 호전이 되지 않고 가족력에 췌장암이 있는 경우, 1차 의료제공자는 3차 의료제공자인 대학병원의 소화기내과 전문의에게 협진 의뢰를 요청할 수 있다. 이처럼 1차 의료제공자는 환자의 건강을 유지하는 데에 가장 알맞은 전문 의료진을 찾아 환자를 연결해 주는 역할을 한다.

1차 의료제공자의 역할은 2차, 3차 의료제공자들에게 환자를 연결시켜 주는 것에서 끝나지 않는다. 환자를 2차, 3차 의료제공자에게 보냈다고 하더라도 환자와 계속 정기적으로 만나서 치료 상황을 모니터하고 지원하거나 2차, 3차 의료제공자들이 치료를 담당하지 않는 다른 질병을 치료한다. 환자를 당뇨병 전문의에게 보냈다고 하더라도, 여전히 1차 의료제공자는 환자가 나이와 성별에 맞는 건강검진을 받게 할 책임이 있다. 만약 환자가 고혈압이 있으면, 1차 의료제공자는 당뇨병과는 별도로 고혈압을 치료해야 한다. 이때 환자의 당뇨병의 진행 상태와 치료 방법이 고혈압 치료에 영향을 끼칠 수 있으므로 1차 의료제공자는 당뇨병 전문의와 협력해서 고혈압을 치료해야 한다.

1차 의료제공자는 2차, 3차 의료제공자와 환자 사이에서 조정자의 역할도 한다. 2020년 초, 코로나 바이러스가 기승을 부릴 때였다. 당시 샌프란시스코 종합병원은 코로나 19 바이러스 감염에 의한 사망의 위험이 큰 취약층 환자들이 가능한 한 병원을 방문하지 않도록 방침을 세웠다. 내 환자였던 Ms. C도 그중 한 사람이었다. 나는 Ms. C의 1차 의료제공자로부터 진료협진 요청을 받아 오랫동안 Ms. C의 와파린warfarin 치료를 담당하고 있었다. Ms. C는 50대로 젊긴 했지만 루푸스systemic lupus erythematus, 신장 질환 등 여러 기저 질환을 가지고 있는 고위험군이었다. 그런데 이 환자는 루푸스 때문에 폐에 혈전이 생겨 사망할 뻔한 위기가 두 번이나 있었다. 그래서 또다시 폐전색증이 나타나는 것을 예방하기 위해 와파린이라는 혈전 형성 방지제를 복용하고 있었던 것이다.

문제는 이 약은 감염증, 같이 먹는 음식, 함께 복용하는 다른 약 등에 의해 쉽게 효과가 줄어들거나 부작용의 위험이 커진다. 따라서 약이 잘 작용하고 있는지 알아보기 위해 정기적으로 혈액 검사를 받아야 한다. 그런데 2020년 3월에 Ms. C는 1차 의료제공자의 협진 요청으로 만난 샌프란시스코 종합병원 내의 호흡기내과 전문의로부터 아지스로마이신azithromycin이라는 항생제를 5일간 처방받았다. 이 항생제는 와파린의 작용에 직접 영향을 끼치지는 않지만 호흡기 감염증 자체가 영향을 줄 수 있다. 그래서 나는 Ms. C의 혈액 검사를 오더하고는 전화로 진료하기 위해 예약해 두었다. 마침 Ms. C가 나에게 자신의 건강 관리를 위해 집을 방문하는 간호사가 있다고 하기에 나는 간호사가 직접 방문해서 채혈하는 방법을 알아보고 있었다. 병원의 전자의무기록을 통해 이 사실을 알게 된 그녀의 1차 의료제공자는 나에게 문자 메시지를 보냈다.

"약사님, 간호사가 채혈 업무만을 위해서는 환자의 집을 방문하지 않습니다. 이번에는 상황이 여의치 않으니 그냥 폐전색과 출혈 증상 여부를 묻는 전화 문진으로만 하면 안 될까요?"

이상적인 방법은 아니지만 그동안 Ms. C의 혈액 검사 결과가 꾸준히 좋았고, 무엇보다 코로나 19 바이러스에 감염되지 않는 것이 더 중요했기 때문에 Ms. C의 1차 의료제공자의 의견을 따르기로 했다. 이처럼 1차 의료제공자는 2차, 3차 의료제공자와 환자 사이에서 환자 치료의 리더로서 역할을 한다.

우리나라 동네의원이 1차 의료제공자가 아닌 이유

우리나라에서는 동네의원을 1차 의료제공자로 보고 있는 경향이 있다. 하지만 앞에서 말한 미국에서의 1차 의료제공자의 역할과 비교할 때, 안타깝게도 우리나라의 동네의원을 1차 의료제공자로 보기 어렵다.

먼저 우리나라 동네의원은 증상이 생긴 환자가 의료시스템을 이용할 때 늘 처음 만나는 의료진이 아닐 수 있다. 내가 갑자기 열과 함께 기침과 콧물이 나면 우리나라에서는 동네의원 중 가정의학과, 내과, 소화기내과, 외과, 이비인후과 등 어느 곳이든 제한 없이 갈 수 있다. 그래서 증상이 나타난 후 첫 번째로 방문한 동네의원이 가정의학과일 수도 있고 이비인후과일 수도 있다. 또 3차 의료제공자인 대학병원으로 직접 가서 외래진료를 받을 수도 있다. 따라서 우리나라에서 의료시스템을 이용할 때 첫 번째로 만나는 의료진은 항상 동일하지 않다. 우리나라에서도 일부 환자들은 한 동네의원에 오래 다닐지도 모른다. 하지만 많은 경우 본인의 증상을 가장 잘 치료해 줄 수 있다고 생각하는 동네의원—감기 증상이면 이비인후과, 속이 거북하면 소화기내과—을 찾아가는 것 같다.

반면에 미국에서는 반드시 1차 의료제공자를 정해 놓고 만나야 하고 1차 의료제공자의 결정에 따라 다른 의사를 만날 수 있다. 제도적으로 이를 강제하고 있기 때문이다. 어떤 사람은 환자가 증상에 따라 알맞은 전문의를 찾아가 만나는 것이 더 효율적이지 않느냐고 주장할지도 모르겠다. 하지만 대부분의 증상은 특정 장기나 질병에 대해 전문적인 수련을 받은 전문의가 아닌, 흔한 질병의 진단과 치료에 대해 수련을 받은 일반의도 충분히 다룰 수 있는 것들이다. 그 예로 우리나라에 거주하고 있는 내 동생은 감기 증상에 따라 동네 내과에 가거나 이비인후과를 찾아가지만 처방받은 약은 크게 다르지 않다. 또 앞서 설명했듯이, 전문의를 선택할 때 환자가 자신의 증상에 따라 고르는 것보다는 1차 의료제공자가 지정해 주는 것이 좀 더 효율적이다. 환자가 증상이 생겼을 때 의사 한 명을 정해 두고 만나도록 강제하지 않고 환자가 고를 수 있게 하는 것은 의료 쇼핑의 결과를 낳을 뿐이다.

대부분의 우리나라 사람들은 어떤 증상이 나타나서 불편함을 느낄 때 동네의원을 방문한다. 증상이 없는 상태에서는 좀처럼 동네의원을 방문하지 않기 때문에 우리나라 동네의원이 미국의 1차 의료제공자처럼 질병 예방과 건강 유지를 위한 활동—환자에게 알맞은 건강검진을 오더하거나 백신을 접종하는 등—

을 할 기회가 별로 없다. 물론 우리나라 동네의원들도 다양한 건강검진 상품을 제공하고 백신도 접종하고 있다. 하지만 백신의 경우에는 동네의원에서 적극적으로 환자를 불러서 접종하는 것이 아니고 환자가 동네의원을 찾아가 백신 접종을 요구하는 것이 일반적이다. 마찬가지로 동네의원이 적극적으로 환자에 알맞은 건강검진 검사를 오더하는 것이 아니라 환자가 동네의원을 찾아가 건강검진 상품을 골라야 한다. 그런데 동네의원과 대학병원 등이 상업적으로 파는 건강검진 상품들은 임상시험 결과를 근거로 하지 않는 경우가 많다.

그뿐만이 아니라 검사 결과를 검토했는데 대학병원 등 3차 의료기관에서 치료를 받아야 하는 경우, 동네의원이 치료를 주도, 연결, 조정하는 역할을 하지 않는다. 어머니의 예를 들면 동네병원의 의사는 진료의뢰서를 써 주어 어머니가 대학병원의 소화기내과 의사를 만나는 데 도움을 주었다. 그런데 진료의뢰서를 발급한 다음에는 동네의원 의사는 어머니의 치료에 관여하지 않았다. 동네의원 의사가 어머니의 치료에 다시 관여하게 된 것은 환자의 주도로 이루어졌다. 대학병원에서 처방받지 못한 진통제와 소화제를 받으러 환자인 어머니가 동네의원을 찾아갔기 때문이다. 어머니가 다른 동네의원을 찾아가거나 대학병원을 다시 방문해 진통제와 소화제를 처방받았다면 어머니에게 진료의뢰서를 써 준 동네의원은 어머니의 치료에 다시는 관여하지 못했을 것이다. 동네의원은 어머니의 췌장암 치료와 건강 관리에 주도적인 역할을 하지 못하고 필요할 때만 도와주는 보조적인 역할만 했을 뿐이다.

이처럼 증상이 나타났을 때 환자가 항상 첫 번째로 만나는 의료진이 아니라는 점에서, 한 환자를 오랫동안 장기간에 걸쳐 돌보는 것이 아니라는 점에서, 환자의 질병 예방과 건강 유지보다는 질병의 치료에 집중한다는 점에서 그리고 2차, 3차 의료제공자들과 적극적으로 협력하며 환자 돌봄의 주도자로서 조정자의 역할을 하지 않는 점에서 우리나라의 동네의원은 1차 의료제공자라고 볼 수 없다.

1차 의료제공자는 환자의 돌봄에 있어 컨트롤타워의 역할을 수행한다. 따라서 1차 의료가 잘 정립되어 있으면 환자의 돌봄을 더 효율적으로 관리할 수 있다. 비교적 가볍고 흔한 질병은 1차 의료제공자들도 충분히 다룰 수 있기 때문에 환자들이 처음부터 2차, 3차 의료기관을 이용하는 것을 줄일 수 있다. 대신 2차, 3차 의료제공자들은 좀 더 복잡하고 어려운 환자나 질병에 집중할 수 있다. 그뿐만 아니라 2차, 3차 의료제공자를 키우기 위한 수련 기간이 1차 의료제공자들보다 길기 때문에 2차, 3차 의료제공자들이 1차 의료제공자들이 다룰 수 있는 질병을 치료하는 것은 의료 자원을 비효율적으로 이용하는 것이다. 또 1차 의료제공자들은 환자들의 질병 예방과 건강 유지에 적극적으로 관여하기 때문에 질병의 발생을 줄이는 데 기여할 수 있다. 이는 의료 자원을 절약하는 데에도 도움을 준다.

이처럼 잘 정립된 1차 의료는 환자 개개인의 건강 유지와 나라 전체의 효율적인 의료 자원 사용에 기여하기 때문에 1차 의료가 잘 정립된 나라의 건강 지표가 그렇지 않은 나라보다 좋은 것은 이상한 일이 아니다. 미국은 경제협력개발기구OECD의 다른 나라들에 비해 1차 의료가 약한 나라에 속한다. 2차, 3차 의료제공자인 전문의와 비교할 때 1차 의료제공자의 급여가 상대적으로 낮은 반면에 환자 돌봄에 대한 업무는 많기 때문이다. 또 비싼 보험료 때문에 미국 국민 중 건강보험에 가입하지 않은 사람들이 많다. 그런데 보험에 가입해야 1차 의료제공자를 지정할 수 있으므로 상당수는 1차 의료제공자가 없는 셈이다. 따라서 미국의 출생아 생존율, 기대 수명 등의 건강 지표가 다른 선진국과 비교할 때 낮다.

비록 미국 전체의 1차 의료 기반은 떨어지지만 나는 운이 좋게도 미국에서 가장 좋은 1차 의료 수련 프로그램 중 하나인 UCSF 가정의학과 레지던시 프로그램UCSF Family and Community Residency Program의 의사들과 함께 일하고 있다. 이들과 협력해 환자를 보면서 잘 정립된 1차 의료가 환자들과 지역사회의 건강 유지와 증진에 얼마나 큰 기여를 할 수 있는지 직접 목격할 수 있었다. 우리나라도 1차 의료가 잘 정립되어 의료 자원이 좀 더 효율적으로 사용되고 국민 건강이 지금보다 더 증진되기를 바란다.

10

따뜻한 말 한마디도
치료가 될 수 있다

담당 의사가 학회 참석으로 며칠 자리를 비웠던 이유로 A대
학병원 췌담도암 클리닉 대기실은 환자들이 붐볐다. 예약했던
진료 시간보다 1시간 이상 기다려야 할 것 같았다. 그런데 놀랍
게도 대기 현황을 알리는 모니터를 보니 고작 15분 정도 지연되
고 있었다. 대학병원도 동네병원과 마찬가지로 간호사가 대기
실에서 기다리고 있는 환자의 바이털 사인을 측정하거나 현재
몸 상태에 대해 물어본 뒤 전자의무기록에 입력하는 과정은 없
었다. 그 대신 간호사는 진료 순서대로 환자를 호명해 진료실로
들이고 있었다.

그날은 매우 중요한 날이었다. 어머니께서 항암치료를 더 이
상 받지 않겠다고 결심하셨기 때문에 나는 의사가 몇 가지 조언
을 해 주길 기대했다. 그런데 이런 큰 결정을 내릴 때 의사의 경

험도 매우 중요한 고려 사항이다. 그래서 의사가 오랫동안 췌장암 환자를 치료한 경험을 바탕으로 어머니에게 항암치료의 득과 실에 대해서 조언해 주기를 기대했다. 이 조언이 어머니의 마음을 움직일 수도 있을 것이라고 생각했다.

또 어머니가 항암치료를 받지 않게 되면 췌장암은 계속 진행되고 악화될 것이다. 그러면 여러 가지 합병증이 나타날 수 있는데, 이에 대한 대처 방법에 대해서도 듣고 싶었다. 이미 어머니의 복부에는 복수가 좀 차 있었고 암이 진행되면서 복수가 더 많이 차오를 것이다. 이를 어떻게 집에서 관찰해야 하고, 어떤 경우에 응급실로 가야 하는지 궁금했다.

췌장암이 커지면서 췌장 가까이에 위치한 담관을 막을 수도 있다. 이 경우 간에서 만들어진 담즙이 소장으로 배출되지 못하고 혈액으로 흘러들어 황달이 나타나기도 한다. 그리고 담즙이 간에서 소장으로 배출되지 못하면 소장에 있는 세균이 담관 안으로 진입할 수도 있다. 이렇게 되면 담관염이 발생할 수 있는데 이는 치명적이다. 그래서 담관염의 발생을 막기 위해 일시적인 방편이기는 하지만, 담관에 스텐트stent라는 작은 쇠막대기를 삽입하여 뚫어 주거나 간으로 직접 튜브를 넣어서 몸 밖으로 담즙을 빼낸다. 나는 이런 시술에 대한 장단점과 조언을 듣고 싶었다.

어머니와 나와 동생이 진료실로 들어가자 의사는 보고 있던 컴퓨터 모니터에서 눈을 떼지 않고 인사를 했다. 어머니와 같이 온 나와 동생에게 누구냐고 묻지도 않고 앉으라고 권하지도 않았다. 그저 환자들과 함께 오는 환자 보호자라고 짐작한 것 같았다. 그런데 환자 보호자는 환자가 잘 모르거나 잊어버리고 놓칠 수 있는 정보를 가지고 있을 수 있고, 이 정보는 때로 치료에 중요한 단서가 된다. 그렇다면 환자 보호자와 부드럽게 대화를 이어 가기 위해서라도 함께 온 보호자가 누구인지, 환자와 어떤 관계인지 구체적으로 묻는 것이 필요하지 않을까?

내가 몸담고 있는 학교에서도 학생들에게 환자와 상담하는 방법을 가르칠 때 자신이 누구인지 환자에게 꼭 소개하도록 한다. 그리고 학생이 환자나 환자 보호자를 만날 때 자신을 소개하는 것은 상담 실습 시험의 평가 항목에도 포함되어 있다. 나도 클리닉에서 환자 보호자를 처음 만나면 먼저 나를 소개하고 상대방의 이름과 환자와의 관계를 물으면서 상담을 시작한다. 대화를 나눌 때 서로 같은 눈높이에서 마주 봐야 상대방이 좀 더 편하게 느끼기 때문에 진료실의 의자가 부족하면 복도나 다른 진료실에서 의자를 가지고 온다.

"오늘 한 혈액 검사 결과는 괜찮던데 항암제 맞고 좀 어떠셨어요?" 의사는 여전히 컴퓨터 모니터에서 눈을 떼지 않으면서 물었다.

"항암제를 맞고 속이 불편해서 잘 먹을 수가 없었고 많이 힘들었어요. 계속 맞으면 제가 견디지 못할 것 같아서 더 맞지 않으려고요." 어머니가 말했다.

"항암치료를 받지 않으면 급격히 나빠질텐데요." 의사가 말했다.

"힘들어서 더 맞고 싶지 않아요." 어머니가 다시 말했다.

"환자가 싫다면 어쩔 수 없죠." 의사가 대답했고, 이때 내가 질문을 했다.

"'급격히'라 하면 얼마나 빨리를 말씀하시는 거죠?"

"한 3개월?" 의사가 답했다.

"한 3개월?"이라고 툭 던지듯이 내뱉은 대답이 너무나 대수롭지 않은 것처럼 들렸기 때문에 나는 분개할 수밖에 없었다. '이봐요, 우리 어머니는 몇 주 전까지만 해도 본인이 건강하다고 생각하시던 분이예요. 이런 분에게 당신이 지금 한 말이 얼마나 충격적이겠어요? 당신은 말기암 환자를 많이 만나니 어머니도 그런 환자 중 하나라고 생각했겠지만 환자 입장에서는 이런 일이 처음이잖아요. 또 환자 가족인 동생과 나에게는 단 하나밖에 없는 어머니이고요. 그렇다면 환자와 환자 가족들의 마음을 고려하면서 전해 주어야 하잖아요? 환자의 손을 잡는 것까지는 기대하지도 않았어요. 적어도 환자와 눈을 마주치면서 말해야죠. 그렇게 단답식 문제에 대답하듯이 "한 3개월?"이라고 말하고 끝내 버리는 것이 아니라, 항암치료를 받지 않으면 지금까지의 경험으로 보아 약 3개월 정도밖에 시간이 남은 것 같지 않다고 조심스럽게 말할 수도 있잖아요! 아니면 환자가 좀 힘들겠지만, 항암치료를 받으면 여명 기간이 좀 더 연장되고 암의 진행에 따르는 통증도 덜 할 수 있으니 다시 한 번 고려해 보시는 것이 어떻겠느냐라든가요!' 이렇게 따지고 싶었지만 어머니를 봐서 참을 수밖에 없었다.

우리가 병원을 옮기는 것을 고려하고 있다고 말했더니 의사는 어차피 항암치료를 받지 않을 것이면 A대학병원에 더 이상 올 필요가 없다고 대답했다. 그러면서 어머니가 병원을 옮기는 데 필요한 서류를 준비해 줄 테니 원무과에서 그동안의 차트와 함께 받아 가라고 말했다. 그러고 나서 진통제를 처방해 주겠다고 했다. 그런데 어머니가 그동안 집에서 어떤 약을 복용하고 있는지 물어보지도 않았다. 아마 전자의무기록에 입력되어 있는 약을 어머니가 그동안 복용하고 있을 것이라고 짐작하고, 그에 따라 처방하려는 것처럼 보였다. 그런데 의사는 위장관 운동 촉진제와 췌장 효소제에 대해서 전혀 이야기하지 않았다. 그래서 내가 그 약들도 함께 처방해 달라고 요구하니 의사는 그제야 그렇게 하겠다고 대답했다. 환자에게 필요한 약에 대해서 알고 요구하는 환자나 보호자가 없으면 이 의사는 약을 빠뜨리는 것 같았다. 의사는 췌장암의 진행에 따른 여러 합병증에 대한 대처 방법에 대해서도 아무런 설명을 하지 않았다. 결국 내가 물어볼 수밖에 없었다. 그러자 의사는 담관 스텐트 시술도 굳이 A대학병원에서 할 필요가 없으니 집에서 가까운 병원에서 하라고 말했고, 어머니가 식사를 하지 못하기 때문에 체중이 줄어야 하는데, 만약 1~2kg이라도 체중이 증가하면 복수가 늘어나서 그런 것일 수 있으니 매일 체중을 측정하라고 권했다.

이게 다였다. 그나마 내가 이것저것 물어봐서 5분이나 걸렸지 의학 지식이 없는 보호자를 동반했다면 3분이면 끝났을 진료였다. 이런 식으로 진료를 하기 때문에 대기 환자 수가 그렇게 많아도 고작 15분만 지연된 것이었다. 이렇게 짧은 진료 시간과 의사의 미흡한 의사소통 기술로 인해, 많은 환자와 가족들이 진료실을 나설 때 병의 상태와 치료에 대해 충분히 이해하지 못했을 뿐 아니라 마음의 상처도 크게 받았을 것 같았다.

진료실 문을 닫고 나왔을 때 동생은 눈물을 흘리고 있었다. 그리고 어머니의 표정은 매우 어두웠다. 내가 가장 걱정했던 것은 어머니가 희망을 잃는 것이었다. 말기암이기에 완치를 바랄 수 없다는 사실을 어머니도 잘 알고 있었다. 하지만 의학적으로 환자를 도울 수 있는 부분은 여전히 남아 있다. 통증 조절, 합병증에 따른 증상의 완화, 심리적 안정 등등…. 특히, 어머니는 통증에 대해 크게 두려워하셨고 심리적으로도 우울해했다. 의사가 어머니의 이런 심리 상태를 살펴 이를 도울 수 있는 완화치료와 전문 심리상담 서비스가 있는 병원들을 소개해 주기를 기대했었다. 완치는 할 수 없더라도 자신이 두려워하는 것들을 줄여 줄 수 있는 방법이 있다는 것을 안다면 환자는 계속 희망을 가질 수 있을 것이다. 또 상태가 악화되더라도 필요한 도움을 계속 받을 수 있다는 것은 환자와 그 가족들이 앞으로 닥칠 어려움을 헤쳐 나가는 데 큰 힘이 된다. 하지만 오늘이 환자와의 마지막 만남일지 모르는데도 진료가 끝났을 때 잘 가라거나 잘되기를 바란다는 형식적인 인사도 하지 않던 의사로부터 어머니와 우리 가족은 희망이 아니라 버림받았다는 느낌만을 받았을 뿐이었다. 병원에 수익이 되는 항암 주사를 거부해서 버려졌다는….

아직 그렇게 보이지 않는데, 어머니의 삶이 정말 3개월밖에 안 남으신 걸까? 또 앞으로 어떤 합병증이 언제 발생할까? 그리고 합병증이 생겼을 때 어디에서 도움을 받을 수 있을까? 도움을 제때 받을 수 있을까? 버려졌다는 느낌은 두려움과 걱정으로 연결되었다.

II

아픈 몸을 치료하고 있습니다

11

암환자와 가족들을 현혹시키는 민간요법

"이거 효험이 있다고 하니 한 번 해 보렴."

7월 어느 무더운 한낮, 외삼촌이 카카오톡 메시지를 보내셨다. 메시지에는 부추와 요구르트로 말기 췌장암 환자가 완치되었다는 내용을 담은 블로그 주소가 있었다. 이 블로그는 블로거의 할아버지가 서울의 한 대학병원에서 췌장암 말기 판정을 받고 항암치료 중이었는데 매일 노지 부추와 요구르트를 믹서기로 함께 갈아 마셨더니 암이 다 사라졌다는 이야기를 담고 있었다.

증거에 입각한 치료evidence-based medicine를 학교에서 가르치고 있었기 때문에 검증되지 않은 방법을 이용하는 것에 대해 회의적이었다. 하지만 항암치료를 더 이상 받지 않겠다고 결정하신 어머니는 외삼촌이 권한 민간요법을 시도해 보고 싶어 하셨다. 그래서 고지식한 나도 긍정적으로 생각해 보기로 했다.

'부추와 요구르트는 음식이니 적어도 해는 끼치지 않을 것 아닌가. 그러니 한 번 해 볼까?'

어머니는 나와 함께 나가서 재료를 사 오고 싶어 하셨다. 아마도 노지 부추가 무엇인지도 모르는 아들에게 맡길 수 없다고 생각하신 모양이었다. 그런데 한 가지 걱정이 있었다. 체중이 거의 10kg이나 빠졌고 물도 잘 드시지 못하는 어머니가 햇볕이 뜨거운 밖에 나가면 쓰러지지 않으실까? 내가 열기가 좀 식는 저녁 무렵에 나가자고 제안하자 어머니도 동의하셨다. 기운이 없으신 어머니는 저녁 시간을 기다리는 동안 주무셨다. 그동안 나는 그 블로그를 다시 찬찬히 읽어 보았다.

'환자인 할아버지는 항암치료를 받는 동안 노지 부추와 요구르트 요법을 쓰고 계셨구나. 가만 있자. 항암 주사를 맞는 동안 면역 기능이 떨어지기 때문에 익히지 않은 채소나 생과일을 조심해서 먹어야 되잖아? 그런데 이 할아버지는 항암 주사를 맞는 동안 부추를 날로 계속 드셨네? 심각한 감염증에 걸릴 수도 있을 텐데…'

말이 되지 않는 이야기였다. 어떤 의도로 썼는지 모르지만 괘씸했다. 말기암 환자와 가족들은 지푸라기라도 잡고 싶은 심정이 아닌가. 그런 사람들을 대상으로 해를 끼칠 수도 있는 거짓말을 하다니! 지금도 생각하면 할수록 화가 난다. 그런데 이 이야기는 꽤 인기가 있는지 수없이 많은 블로그와 카페에서 인용

되고 있었다.

어머니를 간호하면서 친척과 친구들로부터 소개받은 민간요법은 단지 부추와 요구르트에 국한되지 않았다. 감자, 고구마와 채소만을 이용해서 말기 폐암 환자의 암이 완치되었다는 사례도 있었는데, 우유와 계란은 암세포를 더 잘 자라게 하기 때문에 반드시 제외해야 한다는 것을 강조하고 있었다. 그런데 우유와 계란이 정상 세포보다 암세포를 더 잘 자라게 한다는 근거는 제시하지 않고 있었다. 올리브유에 볶은 토마토가 좋다는 것도 있었다. 다른 기름에 볶으면 효과가 없다는데 여기에 대한 근거도 없다. 그 외에도 말기암 환자를 완치시켰다는 쑥과 비름나물 요법 등등 매우 다양한 민간요법이 있었다.

우리는 소개해 주신 분들의 정성을 생각해서 모두 다 한 번씩 시도해 보았다. 하지만 물도 마시기 힘든 췌장암의 특성 때문에 결국은 내가 다 먹어야만 했다.

차가버섯은 이 중에서 어머니께서 가장 오랫동안 시도해 본 것이었다. 어머니의 친한 친구가 러시아에서 만든 차가버섯 가루를 사오면서 너무나 간곡하게 권유했기 때문이다. 인터넷에서 검색해 보니 차가버섯 상품들은 면역 강화, 항암 효과 등을 광고하고 있었는데 꽤 인기 있는 건강기능식품으로 보였다. 문헌을 검색해 보니 차가버섯의 항암 작용을 보고한 논문들이 좀 있었다. 주로 한국, 러시아, 중국 등에서 발표한 논문이었는데 모두 배양된 암세포를 이용하거나 쥐와 같은 동물을 이용한 실험 결과들이었다. 하지만 암환자를 대상으로 한 임상시험은 없었기 때문에 사람에게도 항암 효과가 있는지 알 수 없었다.

차가버섯은 여러 가지 제제로 팔리고 있었다. 버섯 자체로 팔기도 했고 캡슐로 만들어 복용이 편리한 제품도 있었으며 어머니의 친구분이 사온 것 같은 물에 타서 복용하는 분말 제품도 있었다. 직업이 약사인지라 어머니를 위해 차가버섯 분말을 탄 물을 만드는 일은 내가 도맡았다. 그런데 만들 때마다 늘 궁금한 점이 몇 가지 있었다. 어느 정도 양의 물에 버섯가루를 얼마나 넣어야 할까? 한 번 복용할 때 얼마의 양을 드려야 하고 얼마나 자주 드려야 할까?

어떤 물질이 약으로 효과를 보이려면 적절한 용량과 횟수로 복용해야 한다. 너무 적게 복용하면 효과가 없고 너무 많이 복용하면 부작용이 나타날 수 있다. 따라서 허가받은 약은 임상시험 결과에 따라 효과를 최대화하고 부작용을 최소화하는 용량과 횟수로 사용된다. 여기서 중요한 점은 사람에게 효과를 최대화하고 부작용을 최소화하는 용량과 횟수는 암세포 배양시험이나 동물실험에서는 알 수 없고, 반드시 임상시험을 통해서만 알 수 있다는 점이다. 암세포 배양시험이나 동물실험은 효과 입증을 목적으로 삼기 때문에 사람에게 사용할 수 있는 용량보다 훨씬 더 많은 용량—적어도 몇 배 이상—을 사용하는 경우가 많다.

또 하나 중요한 점은 적절한 용량과 복용 횟수는 대상 환자와 제형에 따라서 다를 수 있다는 점이다. 그래서 같은 항암제라도 대장암 환자냐 췌장암 환자냐에 따라 한 번에 복용할 수 있는 용량과 하루에 복용하는 횟수가 다르다. 또 같은 종류의 암을 가진 환자라고 하더라도 제형에 따라 흡수 속도가 다르기 때문에 효과를 최대화하고 부작용을 최소화하는 용량과 복용 횟수가 다르다. 가령, 차가버섯을 가공하는 방법이 다른 경우에 같은 제형이라도 제조사에 따라 주요 성분의 함량이 동일하지 않다. 따라서 제조사마다 알맞은 용량과 횟수가 다를 수 있다.

차가버섯의 잘 알려진 부작용은 신장 결석이다. 문헌 보고에 따르면 일본의 한 간암 환자가 차가버섯 가루를 하루에 티스푼 네다섯 스푼의 용량으로 6개월 동안 복용한 결과, 신장 결석이 생겨 신장 투석을 받기 위해 병원에 입원했다고 한다. 이는 차가버섯에는 물에 잘 녹지 않는 옥살레이트oxalate라는 성분이 굉장히 많기 때문이다. 식품이라 안전한 줄 알았지만 너무 많이 복용하면 심각한 부작용이 발생할 수도 있는 것이다.

따라서 신장 결석 등의 부작용을 피하기 위해서는 어머니께 너무 많이 드리지도 너무 자주 드리지도 말아야 한다. 그런데 차가버섯을 검증한 임상시험 연구가 아직까지 발표되지 않았기 때문에 나는 차가버섯 가루물을 어떤 농도로 만들어서 얼마나 많이, 얼마나 자주 드려야 하는지 알 수 없었다. 물론 차가버섯 가루 상품의 설명서에는 복용 방법이 있었다. 그래서 이 지시를 따르기는 했다. 하지만 이를 뒷받침할 수 있는 임상시험 자체가 존재하지 않아 의문은 풀리지 않았다.

다행히 차가버섯 가루물이 어머니에게 부작용을 일으키지는 않았다. 그렇지만 내가 어머니께 뭔가를 해 드리고 있다는 기분을 들게 하는 것 외에는 아무런 효능이 없었다. 약으로 허가를 받으면 상업적으로 더 큰 돈을 벌 수 있는데도 차가버섯이 민간요법으로만 머무르고 있는 데에는 다 이유가 있었다.

완치될 수 있다고 선전하는 민간요법보다 암환자와 그 가족들을 솔깃하게 하는 이야기는 없다. 하지만 이런 민간요법은 효과와 안전성이 검증되지 않아 사용을 자제해야 한다. 혹자는 항암치료와 병용하면 괜찮지 않느냐고 생각할지도 모르겠다. 여러 치료 방법을 함께 쓰면 효과가 좋을 수도 있지만 오히려 항암치료만 받는 것보다 환자 상태가 더 나빠질 수도 있다. 민간요법이 항암제의 효과를 줄이거나 부작용을 나타낼 위험을 높이기 때문이다. 따라서 민간요법과 항암치료를 함께 사용하기 전에 둘을 같이 쓰는 것이 안전하고 효과적인지 임상시험을 통해 검증을 해 보아야 한다. 또 민간요법을 사용하게 되면 환자가 기존에 받던 항암치료를 중단할지도 모른다. 일반적으로 민간요법에 비해 항암치료를 받을 때 보이는 부작용이 더 크기 때문이다. 항암치료를 중단하면 암의 치료가 지연되어 심각한 상황이 벌어질 수 있다. 이에 대한 좋은 예가 애플의 창업주인 스티브 잡스Steve Jobs다. 잡스는 2003년에 췌장암 진단을 받았다. 다행히 그의 췌장암은 인슐린 등 호르몬을 만드는 세포에서 시작된 것이라 치료만 잘하면 완치될 확률이 높았다. 그런데 잡스는 항암치료를 거부하고 민간요법을 택했다. 결국 잡스가 병원을 찾았을 때에는 암이 더 악화된 상태였고, 치료 기회를 놓치고 말았다.

민간요법처럼 검증받지 않은 치료 방법은 우리 주변에 흔하다. 스티브 잡스의 이야기에서 보듯이 미국이라고 해서 다르지 않다. 어떤 제도와 시스템을 만들어야 국민들이 검증받지 않은 치료 방법의 사용 여부를 결정하는 데 도움을 줄 수 있을까?

12

필요하지 않은 약

"이모님, 지금 무슨 약 드시는지 알려주시면 제가 좀 봐드릴 께요."

77세의 고령인 이모님은 우리 집과 비교적 먼 거리에 떨어져 살고 있었는데도 일주일에 한두 번씩 집으로 방문해서 말기 암에 걸린 동생을 위로해 주셨다. 나는 전에 이모님이 심방세동 atrial fibrillation으로 와파린을 복용하고 있다고 들었던 기억이 떠올랐고 복용 중인 약에 대해 조언을 해 드리고 싶었다.

"이게 내가 먹는 약들이야." 이모님이 주신 목록에는 다섯 개의 약들이 적혀 있었다.

- 아스피린Aspirin 100mg, 하루에 한 번 복용
- 심바스타틴Simvastatin 20mg, 하루에 한 번 복용

- 졸피뎀Zolpidem 5mg, 취침 전에 한 번 복용

- 에티졸람Etizolam 0.5mg, 취침 전에 한 번 복용

- 뉴옥시탐정(성분명: 옥시트라세탐oxytracetam) 800mg, 하루에 두 번 복용

이모님이 건강한 편이라고 알고 있었는데 예상보다 많은 약을 복용하고 계셔서 조금 놀랐다. 독자의 이해를 돕고자 각각의 약에 대한 상담 내용을 적응증별로 나누어 정리해 본다.

아스피린

"이모님, 와파린은 안 드세요?"

"응, 의사가 아스피린으로 바꿨어."

"위장 출혈 같은 출혈 증세로 입원하신 적 있으세요?"

"아니."

"혹시 담당 의사가 왜 아스피린으로 약을 바꿨는지 알고 계세요?"

"아니. 그냥 바꿨어. 왜?"

"이모님은 불규칙한 심장박동이 있으시죠?"

"응, 그래. 의사가 그랬어."

"불규칙한 심장박동이 있는 사람이 왜 아스피린이나 와파린을 복용해야 하는지에 대해 의사가 설명해 주었나요?"

"기억이 잘 안나."

"심장 박동이 불규칙한 증상을 심방세동이라고 불러요. 심장에는 네 개의 방이 있잖아요. 위에 두 개, 아래에 두 개가 있는데, 위에 있는 두 개의 방을 심방이라고 하고 아래에 있는 방들을 심실이라고 불러요. 혈액은 심장 위쪽의 심방을 거쳐 아래에 있는 심실로 내려가죠. 그런데 심방세동이 있으면 심방이 제대로 수축하지 못해서 혈액이 심실로 잘 내려가지 않아요. 그렇게 되면 심방에 혈액이 고여 있게 되고, 일종의 피딱지인 혈전이 생기기 쉬워요. 이 혈전은 심방에 가만히 있는 게 아니라 심실로 내려갈 수도 있어요. 그 경우, 심실은 혈액을 동맥으로 공급하니까 심방에서 내려온 혈전이 혈액과 함께 동맥으로 들어가기도 해요. 동맥 중 일부는 뇌로 향하기 때문에 혈전이 뇌로 갈 수도 있어요. 그러면 뇌에 있는 혈관이 막히게 되죠. 이게 바로 뇌경색이예요. 다시 말하면, 심방세동은 혈전을 만드는데 이 혈전이 뇌혈관을 막아 뇌경색을 일으킬 수 있어요. 그래서 심방세동이 있는 환자들은 혈전이 생기는 것을 방지하는 약을 복용해야 해요."

"그렇구나. 그래서 아스피린을 먹는 거야?"

"네, 아스피린 같은 약을 항혈소판제라고 불러요. 혈소판은 우리 혈액에 있는 성분으로 피가 났을 때 서로 엉겨 붙어 혈전을 만들어 지혈시키는 중요한 역할을 하죠. 혈소판의 작용을 막는 항혈소판제 말고도 항응고제라는 약도 있어요. 예전에 드셨던 와파린이 항응고제죠. 혈전을 만들 때는 혈소판 외에도 혈액 응고에 필요한 단백질을 만드는 효소들이 필요해요. 항응고제는 이런 효소들이 작용하는 것을 막죠. 그런데 항혈소판제와 항응고제를 비교해 보면 심방세동에서는 항응고제가 혈전을 막는 데 더 효과적이에요. 반면에 출혈 위험은 더 높죠."

"그러면 뭘 써야 해?"

"심방세동 환자들은 모두 똑같은 정도로 혈전의 위험이 있는 게 아니에요. 어떤 분은 높고 어떤 분은 낮죠. 그런데 이 위험 정도는 나이와 성별에 따라 또는 고혈압이나 당뇨병 같은 동반질환에 따라 달라져요. 그래서 미국 심장학회와 심장내과학회는 이런 것들을 고려해서 혈전을 방지하는 약을 고르도록 권고하고 있어요. 혈전 위험이 높지 않으면 아스피린을 써도 되고, 높으면 항응고제를 쓰도록 권하고 있어요. 이모님처럼 출혈 위험이 높지 않고 연세가 75세 이상이며 여성인 경우, 미국에서는 항응고제를 씁니다."

"그럼 항응고제로 바꿔야 하는 거야?"

"나라마다 다를 수는 있겠지만 의사랑 한 번 상의해 보시는 게 좋을 것 같아요."

"알았다. 의사에게 물어보아야겠다."

2년 뒤인 2019년, 이모님께 뇌경색이 나타났다. 심방세동에 의해 심장에서 발생한 혈전이 뇌로 이동한 것이다. 이모님은 이때에도 아스피린을 드시고 계셨는데 아스피린 대신 항응고제를 드셨으면 뇌경색을 방지할 수도 있지 않았을까 추측해 본다. 다행히 이모님은 빠르게 병원으로 옮겨져 치료를 받았고, 아무런 후유증 없이 지내고 계신다. 그 후 병원에서 퇴원했을 때는 아스피린 대신 아픽사반apixaban(상품명: 엘리퀴스)이라는 항응고제를 처방받았다.

심바스타틴

"이모님, 심바스타틴은 왜 드세요?"

"콜레스테롤이 높대. 올해 내가 건강검진을 받았을 때 나쁜 콜레스테롤이 80이라고 했어."

"네, 심바스타틴은 보통 나쁜 콜레스테롤이라고 불리는 LDL 콜레스테롤 수치를 낮춰 주기 때문에 심근경색, 뇌경색 등을 예방하기 위해 복용하죠. 그런데 사람마다 심근경색, 뇌경색 등의 위험도가 달라서 나쁜 콜레스테롤의 목표 수치도 달라져요. 다시 말씀드리면, 과거에 심근경색이나 뇌경색을 앓은 병력이 있는 분들은 심근경색과 뇌경색이 다시 일어날 확률이 높기 때문에 이분들에게 권장하는 나쁜 콜레스테롤 목표 수치는 그렇지 않은 분들보다 낮아요. 심근경색이나 뇌경색을 과거에 앓은 적이 있는 고위험군에게 권장하는 나쁜 콜레스테롤 수치가 70미만이니까 이모님의 수치 80은 비교적 괜찮은 것으로 보여요. 혹시 심바스타틴 드시기 전에는 나쁜 콜레스테롤 수치가 얼마였는지 기억하세요?"

"아니."

"심바스타틴 20mg은 나쁜 콜레스테롤을 대략 30퍼센트에서 50퍼센트 정도로 떨어뜨리니까 복용 시작 전의 수치와 비교했을 때 현재 수치가 이 정도로 낮춰져 있으면 약이 잘 듣고 있는 거예요. 그런데 혹시 근육 통증 같은 것은 없으시죠? 심바스타틴이 근육 통증을 일으킬 수 있어서요."

"다행히 없어."

"심바스타틴이 특별한 부작용을 일으키고 있는 것 같지 않으니 제 생각에는 그냥 계속 드시면 되겠어요. 그리고 심바스타틴이 얼마나 효과가 있는지 알아보기 위해 다음에 병원에 가시면 심바스타틴을 복용하기 전에 측정했던 나쁜 콜레스테롤 수치가 얼마였는지 한번 물어보세요."

졸피뎀과 에티졸람

"이모님, 졸피뎀은 왜 드시는 거예요?"

"응, 내가 불면증이 있거든. 오랫동안 복용해 왔어."

"약은 잘 들어요?"

"응. 이 약을 먹으면 잠을 잘 자. 예전에는 10mg을 잠들기 30분 전에 먹었는데, 한 2년 전부터는 5mg으로 줄이더라고. 대신에 에티졸람이라는 약을 졸피뎀과 같이 먹으라고 하면서 줬어."

"그럼 졸피뎀 5mg하고 에티졸람 0.5mg을 주무시기 전에 같이 드시겠네요?"

"맞아."

"아침에 피곤하지는 않으세요?"

"그렇지는 않아. 왜?"

"에티졸람을 복용하면 밤에 잠을 잘 잤어도 아침에 일어났을 때 계속 피곤하거나 졸리다고 느낄 수 있거든요. 그리고 기억이 잘 나지 않게도 할 수 있어요. 연세 많은 분들은 거동이 불편해지거나 집중력이 떨어질 수 있는데, 피곤하거나 졸리기까지 하면 넘어질 위험이 커져요. 그래서 고령자들은 에티졸람과 같은 약을 피하도록 권장하고 있어요."

"그래?"

"에티졸람 없이 졸피뎀 5mg만 드셔본 적 있으세요?"

"없어."

"졸피뎀은 그동안 10mg을 처방해 왔었어요. 그런데 2014년에 미국 식품의약국FDA에서 안전성을 검증하기 위해 그동안의 임상 데이터를 분석했어요. 이 분석에서 남성 환자와 달리 여성 환자가 졸피뎀을 10mg 복용하면 졸피뎀의 혈중 농도가 너무 높아져서 부작용의 위험이 커진다는 것이 밝혀졌어요. 그래서 2014년 12월, 미국 식품의약국은 여성 환자에게 졸피뎀을 사용할 경우 하루에 최고 5mg만 복용하도록 허가 사항을 바꿨지요. 우리나라 식약청도 미국 기준을 따라 졸피뎀 허가 사항을 바꿨는데, 아마 이모님의 담당 의사도 그런 이유로 졸피뎀 용량을 줄인 것 같아요."

"그럼, 에티졸람은 복용할 필요 없는 거야?"

"그렇게 보여요. 왜 여성 환자에게 졸피뎀의 최고 허가 용량을 줄이게 되었는지를 아마도 의사가 이해하지 못했던 것 같아요. 그래서 우리나라 식약청에서 용량을 줄이라고 해서 줄였으니 다른 약을 더해야겠다고 생각해서 처방한 것 같네요."

"그러면 에티졸람을 그만 먹을까?"

"에티졸람을 갑자기 끊게 되면 잠이 안 오게 될 수 있으니 일주일 동안은 반 알만 드신 다음 완전히 중단해 보세요."

"알았어. 그렇게 해 볼게."

뉴옥시탐정

"얘야, 그런데 뉴옥시탐정은 뭐니? 의사가 작년 8월에 딜티아젬diltiazem에서 바꾼 거야."

"예? 딜티아젬과 뉴옥시탐정은 같은 용도로 쓰이는 약이 아닌데요. 딜티아젬은 심방세동에 쓰이고 뉴옥시탐정은 알츠하이머나 간질에 쓰이거든요."

나는 이모님께 알츠하이머가 없다는 것을 잘 알기 때문에 이모에게 간질이 있는지 물어보았고, 이모님은 그런 증상은 없다고 말했다.

"그러면, 의사가 뭐라고 하면서 뉴옥시탐정을 주었어요?"

"아무 말 없었어. 나는 딜티아젬과 같이 심장약인 줄 알았는데. 의사에게 가서 물어봐야겠네."

나는 너무 황당해서 그 의사가 누군지 궁금해졌다. 알고 보니 심지어 〈조선일보〉 '명의 시리즈'에 실린 유명한 의사였다. 유명한 의사니까 무슨 이유가 있지 않았을까.

그로부터 약 2주쯤 지나서 이모의 약이 궁금해서 여쭈어보았다.

"이모님, 에티졸람은 어떻게 하셨어요?"

"네 말대로 반 알을 일주일 먹고 끊었어."

"잠은 잘 주무세요?"

"응. 졸피뎀만 먹어도 잠은 잘 자고 있어."

"잘 되었네요. 그런데 의사는 만나 보셨어요?"

"응. 의원에 가서 원장을 만나고 싶다고 했지. 접수를 하고 간호사에게 뉴옥시탐정이 뭐냐고 물었어. 그랬더니 뇌 영양제래. 그래서 뇌 영양제를 달라고 한 적이 없는데 왜 주었냐고 물으니까 뇌 건강을 위해서 원장님이 주신 것 같다고 하더라고. 기가차서! 내가 달라고 한 적도 없는 약을 왜 줬는지 몰라. 원장을 만나 물어보니 자기가 처방을 해 놓고는 내가 하루에 몇 번 복용하는지도 모르더군. 알츠하이머도 없고 간질도 없는 나한테 왜 처방했느냐고 따져 물으니까 한다는 소리가 그 약은 먹어도 되고 안 먹어도 되는 약이래."

"의사가 그런 소리를 해요? 드셔도 되고 안 드셔도 되는 약이면 왜 처방했대요?"

"거기에 대해서는 설명해 주지 않더라. 그런데 생각해 보니 처음 처방하던 날 뉴옥시탐정이 의사 책상에 놓여 있었는데 그

걸 보고 처방한거 같아."

"그럼 아마 제약회사 직원이 다녀간 다음인 것 같군요."

"그럴지도 몰라. 생각할수록 꽤씸해. 나도 찾아보니까 뉴옥시탐정은 수면 장애도 일으킬 수 있대. 불면증 있는 사람한테 그런 약을 주다니! 그래서 더 이상 안 먹겠다고 하고 그냥 나왔어. 그리고 병원도 바꿀 생각이야."

"잘 하셨어요."

"그런데 이런 일이 나한테만 있겠니? 환자들은 잘 모르니까 의사들이 돈 벌려고 자기 맘대로 하는 것 같아."

이모는 약국에 대해서도 불만을 쏟아 내셨다.

"또 약국에 가서 뉴옥시탐정은 심장약도 아닌데 왜 나한테 조제해 주었냐고 물어보니까 약사가 자기도 그 약이 심장약이 아니라는 것을 알았지만 처방 의사와의 관계 때문에 그랬다고 그래. 그러면서 약사는 나한테 기억력이 좀 좋아지지 않았냐고 묻더라. 웃기지도 않아. 환자보다는 처방전 줘서 돈 벌 수 있게 해 주는 의사와의 관계가 더 중요한가 봐. 환자가 신뢰할 수 있는 사람은 아무도 없는 것 같아."

13

실수가 많은 대학병원

2017년 7월 14일 오전, 서울의 B대학병원 암병원 1층 로비에 들어섰을 때 가장 먼저 눈에 띈 것은 창밖 건너편으로 보이는 푸른 숲이었다. 녹음이 우거진 숲이 바라다보이는 창 아래 놓여 있는 의자에 환자와 보호자들이 앉아서 쉬고 있었다. 좁고 바글바글했던 A대학병원 암병원보다 널찍해서 사람이 많았어도 덜 붐벼 보였다.

암환자 초진은 특별한 과정을 거쳐야 했다. 먼저 초진 안내 데스크에서 자원봉사자를 만나서 접수해야 했다. 자원봉사자는 명예교수 배지를 달고 있는 분이셨는데 따뜻하게 웃으면서 우리를 맞이해 주었다. 그는 우리에게서 건네받은 A대학병원의 영상기록을 병원 시스템에 등록한 다음, 어머니의 몸무게, 키, 혈압을 측정한 뒤 기록하고 췌담도암센터로 친절하게 안내했다.

비교적 여유롭던 병원 로비와는 대조적으로 췌담도암센터는 환자들로 매우 붐볐다. 대기실 의자가 충분치 않아 많은 사람들이 서서 기다려야 했다. 어머니 담당 의사의 진료실 앞에는 당일 진료받을 환자들의 명단이 고지되어 있었는데, 그 엄청난 숫자에 깜짝 놀라지 않을 수 없었다. 오전 8시 40분부터 11시 10분까지, 2시간 30분 동안에 무려 50명의 환자가 예약되어 있었다. 12시까지 진료한다고 가정하더라도 이는 환자 일인당 4분이 채 안 되는 시간이다. A대학병원에서도 평균 진료 시간이 이와 비슷했기 때문에 대형병원의 의사들은 중증 환자 한 명을 보는 데 3~4분 정도만 할애하는 것으로 보였다.

일주일 전, B대학병원에 예약 전화를 걸었을 때 바로 다음 날 진료를 받을 수 있다고 해서 꽤 의아해했다. 일반적으로 미국에서는 진료를 그렇게 빨리 받을 수 없기 때문이다. 실제로 내 클리닉조차도 의사로부터 진료의뢰를 받은 다음 환자를 보기까지 보통 2~4주는 걸리는데 이는 다른 클리닉보다 좀 빠른 편에 속할 정도다. 그런데 우리나라에서는 다음 날 진료를 받을 수 있다니! 그것도 대학병원에서! A대학병원에서 받을 자료 준비로 인해 진료 예약을 일주일 미루어야 했지만 빠른 속도와 효율에 감탄할 수밖에 없었다.

"어서 오세요."

진료실 문을 열고 들어가자 담당 의사는 우리를 따뜻하게 맞아 주었다. 의사와 간호사 한 명씩 진료실에 있었던 A대학병원과는 달리 담당 의사 옆에 여성 한 명이 더 앉아 있어 총 세 명이 진료실에 있었다. 이 분은 담당 의사가 진료하는 동안 아무런 말도 하지 않고 우리가 말하는 것을 컴퓨터로 기록하면서 약처방과 검사 오더 등을 도와주고 있었다. 미국에서는 수련의사가 지도교수와 함께 외래환자를 보기 때문에 나는 처음에 이 분을 수련의사로 생각했다. 하지만 나중에 들으니 진료를 도와주는 직원이라고 한다. 의무기록을 혼자 검토하고 작성하느라 바빠서 환자와 눈도 마주치지 못했던 A대학병원의 의사와는 달리 도와주는 직원이 있어서 그런지 B대학병원의 담당 의사는 진료시간 내내 우리와 눈을 마주치며 이야기했다. 그뿐만이 아니라 말투와 전반적인 태도가 신경질적으로 느껴지던 A대학병원의 의사와는 달리 B대학병원의 담당 의사는 친절했다. 하지만 짧은 진료 시간 때문인지 아니면 전공이 약물치료가 아닌 내시경적 치료라 그런지 그 의사는 약물치료에서 실수를 많이 했다. 여기서 몇 가지 짚어 보고자 한다.

빠뜨린 검사

"저희한테 원하시는 것이 무엇인지요?"

담당 의사는 어머니가 췌장암을 진단받은 과정과 앞으로 항암치료를 받지 않겠다는 이야기를 듣고 나서 A대학병원의 영상

기록을 검토한 후 물어보았다. 그래서 내가 답했다.

"어머니가 항암치료를 받지 않기로 결정하셨지만 암 진행에 따른 통증, 복수 등에 대해서는 치료를 받고 싶습니다."

"A대학병원에서 3주 전에 찍은 영상을 보니 복수가 차 있기는 하지만 그렇게 많지는 않군요." 의사가 영상기록을 보면 말했다. 그러자 어머니가 불편한 증상을 이야기했다.

"그런데 복수가 그동안 더 늘어난 것 같아요. 숨이 차지는 않지만 누워 있을 때에는 불편해요."

"복수의 양이 많지 않기 때문에 주사기로 뽑기는 그렇고 이뇨제를 한 번 써 봅시다. 그런데 암에 의해 생긴 복수라서 이뇨제가 잘 듣지 않을 수 있습니다. 먼저 일주일 정도 써 보면서 효과가 있나 살펴보죠. 일단 하루에 반 알씩 복용해 보세요."

"퓨로세마이드furosemide 말씀하시는 거죠?" 내가 물었다.

"예, 맞아요."

"반 알이라 하면 10mg을 말씀하시는 겁니까?"

"네, 그렇습니다."

하지만 수납을 하고 나중에 원무과에서 교부받은 처방전에는 반 알이 10mg이 아닌 20mg이었다(즉, 한 알이 40mg이었다). 그런데 용량에만 실수가 있었던 것이 아니다. 퓨로세마이드는 소변으로 칼륨의 배설을 촉진시켜 혈중 칼륨 농도를 낮춘다. 그런데 칼륨은 우리 몸의 여러 장기, 특히 심장에서 중요한 역할을 한다. 혈중 칼륨의 농도가 너무 낮거나 높으면 심장 박동에 이상이 생길 수 있는데, 이를 부정맥이라고 부른다. 부정맥이 나타나면 심한 경우 사망할 수도 있다. 따라서 보통 퓨로세마이드를 복용하기 전과 약을 복용하기 시작한 후 1~2주 후에 혈중 칼륨 농도를 검사한다. 약을 시작하기 전에 혈중 칼륨 농도를 검사하는 이유는 혈중 칼륨 농도가 낮은 상태에서 퓨로세마이드를 복용하면 부정맥이 일어날 수 있기 때문이다. 그리고 약을 복용하기 시작한 후 1~2주 후에 혈중 칼륨 농도를 다시 측정하는 이유는 약으로 인해 혈중 칼륨 농도가 얼마나 감소되었는지 모니터하기 위해서다.

담당 의사와의 진료가 끝나고 나서 어머니의 혈중 칼륨 수치가 궁금해졌다. 진료일 전에 B대학병원으로부터 받은 문자 메세지에 따라, 혹시 검사를 받을지도 몰라서 어머니는 진료일 전날 저녁 이후에 아무것도 드시지 않았다. 그런데 진료 당일에는 아무런 검사를 하지 않았기 때문에 당일 어머니의 혈중 칼륨 수치를 알 수가 없었다. 문득 A대학병원에서 받은 의무기록이 생각이 나서 찾아보니 약 20일 전 어머니의 혈중 칼륨 수치는 3.5mmol/L였다. 이는 정상 범위(3.5~5.0mmol/L)의 가장 끝자락에 있기 때문에 만약 이 수치를 유지한 채로 퓨로세마이드를 시작하게 되면 저칼륨혈증으로 부정맥이 발생해 생명을 위협할 수도 있었다. 그럼에도 불구하고 담당 의사는 칼륨 보충제를 따로 처방하거나 혈중 칼륨 수치를 모니터하기 위해 혈액 검사를 따로 오더하지 않았다.

잘못 처방된 진통제

"어머니가 통증약으로 그동안 울트라셋(트라마돌과 아세트아미노
펜 복합제) 한 알을 하루에 네 번씩 드셨는데 이제는 잘 듣지 않는
것 같아요. 좀 더 센 진통제로 바꾸어 주실 수 있을까요?" 내가
의사에게 질문했다.

트라마돌은 아편계 진통제이고 타이레놀이라는 상품명으로 잘
알려진 아세트아미노펜은 일반적인 진통제이다. 그런데 트라마
돌은 아편계 진통제 중에서도 진통 효과가 약한 편에 속한다.

"그럼 세타마돌을 한 번 써 보죠." 의사가 말했다.

나는 우리나라 의약품의 상품명에 익숙하지 않아서 의사에
게 다시 물었다.

"세타마돌의 성분이 뭐죠?"

"코데인codeine과 아세트아미노펜입니다. 한 알을 하루에 네
번씩 드세요."

그런데 진료가 끝난 다음 인터넷으로 확인해 보니 세타마돌
은 울트라셋과 같은 트라마돌과 아세트아미노펜의 복합제였다.
각 성분의 양도 동일했다. 즉, 세타마돌과 울트라셋은 '이름만
다른 같은 약'이었다. 기억이 명확하지 않다면 확인해야 하는데
담당 의사는 그냥 대답했던 것이다(그런데 옆에 앉아서 컴퓨터에 처방
오더 넣는 일을 도와주던 분은 세타마돌에 코데인이 없다는 것을 알았을 것 같은

데 아무 말도 하지 않았다). 그리고 코데인은 트라마돌과 같이 비교적 약한 아편계 진통제에 속하기 때문에 만약 더 강한 진통제를 처방하고자 했다면 진통 효과가 더 센 모르핀morphine이나 옥시코돈oxycodone 등을 선택하는 것이 좀 더 합리적인 처방이었을 것이다.

이상한 변비약 처방

"선생님, 어머니가 변비 증상으로 불편해하세요. 그런데 진통제로 복용할 코데인은 변비를 일으키잖아요. A대학병원에서 락툴로스lactulose를 처방받으셨지만 드시지 않고, 그동안 둘코락스Ducolax(성분명: 비사코딜bisacodyl)를 하루에 두 알씩 드셨어요. 처음에는 한 알을 복용했는데 별로 효과가 없었고, 두 알을 드셔야 변을 보십니다."

"둘코락스는 가장 센 변비약이니 락툴로스를 먼저 써 봅시다."

락툴로스는 당의 한 종류로 장에서 흡수되지 않는다. 대장에 흡수되지 않은 당이 많아지면 이를 희석하기 위해 수분이 늘어나게 된다. 그러면 딱딱했던 대변이 좀 더 부드럽게 변해 대장을 통과하기가 쉬워진다. 또 대장 안에 증가한 수분은 대장 벽에 압력을 주어 대장의 운동을 촉진시켜 변비를 완화한다. 반면에 비사코딜은 대장을 직접 자극해 대장 운동을 활성화해 변비를 해소시킨다.

그런데 가장 센 약을 최소한 두 알은 먹어야 효과가 있는데, 더 약한 약으로 바꾸는 게 맞는 걸까? 다행히 그날 오후에 어머니는 완화치료 진료가 예정되어 있었고, 완화치료 담당의에게 이 문제를 제기해 모두 해결할 수 있었다. 그런데 완화치료 진료가 그날 없었다면 어떻게 되었을까? 환자 보호자가 나처럼 약에 대해 잘 알고 있는 사람이 아니었다면? 지금 다시 생각해도 손에 땀이 난다.

A대학병원, B대학병원 등 우리나라의 큰 병원들은 아픈 환자가 예약 전화를 한 다음 날에 바로 의사를 만나 치료를 받을 수 있는 시스템을 가지고 있다. 반면에 미국의 경우, 의사를 만나려면 몇 주 걸리는 것이 보통이라서 급한 경우에는 할 수 없이 의료비가 훨씬 비싼 응급실이나 응급치료소를 이용할 수밖에 없다. 따라서 환자가 필요할 때 빨리 의사를 만날 수 있는 것은 우리나라 의료시스템의 큰 장점 중 하나다. 예약, 접수, 병원 안내 등의 과정도 편리하게 설계되어 있다. 하지만 의료 접근성의 우수한 효율과 비교할 때 의료의 질은 아직 부족한 점이 많아 보인다. 대학병원 두 곳에서 만난 의사들은 모두 경험이 풍부한 각 병원의 췌담도암 치료를 대표하는 의사들이다. 그런데 이 의사들을 만날 때마다 매번 진단이나 처방에서 실수가 있었다. 예를 들어, A대학병원 의사는 진통제와 소화제를 처방하는 것을 완전히 잊었고, B대학병원 의사는 약의 부작용을 모니터하는 데 필요한 검사를 깜빡했다. 또 B대학병원 의사는 변비 약 처방

을 할 때 납득하기 어려운 결정을 하기도 했다. 특히, 말기암 환자에게 진통제 처방을 빠뜨리거나 혈액 검사가 꼭 필요한 약물을 처방하면서 검사를 놓친 것은 우리나라 가장 유명한 병원에서 일어난 실수라는 것이 믿기 힘들 정도다. 미국의 대학병원 의사들도 약을 처방하고 모니터할 때 실수를 하기도 한다. 그런데 이처럼 빈번하지는 않다. 우연의 일치로 내가 만난 소수의 의사들이 평소 하지 않던 실수를 그날만 했을 수도 있다. 나도 그러기를 바라지만 그렇지 않은 것 같아 우려가 된다.

"형, 항응고제를 과다 복용하면 어떤 문제가 생겨?"

2019년 7월 중순, 한국에 있는 사촌 동생이 문자를 보내왔다.

"왜?"

"아버지가 숨이 차고 힘들어하셔서 대학병원 응급실에 왔어. 그동안 복용했던 약들을 알아보다가 아버지가 지난 8일 동안 프라닥사와 엘리퀴스를 이중으로 복용하셨다는 것을 알게 되었거든."

"출혈은 없으시고?"

"응, 없어. 그런데 항응고제를 이중으로 복용하신 게 걱정이 돼."

일반명으로 다비가트란dabigatran이라 불리는 프라닥사와 아픽사반이란 일반명을 가진 엘리퀴스는 모두 비교적 최근에 출시된 항응고제들로 심방세동에 쓰이는 약들이다. 비록 두 약이 다른 방법으로 혈전 생성을 방지하지만, 함께 쓰는 것은 위험한 일이다. 출혈 위험을 크게 높이기 때문이다. 출혈 발생은 치명적이기 때문에 미국에서는 항응고제를 고위험약high risk medications 으로 따로 분류해서 처방과 조제 과정에서 좀 더 주의를 기울이도록 하고 있다.

"신경외과, 심혈관센터, 환자 간 커뮤니케이션이 엉망이 되어서 8일 동안 약을 과다 복용하셨어. 기존에 드시던 엘리퀴스가 남아서 복용하고 계셨는데, 심혈관센터에서 프라닥사를 또 처방한 거야. 아버님은 무슨 약인지 모르고 다 복용하셨고. 그래서 응급의학과 의사한테 어떻게 해야 하는지 물었더니 의사는 '좋을 건 없는데 확실히 모르겠다'라고 하더라고. 기존에 복용하던 엘리퀴스만 폐기하라고 했어."

큰아버지는 연세가 여든이 넘었는데 뇌경색과 심방세동 병력이 있었다. 2019년 초에 뇌경색으로 입원을 했었는데, 그때 신경외과에서 엘리퀴스를 처방받았다. 그 후 심장 질환 때문에 심혈관센터를 같은 해 7월에 방문했는데 그때 프라닥사를 처방받았다. 그런데 환자에게는 처방이 바뀌었다는 것이 제대로 전달되지 않아 위험한 약 두 가지를 동시에 복용하고 있었던 것이다.

약물의 중복처방duplicate therapy은 비슷한 성분의 약을 여러 개 처방하는 것을 말한다. 중복처방이 있다는 것은 약물의 처방, 교부, 복용 과정에서 틈이 있었다는 것을 의미한다. 의사가 새로운 약을 처방하기 전에 환자가 무슨 약을 먹고 있었는지 반드시 확인해야 하지만 이 과정이 생략되었거나 환자가 무슨 약을 복용하고 있는지 확인했어도 환자에게 정확한 복약 지시가 전달되지 않았을 수도 있다. 특히 고령자의 경우, 이해력이 떨어질 수 있으므로 새로운 지시사항을 말로만 전달하는 것이 충분하지 않을 때가 많다. 그래서 지시사항을 글로도 함께 적어 주어야 한다. 또 환자에게 지시사항을 말로 되풀이하도록 해서 잘 이해하고 있는지 확인하는 과정도 필요하다. 약국에서 처방전을 확인하는 과정에서도 항응고제의 중복처방이 있다는 것을 놓쳤거나 중복처방을 발견했어도 환자에게 다시 확인하는 과정을 거치지 않았을 수 있다.

중복처방은 전산 시스템으로 쉽게 발견할 수 있으므로 충분히 방지할 수 있는 문제다. 특히 우리나라처럼 병원과 약국의 컴퓨터가 건강보험심사평가원에 직접 연결이 되어 환자의 약력을 쉽게 찾아볼 수 있는 경우는 더욱 그렇다. 의사가 새로운 약을 처방하려고 입력하거나 약사가 약을 청구할 때, 지난 1년간 비슷한 계열이나 적응증을 가진 약이 처방된 경우가 있으면 경고 화면을 뜨게 해서 의사와 약사에게 다시 확인하게 하면 이를 막을 수 있다. 환자가 병원에 올 때 복용하고 있는 약을 모두 가지고 오도록 하여, 기존 약에서 새로운 약과 중복되는 것을 회수하는 방법도 고려해 볼 수 있다.

2019년 7월 말, 그 사촌 동생으로부터 다시 문자가 왔다.

"형, 아버님이 최근에 새로운 처방전을 받았는데, 너무 약을 많이 드시는 것 같아."

처방전을 살펴보니 다음과 같은 두 약이 있었다.

– 트라린정 50mg(설트랄린sertraline)

– 졸로프트 50mg(설트랄린)

또 다른 중복처방이었다. 사촌 동생의 말에 따르면 하나는 신경정신과에서, 다른 하나는 심혈관센터에서 처방받았다고 한다. 한 달 전에 일어났던 항응고제 처방 때처럼 각각 다른 진료과에서 같은 계열 또는 같은 약을 중복처방해서 벌어진 일이다. 왜 이런 실수들이 가장 믿을 만하다는 대학병원에서 발생하는 것일까? 대학병원들이 효율을 위해 기본을 너무 간과하는 것이 아닐까?

14

전이성 암환자의
완화치료

B대학병원 췌장암센터에서 첫 진료를 받던 날, 담당의는 우리의 요구에 따라 바로 완화치료 서비스에 진료의뢰를 넣어 주었다. 이는 A대학병원의 췌담도암 담당 의사와는 대조적이었다.

2017년 6월 중순, 어머니가 A대학병원에서 여러 가지 검사를 받는 동안, 난 어머니의 췌장암이 상당히 진행되었을 가능성이 크다는 것을 깨달았다. 어머니가 A대학병원에 입원해서 검사를 받게 된 계기는 복부초음파 검사에서 간에 혹이 있다는 것을 발견한 것인데 이는 벌써 간으로 암이 전이되었음을 시사하기 때문이다. 어머니가 입원해서 받은 검사의 결과를 담당 의사에게 듣기로 한 날, 나는 비행기 일정 때문에 같이 갈 수 없었다. 그래서 동생에게 담당의를 만날 때 어머니의 암이 많이 진행된 상태일 경우, 완화치료에 대해서도 알아보라고 부탁했었다.

그 당시에 담당의는 지금은 그런 것을 생각할 필요가 없다면서 완화치료에 진료를 의뢰하는 것을 거절했었다. 많은 사람들이 완화치료를 선택하면 치료를 포기하는 것으로 생각하는 경향이 있기 때문에 좋게 생각하면, 이 의사는 어머니가 치료를 포기하지 않도록 하려고 그랬던 것인지도 모르겠다. 더구나 어머니는 이제 막 진단을 받았고, 아직 치료를 시작하지도 않은 상황이었으니까. 그런데 이는 다른 장기로 전이된 암을 진단받은 경우에 초기부터 종양 치료와 더불어 완화치료를 함께 받는 것을 고려하라는 미국 종양학회의 권고와는 배치된다. 미국 종양학회의 이러한 권고는 종양 치료만 단독으로 받는 것보다 완화치료를 초기부터 함께 시작하는 것이 수명 증가, 삶의 질 증진 등의 측면에서 치료 결과가 더 좋다는 임상시험 결과에 근거한다.

완화치료는 암 치료에 대한 접근을 달리하는 방법이므로 치료를 포기하는 것과는 다르다. 기존 암 치료 방법이 치료 중심적인 방법이라면 완화치료는 환자 중심적으로 접근하는 방법이기 때문이다.

어머니의 암 치료를 위해 한국으로 떠나기 전, 같이 일하는 의과대학의 이고르 미트로비치Dr. Igor Mitrovic 교수의 소개로 우리 학교 병원의 완화의료과 주임교수인 스티브 팬틸라트Dr. Steve Pantilat를 만날 수 있었다. 스티브는 완화치료palliative care라는 분야를 개척했을 뿐만 아니라, 삶이 얼마 남지 않은 환자들을 치료할 때 새로운 접근 방법을 시도한 의사로 널리 알려져 있다. 그래서 이고르가 소개해 주겠다고 했을 때만 해도 한국으로 떠나기 전에 그를 만날 수 있을 것이라고 기대하지 않았다. 이고르가 그를 소개해 주겠다고 한 날은 내가 한국으로 떠나기 바로 전날이었고, 그 정도 위치에 있는 의사라면 매우 바쁠 것이기 때문이었다. 그런데 뜻밖에도 오후 4시 반에 시간이 되니 만날 수 있다는 답장을 받았다.

스티브는 나를 따뜻하게 맞아 주면서 어머니의 췌장암 진단은 매우 유감이라고 정중하게 말했다. 그러고 나서 내가 말을 꺼낼 때까지 기다렸다. 진심이 담긴 그의 말이 형식적으로 들리지 않았다. 그리고 내가 궁금한 점이 무엇인지를 알아보고 그에 따라 대답해 주려는 것으로 보였다.

"어머니에게 어떤 치료 방법이 좋을까요?"

"우선 환자에게 중요한 것이 무엇인지, 환자가 바라는 것이 무엇인지 또 환자가 가장 걱정하는 것이 무엇인지 알아보는 것이 도움이 됩니다."

처음에는 이 말이 무슨 뜻인지 알 수 없었다. 환자가 중요하게 생각하는 것, 바라는 것, 걱정하는 것이 암을 치료하는 방법과 어떤 관계가 있다는 말인가? 할 수 있는 모든 것을 다해 치료해야 하는 것이 아닌가? 하지만 곧이어 영양 공급에 대한 내 질문에 답하는 것을 들으면서 그 말의 의미가 무엇인지 깨달을 수 있었다.

"암환자는 영양이 중요하잖아요. 어머니에게 어떤 음식을 드려야 할까요?"

"어머니가 좋아하시는 음식을 주세요. 어머니가 아이스크림을 좋아하시면 아이스크림을 주시면 됩니다."

어머니와 같은 경우, 항암치료를 받든 안 받든 남은 삶이 길지 않으니 그동안 좋아하는 것을 최대한 즐길 수 있도록 하라는 말이었다. 치료 방법을 선택할 때도 마찬가지다. 환자가 남은 삶을 조금이라도 늘리는 것을 바라고 중요하게 여기면 항암치료를 선택하면 되는 것이고, 그렇지 않으면 항암치료를 받지 않으면 되는 것이다. 즉, 환자 중심적으로 치료 방법을 선택하고 접근해야 한다는 것이다.

이런 조언과 더불어 스티브는 자신이 최근에 쓴 책《진단 이후의 삶: 중병을 가지고도 잘 사는 것에 대한 전문가의 조언Life after the Diagnosis: Expert Advice on Living Well with Serious Illness》한 권을 선물로 주었다. 이 책은 스티브가 삶이 얼마 남지 않은 환자 수천여 명을 돌보면서 얻은 경험을 바탕으로 썼는데, 중병을 진단받은 이후 삶이 어떻게 변화하고, 삶을 마무리할 때 고려해야 할 점은 무엇인지 다루고 있다. 스티브의 책은 내가 어머니 삶의 마지막 8주를 함께하는 동안 큰 도움을 주었다. 이 책을 읽지 않았다면 삶의 마지막 단계에서 중요한 것을 간과하고 지엽적인 부분에만 신경을 쓰느라 얼마 남지 않은 귀중한 시간을 그냥 흘

려보냈을 것이다. 내 의도와는 다르게 어머니에게 해를 끼칠 수 있는 치료 방법을 선택했을지도 모른다.

우리는 모두 고통 없이 죽음을 맞기 원한다. 그래서 많은 사람이 장수를 누리다가 어느 날 잠자는 중에 조용히 세상을 떠나길 바란다. 하지만 이런 행운을 가진 사람은 극소수이고, 대부분은 어느 날 중병으로 삶이 얼마 남지 않았다는 진단을 받은 뒤에 죽는 것이 현실이다.

B대학병원의 췌담도암센터 담당의가 진료의뢰를 넣은 당일 오후, 우리는 완화치료를 담당하고 있는 가정의학과 의사를 외래로 만날 수 있었다. 가정의학과에서 완화치료를 담당하고 있는 것이 좀 의아했는데, 미국에서 가정의학과는 가족과 지역사회 의료를 강조하며 1차 의료를 담당한다. 따라서 가정의학과에서 완화치료를 제공하지 않는다. 대신에 완화치료를 따로 전공한 완화치료 전문의로 구성된 완화치료과가 독립적으로 운영된다.

어머니에게 완화치료가 필요할 것이라는 생각이 들어 우리나라 여러 병원에서 제공하는 완화치료에 대해 조사했다. 그런데 우리나라에서는 완화치료 전문의가 따로 있는 병원이 없는 듯했고, 종양의학과나 가정의학과 의사들이 완화치료를 담당하고 있었다. 우리나라에서는 1차 의료라는 것이 명확히 정립되지 않았기 때문에 가정의학과가 완화치료로도 진료영역을 넓힌 것이 아닌가 싶었다. 그래서 미국과 같은 수준의 전문적인 완화치료 서비스를 받을 수 없을 것 같아 걱정이 앞섰다.

B대학병원의 완화치료센터는 췌담도암센터보다 훨씬 한산했다. 진료실 앞에 걸려 있는 예약 환자 목록을 보니, 10분 단위로 서너 명이 예약되어 있었던 췌담도센터와는 달리, 한두 명만이 예약되어 있었다. 가정의학과 완화치료 담당의는 어머니를 약 10분 동안 진찰했고, 증상 완화를 위한 약물치료에 대해 충분히 이야기하고 함께 결정할 수 있었다.

첫째, 완화치료 의사는 스피로노락톤spironolactone이라는 약을 처방하기로 했다. 이는 췌담도암센터 담당 의사가 복수 증상 완화를 위해 처방한 퓨로세마이드가 저칼륨혈증을 일으키는 것을 예방하기 위해서다. 스피로노락톤은 칼륨이 소변으로 빠져나가는 것을 줄여 혈중 칼륨 농도를 높인다. 또 이 약은 퓨로세마이드와 함께 간경변에 의한 복수의 치료에도 사용하기 때문에 어머니에게는 일석이조의 효과가 있다. 완화치료 담당의가 혈중 전해질 검사를 오더해 그다음 주에는 어머니의 혈중 칼륨을 검사할 수 있었다.

둘째, 완화치료 담당 의사는 통증의 정도, 부위, 빈도를 세심하게 물어보았다. 특히 현재 사용하고 있는 진통제의 효과에 대하여 자세히 물어보았다. 이는 A대학병원과 B대학병원의 췌담도암센터 의사들과 대조적이었다. 이처럼 환자가 느끼는 통증 정도와 사용하고 있는 진통제에 대해 자세히 알아본 다음 처방을 해야 통증을 잘 조절할 수 있다. 의사의 질문에 대해 어머니는 한 알씩 하루에 네 번 복용하면 그런대로 통증이 조절된다고 답했다. 그러자 의사는 그 정도면 잘 조절되는 편이니 약을 바꾸지 말고 그대로 유지하자고 했다.

셋째, 트라마돌과 마약성 진통제는 장 운동을 지연시켜 변비를 일으킨다. 그래서 암환자와 같은 마약성 진통제를 장기적으로 사용하는 환자들은 변비약을 같이 복용해야 한다. 완화치료 담당 의사는 췌담도암센터의 의사가 처방한 락툴로스로 변비약을 바꾸는 것에 동의하지 않았다. 기존에 복용하고 있는 비사코딜을 그대로 사용하자고 했다.

이상과 같이 가정의학과 완화치료 담당 의사는 환자와 가족들의 호소와 우려에 대해 잘 들어 주었고 해결해 주기 위해 노력했다. 그리고 나를 의사라고 생각해서 그랬는지 몰라도(재진 때 어머니에게 "의사인 아들"이라고 말한 적이 있다) 약물치료에 관련된 결정을 할 때 나의 의견과 동의를 구했다. 진료실에는 레지던트로 보이는 다른 의사도 함께 있었다(B대학병원에서는 의사의 명찰은 다른 직원과 달리 눈에 띄는 금색이었다). 그런데 그 사람이 차트 작성을 돕고 있어서 담당 의사는 진료하는 동안 우리와 눈을 마주치고 이야기할 수 있었다.

완화치료 진료를 마쳤을 때, 지금까지 대학병원에서 받은 어떤 진료보다 만족스러운 기분으로 진찰실을 나올 수 있었다. 어머니와 동생도 의사가 시간을 충분히 할애해 환자와 가족의 의견을 구하고 치료에 대해 세세히 설명해 준 점을 고마워했다.

어머니 예에서 보듯이 완화치료를 받는 것은 암 치료를 포기하는 게 아니다. 어머니가 항암치료를 받고 있어도 복수 방지약, 진통제, 변비약은 어머니에게 필요하기 때문이다. 췌장암이 간으로 전이되면 장에서 간으로 들어가는 혈액의 흐름을 방해해서 복수가 찬다. 물론 항암치료를 하면 간에 있는 암세포가 줄거나 천천히 자라기 때문에 복수가 차는 속도가 느려지고 그 정도가 약해질 수는 있다. 하지만 결국 암세포가 다시 자라기 때문에 복수가 찰 수밖에 없다. 통증도 마찬가지다. 항암치료로 암세포가 줄어들면 통증도 줄어들 수 있다. 하지만 암세포가 다시 자라게 될 가능성이 크므로 통증을 피하기 어렵다. 또 아편계 진통제는 변비를 일으키므로 이런 진통제를 사용하면 변비의 위험은 상존한다. 따라서 완화치료는 항암치료를 받는 환자들에게 약물을 더 효과적이고 안전하게 사용하도록 도움을 제공해 삶의 질을 높여 주는 역할을 한다. 항암치료를 받지 않는 말기암 환자에게도 통증을 조절하고 합병증 정도를 완화시켜 남아 있는 여명 기간에 상관없이 인간적인 삶을 누릴 수 있도록 도와준다. 그러므로 완화치료는 모든 말기암 환자에게 꼭 필요하다.

종양 치료를 담당하는 의료진과 완화치료과와의 협진은 병원에서 의료 실수를 줄이기 위해서도 필요하다. 특히, 어머니와 같은 말기암 환자는 여러 장기에서 문제 나타나는 경우가 많아 다양한 치료법과 약물을 사용하게 되는데, 이 과정에서 실수가 일어날 가능성이 높다. 이는 좁은 분야에서의 전문성을 강조하는 현대의학의 특성과 관련된다. 예를 들어, 소화기 종양내과와 같이 내시경 등의 시술과 항암치료가 주 전공인 경우, 암이 진행하는 과정이나 이를 치료하는 과정에서 발생하는 증상을 줄여주는 쪽보다는 암을 제거하기 위한 시술법과 항암치료에 전문성이 있고 관심을 더 두는 경향이 있다. 어머니가 만났던 두 대학병원의 췌담도암 전문의가 좋은 예다. 어머니를 치료하는 과정에서 이들은 항암치료 자체에 더 관심이 많았고, 증상을 줄여주는 약물치료에서는 여러 가지 실수를 했다. A대학병원 의사는 진통제와 소화제를 처방하는 것을 잊었고, B대학병원 의사는 복수를 줄여 주는 약의 부작용을 관찰하는 것을 잊었다. 어머니가 항암치료를 받았다면, 그 의사들은 자신이 잘 알고 있고 경험도 풍부한 항암제 처방이나 관찰에서 실수하지 않았을 것이다. 반면에 완화치료과 의사들은 항암치료보다는 암이 진행하는 과정이나 항암치료를 받는 과정에서 생기는 증상을 완화하고 치료하는 데 전문성이 있다. 따라서 종양 치료를 담당하는 의료진과 완화치료과와의 협진은 서로 다르게 특화된 전문성을 보완하고 실수를 줄이는 좋은 방법이 될 수 있다.

완화치료가 말기암 환자에게 이처럼 큰 도움이 되는데도 우리나라에서는 아직도 대다수의 전이성 암환자들이 완화치료를 받지 못하는 것으로 보인다. 수많은 환자로 그렇게 붐비던 외래 암센터와는 달리 완화치료과 진료 대기실은 항상 한산했다. 여러 가지 이유가 있을 텐데 먼저 내과, 소화과 등에 비해 완화치료는 비교적 최근에 시작되어 사람들에게 잘 알려지지 않았다. 미국에서조차 완화치료가 전문적인 과로 인정받은 때가 2006년이었다. 그래서 완화치료는 일반인뿐만 아니라 일부 의료진들에게도 낯설다.

내과, 소화과 등은 이름을 들으면 신체의 어떤 부위에 문제가 있을 때 가야 하는지 알 수 있지만, '완화치료'라는 이름만으로 무엇을 하는 곳인지 정확하게 알기 어렵다. 또 완화치료는 호스피스도 포함하고 있어 완화치료를 받는 것을 치료를 포기하는 것으로 오해하기도 한다. 그래서 어머니의 췌장암 진단이 확정되던 날, A대학병원 췌담도암 담당의에게 완화치료에 대해 물었을 때, 지금은 고려할 때가 아니라고 말했을 것이다. 마찬가지로 B대학병원의 췌담도암 담당의도 먼저 완화치료를 권하지 않았다. 우리가 완화치료 진료를 직접 요구하지 않았더라면 어머니는 완화치료를 빨리 받지 못했을 것이다. 전이가 진행된 상태로 발견되는 경우가 많은 췌장암을 치료하는 의료진조차 완화치료를 환자에게 권하려고 하지 않으니, 췌장암보다 예후가 좋은 다른 암을 진단하고 치료하는 의료진들에게 완화치료는 더욱 권하기 힘든 치료 방법일지도 모른다.

하지만 앞서 살펴본 것처럼 완화치료는 전이성 암환자들의 치료 효과와 삶의 질을 높여 준다. 그리고 완화치료는 암치료가 더 이상 불가능할 때 시작하는 것이 아니라 전이성 암이라는 것을 진단받을 때부터 시작하는 것이 환자에게 더 많은 혜택을 가져온다. 따라서 병원들은 종양내과와 완화치료과와의 협진을 좀 더 적극적으로 유도하고, 전이성 암 진단을 받은 환자들에게 제공하는 암 교육 프로그램에도 완화치료를 포함시키는 것을 고려해야 한다. 그러면 환자와 가족들이 완화치료에 대해 가지고 있는 오해를 바로잡는 데에도 도움이 될 것이다.

또 종양의 진단과 치료를 전문으로 하는 의사의 수련 과정에 완화치료 실습이 포함되어 있지 않다면 이를 포함시키는 것을 고려해야 한다. 이는 종양내과 전문의와 완화치료 의료진과의 협진을 유도하는 데에도 기여할 것이다. 궁극적으로는 1차 의료제공자를 중심으로 환자 치료가 이루어지는 제도를 갖추어 1차 의료제공자가 완화치료와의 협진을 주도해야 한다. 이를 위해 1차 의료제공자의 수련 과정에도 완화치료가 포함되어야 한다. 일례로 샌프란시스코 종합병원의 가정의학과 1차 의료제공자 수련 과정에는 완화치료과에서의 수련이 포함되어 있다. 완화치료가 궁극적으로는 암환자뿐만 아니라 완치가 쉽지 않고 사망률이 높은 만성질환을 앓는 환자들에게도 확대되어 더 많은 사람들이 완화치료의 혜택을 받을 수 있기를 기대한다.

15

내가 먹는 약은
제대로 처방된 약일까

'잘 쓰면 약, 잘못 쓰면 독'이라는 말이 있듯이 약을 잘못 사용하게 되면 치료가 지연되거나 부작용이 나타나 환자에게 해가 된다. 약물의 선택, 용량, 사용법 등 처방의 내용 요소가 적절하지 않다면 약을 안전하고 효과적으로 사용하기 힘들다. 그렇지만 아무리 처방 내용이 잘 갖추어져 있다고 하더라도 약을 안전하고 효과적으로 사용할 수 있는 제도적 장치가 뒷받침되어 있지 않으면 약은 독이 될 수 있다. 한편 처방 관습도 약을 안전하고 효과적으로 사용하는 데 영향을 끼칠 수 있다.

그래서 우리나라와 미국의 약 처방의 내용, 제도 및 관습적 차이점에 대해 이야기하고 개선점을 찾아보려고 한다. 이 글에서 다루는 약물 처방의 문제점은 한국에 있는 가족과 친척들이 병원에서 받은 처방으로부터 공통적으로 발견한 것들이다. 개인적인 경험에 기반하고 있어서 일반화하기에는 무리가 있을지도 모르겠다. 하지만 가족과 친척들의 부탁을 받아 검토한 모든 처방전마다 개선할 점이 눈에 띄었다. 일부 사례를 통한 의견 제시로 이해하면 좋을 듯하다.

중복처방

앞에서 설명했던 것처럼 중복처방은 비슷한 성분의 약을 여러 개 처방하는 것을 말한다. 그런데 다음 사례에서 보듯이 중복처방은 비교적 흔하게 일어나고 있는 듯하다.

<u>사례 1</u>

동생의 직장 동료 아버지는 73세이시며 기립성저혈압으로 몇 번 쓰러지셨다. 기립성저혈압은 누워 있거나 앉은 자세에서 몸을 일으킬 때 갑자기 혈압이 떨어지는 증상이다. 이때 환자들은 어지러움, 메스꺼움 등의 증상을 느끼거나 심한 경우 의식을 잃고 쓰러지기도 한다. 이 증상으로 큰 병원에 갔더니 전립선비대증 치료제로 먹는 약 몇 개를 복용하지 말라고 했다. 그런데 그 이유를 충분히 설명을 해 주지 않았는지 나를 통해 그 약들을 중단한 이유가 무엇인지 또 아버님이 쓰러지신 것과 그 약들이 어떤 관련이 있는지를 물어보았다. 그분이 복용했던 전립선비대증 치료제는 다음과 같았다.

- 하루날디정 0.2mg
- 제일알푸조신 엑스엘서방정 0.2mg
- 일양하이트린정 5mg

   이 전립선 비대증 약들은 동네병원에서 처방받은 것이라고 하며, 큰 병원에서는 하루날디정만 빼고 나머지 두 개는 복용을 중지하라고 했다고 한다. 하루날디는 탐스로신tamsulosin, 제일알푸조신은 알푸조신alfuzosin 그리고 하이트린정은 테라조신terazosin이라는 성분을 가진 약이다. 이 세 약 모두 알파1 수용체를 차단하는 작용을 한다. 즉, 전립선과 방광에 분포하는 알파1 수용체가 자극받는 것을 차단하여 전립선과 방광 근육을 이완시킴으로써 소변이 잘 나오도록 돕는다. 그런데 세 약이 모두 한 수용체에 작용하기 때문에 하나만으로도 세 약을 함께 쓰는 것과 같은 효과가 나타날 수 있다.

   약 하나만으로도 충분히 얻을 수 있는 효과를 여러 약을 사용할 경우 이 사례에서 보듯이 부작용의 위험이 높아진다. 당연히 약값도 늘어난다. 특히, 우리나라처럼 전 국민 건강보험을 시행하고 있는 나라에서는 약값의 일부를 국민건강보험공단에서 지불한다. 따라서 중복처방은 국민들이 불필요한 약값을 지불하게 만든다.

계속 복용할 필요가 없는 약

감기약은 원인을 치료하는 약이 아니라 증상을 완화시키는 약이다. 그래서 증상이 있을 때만 복용하고 증상이 완화되면 복용하지 않아도 된다. 다시 말해 정기적으로 시간을 맞춰 복용해야 하는 약이 아니라 필요할 때마다 복용하면 되는 약이다. 감기약은 하루 정도 복용한 후에 해당 증상이 나타나지 않으면 복용을 중단할 수 있다. 이처럼 필요할 때만 약을 복용한다면 불필요한 사용을 줄일 수 있고, 부작용에 노출되는 시간도 줄어든다.

사례 2

2016년 1월, 어머니가 기침 등의 증상으로 병원에서 약을 처방받아 복용했다. 동네병원 의사는 어머니에게 만성 축농증이 있다면서 다음과 같은 네 가지 약을 처방했다.

- 슈도에페드린pseudoephedrine 60mg, 하루 세 번 복용
- 레보세티리진levocetirizine 5mg, 하루 한 번 복용
- 아세틸시스테인acetylcysteine 200mg, 하루 두 번 복용
- 나조넥스 나잘스프레이Nasonex nasal spray(성분명: 모메타손 mometasone), 하루 한 번 비강에 분무

슈도에페드린은 콧속의 혈관을 수축시켜 콧물이 생기는 것을 막아 주는 약이다. 즉, 축농증의 근본 원인인 염증 반응을 치

료하는 것이 아니라 축농증으로 발생한 콧물이 나오는 증상을 줄이는 역할을 할 뿐이다. 그래서 이 약은 콧물 증상이 있을 때만 복용하면 되는데도 매일 규칙적으로 복용하도록 지시했다. 어머니는 콧물 증상이 없었기 때문에 슈도에페드린을 매일 하루 세 번이나 복용할 필요가 없다. 콧물 증상이 나타날 때만 복용하면 된다.

미국에서는 감기약을 필요할 때마다 몇 시간 간격으로 복용하라고 처방한다. 그리고 원인을 다스리지 못하고 증상만을 줄이는 목적으로 쓰이는 약들은 대부분 '필요할 때만' 복용하도록 처방한다. 진통제, 구토를 막아 주는 약, 알레르기 약 등이 이런 약에 속한다. 따라서 이런 약은 정기적으로 복용하기보다는 증상이 나타날 때만 복용하는 것이 좀 더 효과적이고 안전하게 사용하는 방법이다.

비논리적인 처방

사례 3

2016년, 동생이 목감기로 서울에 있는 이비인후과를 두 번 다녀왔다. 처음 병원에 갔을 때에는 열과 콧물은 없었으나 기침이 좀 나오고 목이 심하게 아팠다. 의사는 목이 심하게 부은 급성 기관지염이라고 진단했고 약을 이틀치 처방해 주었다. 동생은 일반적으로 우리나라에서는 필요 이상으로 많은 종류의 약을 처방받는다는 것을 알고 있어 처방받은 약 중에서 어떤 약을 먹어야 하는지 나에게 자주 물어본다. 동생에게 처방된 약은 다음과 같다.

- 메틸프레드니솔론methylprednisolone
- 록시스로마이신roxythromycin
- 코데인codeine
- 디히드로코데인dihydrocodeine/클로르페니라민chlorpheniramine/메 칠에페드린methylephedrine/구아이페네신guaifenesin
- 페니라민pheniramine

가장 먼저 눈에 띈 것은 스테로이드인 메틸프레드니솔론이었다. 스테로이드는 항염증 작용이 뛰어나지만 골다공증, 면역력 저하, 위장 출혈, 혈당 증가 등등 수도 없이 많은 심각한 부작용을 일으킬 수 있기 때문에 꼭 필요한 경우가 아니면 사용을 자제해야 한다. 만성 폐색성 폐질환chronic obstructive pulmonary disease, COPD을 가진 환자라면 모를까 다른 기저 질환이 없고 감기 증상이 시작된 지 고작 일주일도 채 안 되는 환자에게는 아주 부적절한 처방이다.

록시스로마이신은 항생제이다. 그런데 급성 기관지염은 대개 바이러스에 의해 발생하므로 항생제를 사용할 필요가 없다. 항생제는 세균성 감염을 치료하지만 바이러스성 감염은 치료하지 못한다. 그런데 어떤 의사들은 환자들이 강한 약, 즉 항생제를 요구하기 때문에 어쩔 수 없이 처방한다고 한다. 그런데 좋은 의사라면 이런 환자를 설득할 수 있어야 하지 않을까?

동생의 감기약에는 중복처방이 두 개 있었다. 하나는 기침약(코데인과 디히드로코데인), 다른 하나는 재채기와 콧물에 효과적인 항히스타민제(페니라민과 클로르페니라민)이다. 동생은 재채기, 콧물 증상은 보이지 않았으므로 굳이 항히스타민제를 복용할 필요가 없었고, 기침약만 필요했다. 처방된 기침약 중 디히드로코데인이 포함된 약은 항히스타민제가 들어 있는 복합제다. 그래서 동생에게 그 복합제를 복용하지 말고, 코데인만 복용하도록 권유하였다.

다음 날, 안부를 물으니 동생은 코데인 때문에 녹초가 되었다고 불평했다. 그래서 필요 없는 항히스타민제가 들어 있기는 하지만 기침약 성분이 포함된 복합제를 복용하도록 권유했다. 디히드로코데인의 용량이 비교적 적게 포함되어 있었기 때문이었다. 그다음 날, 동생은 나에게 복합제를 복용했는데 밤에 잠을 설쳤다고 말했다. 아마도 교감신경을 흥분시키는 메칠에페드린 때문인 듯했다. 잠을 잘 못 자서 그런지 동생은 콧물이 나기 시작했는데 증상이 곧 심해져 두루마리 휴지 한 통을 모두 쓸 정도가 되었다. 기침은 좀 나아졌지만 목의 통증은 그대로 남아 있어 동생은 다시 병원에 갔다. 직전에 방문했던 병원에 다시 갔는데 이번에는 다음 약들을 나흘분 처방받았다.

- 메틸프레드니솔론

- 클라리스로마이신clarithromycin

- 베포타스틴bepotastine

- 슈도에페드린pseudoephedrine

　동생이 기침약을 먹고 녹초가 되었다고 하니 의사는 놀라면서 좀 덜 센 약으로 준다면 준 처방이었다. 여전히 스테로이드를 처방한 것을 보고 황당했지만, 더 놀라운 것은 클라리스로마이신을 처방한 것이었다. 클라리스로마이신은 록시스로마이신과 같은 계열의 항생제다. 그런데 항생제에 대한 내성이 의심이 되면 다른 계열의 항생제로 바꿔야 한다. 같은 계열의 항생제는 동일한 방법으로 세균을 죽이기 때문이다. 어떤 항생제에 대해 내성을 나타내는 세균은 보통 그 항생제가 작용하는 기전을 방해하여 항생제가 더 이상 듣지 않게 만든다. 따라서 동생이 이틀 동안 복용했어도 증상이 호전되지 않아 록시스로마이신에 대한 내성을 의심한다면 당연히 다른 계열의 항생제로 바꿔야 했다. 그런데 같은 계열의 또 다른 항생제인 클라리스로마이신으로 바꾼 이유를 알 수 없어 동생에게 몇 가지 물어보았다.

　"너, 의사에게 지난번에 처방한 약을 다 안 먹었다고 이야기했니?"

　"응."

　"의사가 무슨 약 안 먹었냐고 물어봤니?"

"아니. 물어봐도 내가 모른다고 생각한 것 같아."

"…"

이 책에서 여러 번 이야기했지만 환자가 어떤 약을 복용했는지를 알아보는 것은 정확한 진단과 치료에서 가장 기본적인 부분이다. 특히, 어떤 항생제를 얼마나 오래 복용했는지 파악하는 것은 항생제 선택에 큰 영향을 끼치므로 반드시 물어보아야 한다.

또 환자가 먼저 준 약을 전부 복용하지 않았다고 가정한다면 의사는 먼저 선택한 항생제인 록시스로마이신을 다시 쓰지 않을 이유가 없다. 동생이 임상적으로 더 악화된 것도 아니고(악화가 되었다면 항생제 계열 자체를 바꿔야 한다), 록시스로마이신의 부작용을 호소한 것도 아니기 때문이다(록시스로마이신과 클라리스로마이신은 부작용이 비슷하다).

지역과 문화에 따른 차이로 미국과 우리나라의 처방 양상이 다를 수 있다. 하지만 처방은 근거에 입각해야 하고 논리가 있어야 한다. 처방을 보면 처방자의 사고 과정과 논리를 알 수 있는데, 동생을 진료한 의사의 처방을 보면 뚜렷한 논리 없이 약을 쓰고 있는 것으로 보인다. 이런 치료 행위는 환자에게 위해를 가할 수 있다는 점에서 심각한 문제가 있다.

그런데 이런 논리적인 처방이 단순히 이 이비인후과 의원에만 국한되지 않을 가능성이 크다는 점이 우려된다. 앞에서 살펴본 것처럼 어머니와 친척 어른들도 비논리적인 처방을 받았기 때문이다. 처방이 논리적이지 않은 데에는 여러 이유가 있을 것이다. 먼저, 병원 간의 경쟁으로 환자를 잃지 않기 위해 처음부터 강한 약을 사용하는 것을 생각해 볼 수 있다. 동생이 받은 이비인후과 처방이 이에 해당한다. 이를 줄이기 위한 궁극적인 방안은 1차 의료제공자 제도를 확립하는 것이다. 이렇게 되면 환자는 지금처럼 아무 의사나 마음대로 만날 수 없기 때문에 병원을 쇼핑하는 것이 줄어들 것이다. 그리고 정부 차원에서 우리나라의 내성균 상황과 이를 줄이는 방법에 대해 국민들에게 홍보하는 것도 도움이 된다. 또 의료진의 수련 과정에 환자를 설득할 수 있는 의사소통 기술을 포함하고 평가에 이를 반영하는 것도 고려할 수 있다.

두 번째, 자신의 전문 분야가 아닌 약을 처방할 때 비논리적인 처방이 발생한다. 어머니가 B대학병원의 췌담도암 담당 의사에게서 받은 변비약 처방이 이에 해당한다. 어머니가 나중에 완화치료과에서 도움을 받았듯이 다른 전공 분야의 전문가와의 협업을 유도한다면 자신의 전문 분야가 아닌 약을 처방할 때 발생하는 비논리적인 처방이 줄어들 것이다.

또 의료진의 수련 과정에서부터 임상시험과 환자의 상태에 근거한 논리적인 처방을 교육하는 것이 보강되어야 할 것 같다.

환자에게 충분한 정보를 얻지 않은 상태에서 처방

사례 4

2017년 초, 어머니는 무릎에 불편함을 느껴 정형외과 진료를 여러 차례 받았다. 정형외과를 다니던 중 발목 복숭아뼈 근처에 물혹이 생기는 바람에 고인 액체를 뽑아 내는 처치를 받으러 큰 병원에도 갔었다. 그 후에 어머니는 큰 병원에서 처방받은 물혹을 말리는 약을 복용했다.

"어머니, 무슨 약을 받으셨어요?"

"물 빼는 약인데 쎄넥스캡슐 100mg과 소화제로 엘버스정 이렇게 받아 왔어. 의사 선생님이 약을 하루에 두 번씩 일단 일주일 동안 먹고 다시 보자고 했어. 그런데 이주일 전에 정형외과에서 받아 온 약이 있는데 약국에 물어보니 쎄넥스캡슐과 적응증이 비슷하다고 해서 그건 안 먹고 있어."

"그 약은 이름이 뭐예요?"

"아크로정."

쎄넥스캡슐과 아크로정은 각각 셀레콕시브celecoxib와 아세클로페낙aceclofenac을 성분으로 하는 비스테로이드성 진통제다. 비스테로이드성 진통제는 통증 경감을 목적으로 널리 쓰인다. 그런데 이 계통의 약들이 통증 경감에 비교적 효과적이기는 하나 위장관 출혈, 혈압 상승 등 여러 부작용을 일으킬 수 있다. 특히, 비스테로이드성 진통제는 광범위한 사용으로 인해 시판되는 약들 중에서 위장관 출혈을 가장 많이 일으키는 것으로 알려져 있고, 필요한 경우에만 주의해서 사용해야 한다.

어머니의 경우, 물혹 시술 후에 통증 완화라는 적응증이 있으므로 쎄넥스캡슐의 사용이 적절하다고 생각하지만, 통증이 없다면 굳이 복용할 필요가 없다. 매일 두 번씩으로 정해 놓고 복용하기보다는 필요할 때만 하루 두 번까지 복용하는 것이 좀 더 약을 안전하게 사용하는 것이다.

무엇보다 어머니의 사례에서 볼 수 있는 가장 큰 문제점은 서로 다른 의사에 의해 중복처방이 발생했다는 것이다. 즉, 물혹 시술을 한 큰 병원 의사는 어머니가 일주일 전에 정형외과에서 아세클로페낙을 처방받은 줄 모르고 이와 비슷한 쎄넥스캡슐을 처방했다. 만약 어머니가 약사에게 두 약에 대해 질문하지 않았다면 어머니는 비슷한 종류의 약 두 개를 동시에 복용했을 것이다. 그런데 어머니는 고령이고, 위염 병력이 있기 때문에 위장관 출혈 위험이 다른 사람보다 좀 높을 수 있다. 따라서 두 약을 동시에 복용했다면 부작용을 겪을 가능성이 높아졌을 것이다.

이상의 여러 사례를 통해 알 수 있듯이 우리나라에서는 환자로부터 충분히 정보를 얻지 않은 상태에서 약을 처방하는 경향이 많다. 이런 경향은 어머니와 동생이 방문했던 동네의원뿐만 아니라 대학병원에서도 관찰되었다. 이미 앞에서 지적했듯이, 환자가 정확히 무슨 약을 복용하고 있는지 알아내려면 많은 시간이 걸린다. 그런데 우리나라에서는 낮은 진료 수가로 인해 환자 한 명당 쓸 수 있는 진료 시간이 짧다. 그래서 의사는 환자가 무슨 약을 복용하고 있는지 알아볼 시간이 부족하다. 따라서 이 문제를 근본적으로 해결할 방안 중 하나는 진료 수가를 현실화해 의사가 시간에 쫓기지 않고 환자를 진료해도 경제적으로 불이익을 받지 않도록 보상해 주는 것이다.

그리고 환자에게 충분한 정보를 얻지 않은 상태에서 처방한 약이 환자에게 해를 끼쳤을 때 처방자에게 책임을 묻는 것이다. 또 수련의 과정에서 환자로부터 복용하고 있는 약에 대한 정보를 철저하게 얻는 과정을 실습하는 것도 필요하다. 이와 더불어 환자에게 정확하고 충분한 정보를 얻는 데 여러 전문 직역과의 협력을 도모하는 것도 고려해야 한다. 미국은 우리나라보다 진료 수가가 높고 진료 시간도 길지만 환자에게 충분한 정보를 얻기에 여전히 진료 시간이 부족한 경우가 많다. 특히, 노인 환자처럼 많은 종류의 약을 복용하고 있는 경우에는 더욱 그렇다. 의사가 환자를 진료하기 전에 약사나 간호사가 환자로부터 복용하고 있는 약에 대한 정보를 얻어 협력하는 방안을 생각해 볼수 있다.

특히, 약국은 병원 근처에 위치하는 경우가 많고 건강보험공단의 청구 자료에 접근할 수 있으므로 환자가 과거와 현재 복용한 모든 처방약에 대한 정보를 얻어 의사에게 전달해 줄 수 있다. 그리고 환자가 진료를 받고 나서 처방전을 들고 오면 약국은 환자가 복용하는 약에 대한 정보를 다시 업데이트할 수 있고, 환자가 복용하는 약에 대한 최신 정보를 가진 소스로서 환자의 치료에 관여하는 다른 의료진에게 도움을 줄 수 있을 것이다.

16

이 약은 이렇게
복용해야 합니다

"항생제를 처방받으셨네요. 아침과 저녁 하루 두 번, 식후 30분 후에 드세요."

약 봉투의 '아침'과 '저녁'이라는 단어에 동그라미를 치면서 동네약국의 약사가 설명한다. 내가 듣고 있는지, 보고 있는지 확인하지도 않는다. 환자가 궁금한 것이 있는지 물어보지도 않는다. 저 짧은 두 문장을 말하는 것이 전부였으니 복약지도에 걸린 시간은 단 10초도 되지 않았다. 처음에는 다른 환자들도 있으니 바빠서 그런 거라고 생각했다. 하지만 다음에 방문했을 때는 환자들이 없어 한산했는데도 같은 방식으로 복약지도를 했다. 아마도 이 약사에게 복약지도란 약 봉투의 복용법에 동그라미를 그려 주는 것인 듯했다.

이런 복약지도는 대학병원 근처에 있는 조제 전문 약국도 다르지 않았다. 단지 약의 종류를 말해 주면서 색깔 펜으로 이를 약 봉투에 친절하게 써주는 것이 달랐다. 약 복용법에 대해 말로 설명하면서 봉투에 표시를 해 주는 것은 말로만 설명하는 것보다는 환자가 복용법을 이해하고 기억하는 데에 도움이 된다. 약물의 효과를 최대한 얻고 부작용을 최소화하기 위해서는 약물을 정확하게 복용하는 것이 중요하기 때문이다. 하지만 그 약국들의 복약지도에는 몇 가지 부족한 점이 있었다.

첫째, 두 약국에서의 복약지도에는 복용법 외에도 안전하고 효과적으로 약을 사용하기 위해 환자가 꼭 알아야 하는 다른 사항들이 빠져 있었다. 예를 들면 적응증, 부작용 등에 대한 설명이 없었다. 특히 감염증을 치료하는 항생제의 경우, 증상이 호전되더라도 치료 기간이 끝날 때까지 꾸준히 복용하는 것이 중요하다. 증상이 호전되었다고 항생제 복용을 중단해 버리면 그 항생제에 대한 내성이 생기기 때문이다. 그리고 복용하는 동안 증상이 호전되지 않거나 부작용이 발생하면 환자가 어떻게 대처해야 하는지 설명이 필요하다. 항생제의 경우, 일정 기간이 지나도 증상이 호전되지 않으면 다른 항생제로 교체해야 하거나 다른 질환을 의심해 볼 수도 있다. 따라서 복약지도에는 이런 사항까지 포함되어야 한다.

또 여러 가지 약을 동시에 처방받은 경우, 각각의 약이 어떤 적응증에 쓰이는지 설명이 필요하다. 환자가 혼란스러움을 느껴 복용할 때 실수가 일어날 수 있기 때문이다. 또 각각의 약에 대한 적응증을 잘 모르면 환자는 약에 대한 필요성을 잊기도 하고 치료 기간 중간에 복용을 중단하는 경우도 있다. 따라서 약사가 환자에게 약에 대해 자세히 설명해 주는 것은 환자가 약을 효과적이고 안전하게 사용하기 위해 필수적이다.

앞에서 말한 두 약국에서는 약의 적응증, 부작용, 약물 상호작용에 대해 간단한 정보를 담은 복약안내문을 따로 주었기 때문에 약사들이 굳이 따로 설명할 필요가 없다고 생각했을지도 모른다. 하지만 학습 효과에 대한 연구 보고에 의하면, 듣기나 보기 중 하나만 하는 것에 비해 듣기와 보기를 동시에 하는 경우 학습의 효과가 더 높다. 즉, 환자에게 복약안내문을 보여 주면서 동시에 말로 설명해 주는 것이 환자의 이해를 더 돕는 길인 것이다.

환자가 약국에서 받은 복약지도문을 꼼꼼하게 읽어 보면 좋겠지만 그렇지 않은 경우도 많다. 그래서 환자가 복약지도문을 약국에서 받았을 때 바로 읽어 보게 하는 것이 가장 좋은 방법이다. 대부분의 복약안내문은 약에 대한 간략한 일반 정보만을 담고 있다. 그런데 환자마다 상황이 다르므로 이 정보만으로는 개별 환자에게 알맞은 정보를 제공하지 못한다. 복약지도문과 함께 말로 설명할 경우, 약사는 환자의 상황에 필요한 약물과 질병에 대한 정보를 제공할 수 있다.

둘째, 두 약국의 복약지도에는 환자가 약이나 질병에 대해 얼마나 알고 있는지를 확인하는 과정이 생략되었다. 복약지도는 약을 안전하고 효과적으로 사용하도록 돕기 위해 환자에게 약에 대해 가르치는 것이다. 여기서 키워드는 "가르치는" 것이다. 그런데 위 두 약사는 약에 대해 일방적으로 설명하는 것으로 복약지도를 끝냈다. 이를 두고 가르치는 것이라고 말할 수 있을까? 가령, 학생을 가르치기 위해서는 먼저 학생이 얼마나 알고 있는지 알아야 한다. 이미 알고 있는 것을 설명하면 학생은 지루해할 것이고, 아는 것에 비해 너무 어려운 것을 설명하면 이해하지 못할 것이기 때문이다.

복약지도도 마찬가지다. 약에 대해 설명을 시작하기 전에 환자가 약과 질병에 대해 얼마나 알고 있는지 반드시 물어보아야 한다. 특히, 약을 처방할 때 의사가 약에 대해서 설명했을 수도 있다. 그런데 의사와 약사가 각각 설명한 약에 대한 정보가 다르면 환자가 혼동할 수 있다. 그래서 UCSF 약대에서는 "의사가 이 약에 대해 무엇을 설명해 주었나요?"라고 물어보면서 복약지도를 시작하라고 가르친다. 위 질문에 대한 환자의 대답으로부터 의사가 설명해 주지 않은 부분을 발견하면 약사는 그 부분을 중점적으로 설명하는 것이다. 이는 환자와 약사의 시간을 효율적으로 이용하도록 도와주고, 의사가 설명한 내용 중 중요한 부분을 약사가 다시 강조하면 환자의 기억에도 오래 남는다. 만약 의사가 설명해 준 내용이 사실과 다르거나 뚜렷하지 않으면 약사는 의사에게 연락해서 확인을 받은 다음 환자에게 다시 설명해 줄 수도 있다. 중요한 점은 환자에게 약에 대한 정확한 정보를 전달하여 환자가 집에서도 약을 안전하고 효과적으로 사용하도록 돕는 것이다.

복약지도를 한 뒤 환자가 중요한 부분을 잘 이해하고 있는지 확인하는 과정도 필요하다. 그래서 UCSF 약대에서는 환자가 복약지도 내용을 제대로 이해했는지 확인하기 위해 환자가 설명을 직접 해 보도록 해야 한다고 가르친다. 환자가 약에 대해 충분히 이해하고 있는지를 파악하는 가장 좋은 방법은 환자가 직접 약에 대해 말해 보게 하는 것이기 때문이다. 예를 들어, 복용법이 복약지도 내용에서 중요하다면, 약사는 "이 약을 안전하고 효과적으로 사용하려면 제가 설명한 것을 잘 이해하고 계신지 확인하는 것이 중요합니다. 이 약을 드실 때 하루에 몇 번 드시라고 말씀드렸나요?"라고 환자에게 물어볼 수 있다. 만약, 흡입제처럼 기구를 사용하는 방법을 설명했다면 환자에게 사용하는 것을 한 번 보여 달라고 해서 환자가 잘 이해했는지 확인할 수 있다.

복약지도 중에 환자는 질문할 기회를 충분히 가질 수 있어야 한다. 그래서 약사는 "지금까지 설명한 것 중에서 혹시 이해가 잘 안 되는 부분이나 설명을 더 해 주었으면 하는 부분이 있다면 말씀해 주세요"라고 하면서 환자가 질문할 수 있는 기회를 주어야 한다. 환자가 약에 대해 충분히 이해한 다음 약국 문을 나설 수 있어야 한다.

우리나라는 약사가 구두 또는 서면으로 복약지도를 하도록 약사법으로 규정하고 있다. 반면, 미국의 캘리포니아주에서는 환자가 복약지도를 받을지 말지를 선택하도록 규정하고 있다. 그래서 캘리포니아주의 약국에서 처방약을 교부받을 때, 환자는 "복약지도를 받겠습니까?"라는 질문을 받는다. 이때 환자가 "예"라고 대답하면 약사가 복약지도를 하고 "아니오"라고 답하면 환자는 그냥 약만 교부받고 약국을 떠난다. 따라서 우리나라는 미국과 달리 약사에게 복약지도를 강제하고 있는 셈이다. 구두 대신 서면으로 복약지도를 대체할 수 있지만 약사는 어떤 식으로든 복약지도를 반드시 하고 이것을 기록해야 하기 때문이다. 약사에게 복약지도를 강제하는 우리나라의 제도는 환자가 안전하고 효과적으로 약을 사용하는 데 도움을 준다는 점에서 캘리포니아주의 제도보다 낫다고 할 수 있다.

하지만 앞에서 설명했듯이 복약지도의 효과라는 관점에서 보면, 서면으로 대체할 수 있게 한 복약지도에는 개선이 필요하다. 또 일부 복약지도문에는 너무 많은 광고들이 포함되어 있는 점도 개선해야 할 부분이다. 아마도 복약지도문을 만들 때 광고주들이 금전적으로 도움을 주었기 때문에 그런 광고들이 포함된 것 같은데, 광고가 포함된 복약지도문은 환자에게 광고주에 편향된 내용이라는 인상을 주기 쉽다. 게다가 광고 때문에 환자가 약에 대한 정보에 집중하지 못할 수도 있다. 따라서 복약지도문에 광고를 포함하는 것을 지양해야 한다.

우리나라에서는 복약지도를 강제하기 때문에 건강보험이 복약지도료를 약국에 따로 지불해 주고 있다. 반면, 미국의 메디케어와 같은 공보험과 사보험 모두 약국에 복약지도료를 지불해 주지 않는다. 물론, 미국은 약값이 워낙 비싸기 때문에 따로 약국이 복약지도료를 받을 필요가 없을지도 모른다. 우리나라의 건강보험공단이 복약지도료를 따로 책정해서 약국에 지불하는 것은 국가가 복약지도를 약사 직역의 일부로 인정해 주고 있다는 뜻이다. 이러한 국가적인 인정에 걸맞도록 하기 위해서 그리고 무엇보다 환자들이 안전하고 효과적으로 약을 사용하도록 돕기 위해서, 약사들이 좀 더 효율적이고 효과적인 복약지도를 하기 위해 더욱 더 노력을 기울여야 하겠다.

복약지도의 내용과 방법에는 직접 관련이 없지만 두 약국에서 복약지도를 받으면서 아쉬운 점 중 하나는 환자의 프라이버시가 지켜지지 않는다는 것이었다. 약사가 복약지도를 하는 동안 환자의 개인정보가 다른 사람에게 노출될 가능성이 많다. 복약지도를 하는 과정에서 약사는 환자의 질병, 복용하는 약, 증상 등의 민감한 개인정보를 이야기해야 하기 때문이다. 예를 들어, 어머니의 진통제를 타러 B대학병원 근처의 약국에 들렀는데 다른 환자와 보호자들도 약국 내에서 약을 타기 위해 기다리고 있었다. 그런데 내가 약을 받을 때, 약사는 "이 진통제는 마약성 진통제입니다"라고 크게 이야기를 해서 다른 환자와 보호자들이

들을까 봐 당황스러웠다. 우리나라 약사법에는 규정되어 있지 않지만 미국 캘리포니아주의 약사법은 약국 내에 환자의 개인정보가 보호될 수 있는 공간을 마련해서 복약지도를 하도록 규정하고 있다. 그래서 동네약국에도 환자에게 약을 교부하는 공간과 복약지도를 하는 공간이 따로 구분되어 있고, 약을 교부받는 환자들이 복약지도를 받는 환자의 개인정보를 듣기 힘들게 되어 있다. 우리나라도 약국에서 복약지도 도중 노출될 수 있는 환자의 개인정보를 보호하기 위한 방안을 마련해야겠다.

17

부실한 처방전 검토

"어, 우루사를 한 번에 세 알씩 하루 세 번으로 처방했네."

어머니의 황달이 심해지면서 피부가 가려운 증상이 나타났다. 어머니의 가려움 증상은 생각보다 심하지는 않았지만—심한 경우, 잠을 못 잘 정도라고 한다—불편함을 호소하셔서 문헌을 이것저것 찾아보았다.

황달은 빌리루빈bilirubin이라는 노란색의 노폐물이 체내에 쌓여 나타난다. 빌리루빈은 원래 담관을 통해 배출된다. 췌장암이 진행되면서 황달이 나타나는 이유는 암세포가 자라면서 물리적으로 담관을 막아 빌리루빈이 배출되지 않고 몸에 축적되기 때문이다. 따라서 황달을 치료하기 위해서는 췌장암을 없애는 것이 가장 근본적인 치료법이겠지만, 어머니같이 말기 전이성 췌장암의 경우 현실적으로 불가능한 일이다. 일시적으로 증상을 완화시킬 수 있는 방법으로는 담관에 스텐트라는 작은 관을 삽입하는 방법과 복부에 관을 삽입하여 이를 통해 담즙을 몸 밖으로 배출시키는 배액관을 다는 방법이 있다. 그런데 이 방법들은 시술이 필요하고 어머니의 경우, 가려움 증상이 심하지 않았기 때문에 먼저 약물치료를 먼저 시도해 보고 싶었다. 약물치료 방법으로는 우르소디옥시콜릭 산ursodeoxycholic acid(상품명: 우루사) 200mg을 하루 세 번씩 총 600mg 복용하는 방법이 추천되고 있었다.

이런 정보를 가지고 우리는 어머니의 완화치료를 담당한 B대학병원 가정의학과 의사에게 황달로 인한 가려움증 진료를 받았다. 그런데 의사가 약물을 이용하는 것에 대해서는 그리 익숙하지 않은 것 같아서 나는 문헌에서 찾은 것을 바탕으로 우루사를 복용하는 방법을 제안해 보았다. 이에 의사도 동의하며 우루사 처방전을 써 주었다. 그런데 수납을 하고 처방전을 받아 보니 의사가 내 말을 잘못 알아들었는지 처방전에는 우루사 '200mg, 한 알씩, 하루 세 번'이 아닌 '세 알씩, 하루 세 번'으로 적혀 있었다. 우루사 '200mg, 세 알씩, 하루 세 번'은 흔히 쓰는 용법이 아니었기 때문에 나는 당연히 약사가 확인해서 고쳐주리라 생각했다. 그런데 약을 받아 보니 약 봉투마다 우루사 세 알이 들어 있는 것이 아닌가!

물론 우루사는 심각한 부작용을 가지고 있지 않기 때문에 약사가 그냥 넘어갔을 수도 있다. 그렇다고 하더라도 의사에게 먼저 확인을 하고 환자에게 약을 교부하는 것이 약사로서의 역할을 다 하는 것이다. 또 약이 과량 투여되는 경우이기 때문에 부작용과 대처 방법을 복약지도에서 강조해야 한다. 그런데 약사의 처방전 검토가 부실한 것은 단순히 그 약국의 문제만이 아닌 것으로 보인다. 앞에서 예로 들었던 처방 사례들이 이를 잘 보여준다. 약사가 처방전 검토를 철저하게 수행했다면 모두 걸러질 수 있는 문제들이었다.

의약분업을 하는 가장 중요한 이유 중 하나는 처방전을 여러 사람이 검토하게 함으로써 실수를 줄이자는 것이다. 처방전 실수를 포함해서 약물을 사용하는 동안 발생하는 실수는 생각보다 흔하게 일어나고 많은 환자들이 피해를 입는다. 세계보건기구에 따르면 전체 병원 입원의 6~7퍼센트는 약물을 사용하는 동안 발생하는 실수 때문에 일어난다고 한다. 그리고 미국의 자료에 따르면 이 실수로 인해 외래 환자의 0.7퍼센트, 입원환자의 0.1퍼센트가 사망에 이른다고 알려져 있다. 따라서 약사는 환자가 약을 안전하고 효과적으로 사용하는 데에 있어 아주 중요한 역할을 맡고 있는 것이다.

처방전 검토 과정에서 약사는 처방된 약의 적응증, 용량, 용법, 복용 횟수, 복용 기간 등을 확인해야 한다. 이런 기본적인 사항뿐만 아니라, 약물 간의 상호작용, 음식과 약물 간의 상호작용, 질병과 약물 간의 상호작용, 처방약이 치료 지침이나 임상시험 결과를 따르고 있는지 등도 검토해야 한다. 또 만약 처방된 약이 적절하지 않거나 처방된 약보다 더 나은 약이 있다면 약사는 의사에게 추천할 수 있어야 한다. 비록 겉보기에는 단순하게 보이더라도 처방전 검토는 질병과 약에 대한 종합적인 지식과 경험이 필요한 복잡한 작업이다.

이처럼 복잡한 처방전 검토 작업을 수행하기 위해서는 체계적인 교육과 수련이 필요하다. 처방전 검토 교육과 수련은 미국 약학대학 교육 과정에서 핵심적인 부분이다. 약학대학의 교육 목적이 안전하고 효과적인 약의 사용을 도모하는 약사를 배출하는 것이고, 처방전 검토는 안전하고 효과적으로 약을 사용하는 출발점이기 때문이다. 적절하지 않게 작성된 처방전을 바탕으로 약을 교부하게 되면 약사가 아무리 복약지도를 잘한다고 하더라도 환자에게 해를 입힐 수 있다. 따라서 약학대학은 복잡한 처방전 검토 작업을 충분히 수행할 수 있는 약사를 배출해 안전하고 효과적인 약의 사용을 도모할 사회적 의무를 지닌다.

그래서 미국 약학대학의 교육은 약의 임상적 사용과 응용에 초점을 두고 있다. 약학대학의 교육은 일반적으로 질병과 약에 대한 기본적인 지식의 습득을 위한 강의와 임상 현장에서 약의 사용을 직접 경험해 보는 현장 실습으로 구성되어 있는데, 모두 약의 임상적 사용을 중심으로 한다. 강의에서도 학문적인 기초과학보다는 임상에서의 응용을 강조한 임상과학clinical science, 신약 개발보다는 약을 어떻게 환자에게 안전하고 효과적으로 사용할 수 있는지 등을 중점적으로 교육한다. 이런 임상을 중시하는 교육은 내가 우리나라의 약학대학에서 배운 것과 크게 다르다.

　내가 우리나라에서 약학대학에서 공부할 때는 분석화학, 유기화학, 약품제조화학, 생화학, 미생물학, 면역학, 생약학, 약리학과 같은 기초과학 과목들이 전체 약대 교육 과정의 80~90퍼센트 이상을 차지하고 있었다. 그래서 교육 내용도 임상적 응용보다는 기초과학 이해 중심이어서 실험 실습은 동물실험과 시험관실험으로 구성되어 있었다. 반면에 임상 현장에서 응용을 강조하는 미국의 약학대학 교육 과정에는 분석화학, 유기화학, 약품제조화학, 생약학 등 제약 산업에 관련된 과목은 포함되어 있지 않다. 또 미생물학, 면역학, 약리학 등도 임상적 응용이 강조되기 때문에 동물실험과 시험관실험 같은 실습은 없다. 그 대신 모의 환자를 대상으로 한 복약지도, 혈압 측정 방법, 환자 의무기록을 읽고 쓰는 방법, 의사 등 다른 건강 관련 종사자와 효율적으로 의사소통 하는 법 등 임상 현장에서 일하는 약사로서 필요한 기술을 가르친다.

　임상 현장에서 실습교육은 1년에 걸쳐 진행된다. 이 실습 기간에 학생들은 동네약국, 병원 약국 등 여러 종류의 약국을 비롯하여 일반내과, 외래 클리닉, 순환기내과, 감염내과, 일반외과, 신경정신과 등을 돌면서 의료진들과 함께 수련받는다. 동네약국과 병원약국 실습에서 학생들은 약의 조제, 처방전 검토, 복약지도 등을 실습한다. 일반내과, 외래 클리닉, 순환기내과 등의 전문 의료과목 실습에서 학생들은 의료진과 함께 회진하고 의료진이 처방할 때 처방을 검토해 주며 처방에 대해 조언한다. 또 입원환자나 클리닉을 방문한 환자를 직접 만나 환자가 어떤 약을 사용하고 있는지에 대한 정보를 얻고 약의 사용에 문제가 있으면 이를 해결해 주며 복약지도를 한다. 이처럼 미국의 약학대학 교육 과정이 임상에 중점을 두고 있기 때문에 학생들은 졸업하고 바로 임상 현장에 투입되어도 약사로서의 역할을 충분히 다 할 수 있는 역량을 갖는다.

또 졸업생의 일부는—UCSF 약대의 경우 졸업생의 70퍼센트 이상—약사 레지던트 과정을 택해 임상 수련을 1~2년간 추가로 더 받는다. 약사 레지던트 과정은 임상 수련을 더 받고 싶거나 감염내과, 순환기내과 등 특정 분야에 전문성을 가지려는 약사들을 위한 교육 과정이다. 이 과정을 통해 좀 더 심화된 임상 교육 과정을 거치기 때문에 약사 레지던트 과정을 마친 약사는 병원이나 클리닉에서 임상 약사로서 일을 하는 경우가 많다. 임상 현장에서 오랜 기간 의사와 함께 수련을 받기 때문에 약사 레지던트 과정을 마친 약사는 약물치료에 대한 지식과 경험을 의사로부터 인정받는다.

우리나라의 약학대학 교육도 많이 달라졌다. 특히, 약의 임상적 사용에 대한 교육이 강화되어 내가 약대에 다닐 때는 없었던 약물치료학을 가르치고 실무 실습교육도 늘어났다. 그래서 예전보다 졸업생들의 역량이 많이 높아진 듯하다. 하지만 약사들의 처방전 검토와 복약지도 역량에 아직 미비한 부분이 있음을 볼 때 약학대학의 교육 과정에 개선이 필요하다. 현재 우리나라 약학대학 교육 과정에서는 신약 개발과 약물의 임상적 응용, 두 가지를 모두 강조한다. 학생들은 분석화학, 약화학, 유기제조화학, 생약학 등 제약 산업과 관련된 기초과학과 약물치료학 등의 임상과학을 함께 배운다. 복약지도 실습 등이 추가되기는 했지만 생물학, 생화학, 약리학 등 임상적 응용이 가능한 과목의 실습은 여전히 동물 및 시험관실험 등으로 이루어져 있고, 다른 건강 관련 종사자와의 의사소통에 대한 교육은 충분하게 제공되고 있지 않아 보인다.

우리나라 약대 과정은 1년간의 실습 기간 동안 제약회사 실습과 학교의 신약 개발 연구실 실습을 병원약국, 동네약국 실습과 더불어 이수해야 한다. 그런데 의료진과 함께 한 팀을 이루어 수련하는 기회는 거의 제공되지 않아 보인다. 또 약국 실습조차도 그 내용을 보면 임상 실습이라기보다 미국 약대에서 강의 수업 과정에서 진행되는 조제 실습에 더 가까운 모양이다. 따라서 미국 약학대학의 교육 과정과 비교했을 때 학생들의 임상 수련의 깊이와 양이 상대적으로 떨어진다. 약학대학이 제약 산업 발전과 신약 개발을 뒷받침해야 하는 우리나라의 현실을 감안할 때, 교육에서 신약 개발과 약의 임상적 응용을 동시에 강조하는 절충안을 택한 것은 이해할 수 있다. 하지만 처방전 검토, 복약지도 등을 충분히 수행할 수 있는 약사를 배출하여 안전하고 효과적인 약을 사용을 돕는 것도 약학대학에 기대하는 역할이므로 이를 좀 더 강화하는 교육 과정 개선이 필요해 보인다.

우리나라 약사의 처방전 검토가 충분치 않은 또 다른 이유는 의사와 약사의 관계가 상호소통 관계가 아니라 일방적인 관계이기 때문이다. 처방전 검토가 제대로 이루어지기 위해서는 약사와 의사의 관계가 직업인 대 직업인의 대등한 관계를 이루고 있어야 한다. 약사가 발견한 처방전의 문제점을 인정하고 수정하려면 의사는 약사의 직능에 대해 존중해 주고 약사를 의사와 대등한 직업인으로 간주해야 한다. 다른 직역의 역할을 존중하지 않거나 자신의 직역이 더 높은 위치에 있다고 간주하게 되면 그 사람은 다른 직역이 발견한 자신의 오류를 쉽게 인정하기 힘들지도 모른다. 사람의 생명을 다루는 일인 경우, 작은 실수 하나가 치명적인 결과를 낳을 수도 있다. 따라서 이를 방지하기 위해서는 환자 치료에 관련된 모든 건강 관련 종사자들이 오류를 줄이려고 노력해야 하며, 오류를 발견했을 때 이를 알리고 시정할 수 있어야 한다. 이런 과정은 환자 치료에 관련된 모든 건강 관련 종사자들이 서로 대등한 관계를 이루고 있을 때 원활하게 수행될 수 있다.

예전에는 미국에서도 의사라는 직역이 약사와 간호사의 직역보다 높이 위치하고 있었다. 하지만 의료 사고와 실수를 줄이기 위해서는 의사, 약사, 간호사 등 여러 건강 관련 직역이 서로 협력하는 것이 중요하다는 것을 깨닫고 이들 간의 관계가 서서히 변화해 왔다. 그래서 지금은 서로의 직역과 역할을 인정하고 존중해 주는 방향으로 많이 개선되었다.

2004년 1월, 내가 약사 레지던트로 소아과 실습을 하고 있었을 때다. 소아과 입원팀은 주치의, 의사 레지던트, 의사 인턴, 약사 레지던트 등 여러 사람으로 구성되어 있었다. 어느 날, 팀원들 사이에서 비교적 조용히 회진하던 나에게 팀의 리더 격인 의사 레지던트가 자신들이 돌보고 있는 환자들의 약 처방에 문제점이 있으면 편하게 말해 달라고 부탁하던 것이 지금도 기억난다. 또 앞서도 말했듯이 샌프란시스코 종합병원에 있는 내 클리닉은 가정의학과 1차 의료제공자가 보내는 환자들을 주로 받는다. 이 1차 의료제공자들은 내가 자신들이 돌보는 환자들의 약물치료에 도움을 줄 것으로 기대하며 환자들을 보내므로 약사를 약물치료 전문가로 인정하고 있는 것이다.

미국에서 전문직 간 상호교육을 중요시하고 있는 이유는 환자를 효과적으로 돌보고 환자의 치료에 좋은 결과를 내기 위해서는 여러 직역이 협력해야 한다는 것을 깨달았기 때문이다. 옛날에는 환자 치료와 돌봄에 있어 특정 직역에게 대부분의 책임과 부담이 집중되어 있었다. 하지만 복잡한 질병 상태에 대한 이해가 깊어지고 효율적인 치료 방법에 대한 연구가 진행되면서 각 직역의 고립된 역할에는 한계가 있음을 알게 되었다. 특히, 수명의 증가와 더불어 여러 가지의 만성 질환을 동시에 앓고 있는 환자가 늘고 있는데, 이들을 효과적이고 효율적으로 치료하기 위해서는 여러 직역 간의 협력이 필수적이다.

반면, 우리나라의 의사와 약사는 아직 협력적인 관계를 이루고 있는 것 같지 않다. 내가 미국에서 만난 한인 약사 중 한 명은 미국으로 오기 전에 한국의 동네약국에서 일했었다. 이 약사는 나에게 미국에 살면서 좋은 점 중 하나는 처방전 실수를 발견했을 때 의사에게 연락하면 이를 인정하고 고마워하는 것이라고 말했다. 그러면서 이 약사는 우리나라 동네약국에서 일할 때 있었던 일을 들려주었다. 한 번은 처방전에서 환자에게 심각한 해를 끼칠 수 있는 약물 상호작용을 발견해서 의사에게 연락했었는데, 그 의사는 고마워하기는커녕 오히려 자신에게 화를 냈다고 한다. 물론 이 이야기는 매우 극단적인 예일 것이다. 또 이런 문제의 경우, 약사의 효과적인 의사소통 기술로 어느 정도 해결이 가능할 수도 있다. 하지만 그동안 우리나라의 의사협회와 약사협회는 협력적인 관계보다는 어떤 면에서는 대결 구도에 있었고 이는 일선에서 일하는 의사와 약사 들의 관계에도 영향을 끼치는 것으로 보인다.

우리나라에서 의사와 약사 간의 관계가 대등하지 않아 보이는 데는 몇 가지 상황이 기여를 한다고 생각한다. 우리나라의 제도에서는 약사는 의사가 상품명으로 처방한 제네릭 약품을 오리지널 약품으로 바꿀 때조차도 사후통보를 해야 한다. 또 의사가 상품명으로 처방한 제네릭 약에 "대체조제불가"를 적으면 약사는 이를 따를 수밖에 없다. 따라서 의사가 어떤 상품명의 제네릭을 처방하느냐에 따라 약사가 약국에 비치해야 할 약이 결정되는 것이다. 만약 의사가 또 다른 회사의 제네릭으로 바꿔 처방을 하면 그 제품을 약국에 비치하지 못한 약사는 경제적으로 불이익을 받는다. 즉, 약사가 의사에게 경제적으로 종속되어 있는 구조여서 두 직역 간의 관계는 대등할 수 없다.

우리나라의 약학대학 교육 과정에서 임상 교육이 충분히 이루어지지 않고 있는 현실도 의사와 약사 관계를 대등하기 어렵게 한다. 임상 현장에서 의사가 약사를 자신과 대등한 직업인으로 보기 위해서는 약사가 약에 대한 임상 지식과 경험이 충분하다는 것을 의사가 경험적으로 인정할 수 있어야 한다. 그런데 수련받을 때조차 약사나 약대생과 한 팀을 이루어 일을 해 본 의사들이 많지 않다. 약학대학 교육 과정에서 약대생이 의료진과 한 팀을 이루어 실습하는 기회가 적기 때문이다. 또 병동에서 의사와 함께 회진하는 약사도 우리나라에서는 많지 않아 보인다. 병원과 클리닉은 임상 경험을 얻을 수 있는 유일한 장소인데, 이곳에서 약사와 약대생 들을 거의 찾아볼 수 없다는 것은 의사들로 하여금 약사는 임상 경험이 충분치 않다고 판단하게 만들 수 있다.

우리나라 고유의 서열문화도 직역 간의 소통을 가로막는 요인으로 작용한다. 우리나라에서는 사회·문화적으로 아직 의사를 약사나 간호사보다 위에 있는 직역으로 여긴다. 물론, 환자의 치료 체계상 의사는 환자의 진단과 치료를 책임지고 약사와 간호사는 이를 보조하는 역할을 하지만 각 직역에 따라 특화된 고유한 역할이 있다. 그런데 우리나라처럼 서열문화가 강한 사회에서는 책임지는 역할이 보조하는 역할보다 더 높은 직위에 있다고 해석하는 경향이 있다. 이렇게 되면 직업적으로 낮은 직위에 있는 사람은 높은 직위에 있는 사람과 대등한 관계로 상호소통하기가 어렵다.

처방 오류는 약화 사고로 이어질 수 있다. 그런데 약화 사고에 대해 누가 법적인 책임을 갖느냐는 의사와 약사와의 관계에 큰 영향을 끼칠 수 있다. 만약 처방전의 문제점을 걸러내지 못한 약사가 약화 사고의 책임 전부 또는 일부를 져야 한다면, 약사는 잘못된 처방전을 보았을 때 이를 그대로 따르지 않고, 의사에게 처방전을 고치도록 연락하려고 할 것이다. 따라서 이는 강제적으로 약사와 의사가 서로 협력하도록 유도하는 한 방법이다. 2002년, 법원은 의사가 소화제 대신 당뇨병 치료제를 처방해 발생한 약화 사고에 대해 약사도 의사와 함께 책임이 있다고 판결했다. 약사가 의사의 잘못된 처방을 그대로 조제하고 복약지도를 제대로 수행하지 않은 것을 환자가 약으로 인한 뇌 손상을 입은 원인 중 하나로 법원이 판단했기 때문이다. 이러한 판결은 철저한 처방전 검토가 사회에서 약사에게 기대하고 요구하는 역할임을 확인하는 것이기도 하다. 따라서 이에 부응하기 위해 약대 교육을 개선하고, 약사협회와 의사협회가 서로 협력하여 약사가 좀 더 철저하게 처방전을 검토할 수 있도록 제도를 개선하고 문화를 바꾸어 나가야겠다.

18

병원과 약국 사이에는
벽이 있다

어머니는 계속 살이 빠지셨다. 항암치료도 받지 않는데 체중까지 줄어들어 어떻게 암을 견디실지 걱정되었다. 이에 B대학병원의 완화치료 의사는 식욕을 높여 주는 메게스트롤megestrol이라는 약을 처방했다. 그런데 어머니의 체중이 주는 이유는 식욕 부진이라기보다는 췌장암이 진행되면서 십이지장이 물리적으로 막히게 되어 음식물을 드실 수 없기 때문인 것으로 보였다. 또한 메게스트롤은 현탁액(액체류)이었다. 그런데 어머니는 물을 조금이라도 드시면 다른 음식을 드실 수 없었기 때문에 나는 차라리 음식을 좀 더 드리는 것이 낫다고 생각했다. 그래서 메게스트롤을 어머니께 드리지 않았고, 재진 때 가정의학과 의사에게 사정을 말하고 메게스트롤을 빼달라고 부탁했다. 하지만 처방전에는 여전히 메게스트롤이 포함되어 있었다. 그래서 약국에

갔을 때 그 약을 빼 달라고 요청했다.

"약사님, 메게스트롤을 빼고 다른 약만 받을 수 있을까요?"

"왜요?"

"환자에게 필요 없는 약이라서요. 이거 안 드십니다."

"그건 처방을 바꾸는 것이라 안 됩니다. 빼고 싶으시면 병원에 가셔서 처방전을 바꿔오셔야 합니다."

"제가 필요 없다고 말씀드렸는데 아마 잊어버리고 넣으신 것 같아요. 그런데도 다시 병원에 가야 하나요?"

"네, 그렇게 하셔야 해요"

"그냥 넣어 주세요. 빼고 먹으면 되니까요."

병원에 한 번 갔다 오는 것만으로도 어머니는 기진맥진하신데 어떻게 병원을 다시 갈 수 있을까? 또 병원에 간다고 해도 의사를 빨리 볼 수 있을까?

약사의 말대로라면 현행 제도하에서는 처방전이 여러 약을 포함하고 있는 경우, 각각의 약을 각각의 다른 처방으로 보지 않고, 모든 약들을 합쳐 하나의 처방으로 간주하고 있는 것으로 보인다. 그래서 약 하나를 바꾸려고 하면 이는 처방을 바꾸는 것이기 때문에 처방전을 다시 발행해야 한다고 이야기하는 것 같다. 온라인에서 알게 된 한 약사의 말에 따르면 건강보험의 지불 관계 때문에 이런 일이 벌어지는 것 같은데, 이는 비논리적이며 행정편의주의적으로 보인다.

일반적으로 처방은 '어느 질병에 대한 처방' 등 특정 질병이나 증상을 치료하는 방법을 의미하는데, 처방전이 여러 다른 질병을 치료하는 약들로 구성되어 있으면 처방전에 포함된 모든 약을 '하나의 처방'으로 보는 것은 논리적으로 맞지 않다. 동네 의원의 경우 환자가 처방전을 다시 들고 가서 바꾸는 것이 어렵지 않겠지만, 대학병원의 경우 약국이 환자의 집에서 가까운 곳에 위치하고 있지도 않고, 환자들로 붐비는 병원에 다시 가서 의사를 만나고 처방전을 바꾸는 것은 결코 쉬운 일이 아니다. 그래서 나같이 약을 그냥 그대로 받아오고 복용할 때는 빼고 복용하는 상황이 꽤 있을 것으로 보인다. 환자가 복용하고 싶지 않은 약이 급여 대상이라면 복용하지도 않고 버릴 약에 건강보험공단에서 약제비 일부를 지불하는 것이니 경제적으로도 낭비이다.

미국의 경우, 처방전에 여러 가지 약이 포함되어 있고 어떤 약에만 문제가 있는 경우 그 약의 처방만 바꿀 수 있다. 그리고 환자의 선호도로 인해 처방을 바꾸어야 할 때, 약사가 의사에게 직접 연락해서 처방을 변경한다. 또 환자가 필요 없다고 생각하는 약은 의사의 허락을 받지 않고도 환자 자신이 약국에서 받는 것을 거부할 수 있다. 약을 받고 말고는 환자의 자유인데 이를 왜 의사에게 허락을 받아야 하는가? 대신에 어떤 약이든 처방할 때 환자에게 그 약의 필요성을 확신시키는 것은 의사가 해야 할 중요한 역할이다.

약사가 의사에게 직접 연락하지 않고 나보고 다시 가서 처방전을 바꾸어 오라고 한 것으로 보아, 소수의 의원만을 상대하는 동네약국에 비해 수많은 의사가 발행한 처방전을 다루는 대학병원 근처의 조제 전문 약국은 의사들과의 의사소통이 수월하지 않은 것 같았다(그렇다고 해도 환자에게 다시 처방전을 받아 오라고 하는 것은 환자가 약사에게 기대하는 직업의식이라고 보기 힘들다).

약사가 전화로 연락할 수도 있겠지만 의사가 환자를 진료하는 중이라면 통화가 쉽지 않을 것이다. 나도 처방에 문제가 있을 때, 약국으로부터 연락을 받는데 환자를 보고 있을 때는 종종 전화를 받지 못한다. 샌프란시스코 종합병원 경우, 콜센터가 따로 있어서 내가 전화를 받을 수 없을 때 대신 메시지를 받아 병원 전자처방전 시스템의 내 계정으로 보내준다. 따라서 환자를 보지 않을 때 내 계정을 체크해서 약국에 응답할 수 있다. 이처럼 샌프란시스코 종합병원은 콜센터와 전자처방전 시스템을 이용해서 처방자와 약국 간의 소통을 돕고 있다.

반면에 B대학병원의 전자처방전 시스템은 의사가 처방전을 약국으로 직접 보내지 않고, 환자가 약국을 선택해서 처방전을 보내도록 되어 있는데, 약국에서 처방한 의사에게 직접 연락하기가 쉽지 않아 보인다. 약국이 온라인으로 의사와 연락하는 것이 여의치 않을 경우에는 전화 연락을 할 수 있겠지만 우리나라 상황에서 이는 더 힘들지도 모른다. 의사 한 사람이 많은 수의 환자를 짧은 시간 동안 진료해야 하는 상황에서 의사가 약국과

의 소통을 위해 따로 시간을 내기는 어렵다.

그렇다고 해서 의사와 약국 간의 의사소통을 뒤로 제쳐 둘수는 없다. 그런 점에서 각 병원의 상황에 맞게 의사와 약국 간의 의사소통 수단을 개발해야 한다. 샌프란시스코 종합병원처럼 콜센터를 두고 메시지를 남길 수 있도록 하거나 병원 웹사이트에 온라인으로 접속해 담당 의사에게 메시지를 보낼 수 있도록 하는 것도 고려해 볼 수 있다. 처방전에 담당 의사의 핸드폰 번호를 적게 하여 약국이 그 번호로 문자 메시지를 보낼 수 있게 하는 것도 또 다른 방법이 되겠다.

대학병원에서 발행한 처방전이더라도 환자가 자신의 집에서 가까운 동네약국에서 약을 받을 수 있다면 처방전 오류에 의한 조제 지연에 따른 문제를 완화시키는 데에 도움이 될 수 있다. 의사도 사람이기 때문에 처방할 때 간혹 실수를 할 때가 있다. 그런데 오류가 있는 처방을 바로 잡기 위해서 약사가 의사에게 연락을 하더라도 의사가 바쁘다면 오류를 바로잡지 못하고 해결하는 데 시간이 필요하다. 환자가 동네약국에서 약을 다시 받을 수 있다면 굳이 집에서 멀리 떨어진 대학병원 근처의 약국을 재방문하지 않아도 된다. 이 경우에도 동네약국과 대학병원이 서로 긴밀하게 소통할 수 있는 장치가 필요하다.

의사와 약사가 아무리 좋은 의사소통 기술을 가지고 있다고 하더라도 이들이 서로 원활하게 소통할 수 있도록 시스템이 뒷받침되어야 한다. 현재 우리나라의 시스템은 처방의와 약국 간의 원활한 의사소통을 충분히 뒷받침하지 못해 개선이 필요하다. 정부, 의사협회, 약사협회가 서로 협력하여 더 좋은 시스템을 만들어 처방의와 약국 간의 의사소통을 좀 더 원활히 이루어지도록 해야 할 것이다.

19

자격이 있는 의료진에게
치료받고 있을까

2015년, 서울의 한 의원에서 주사기를 재사용해 100명에 가까운 환자가 C형 간염에 감염되는 사건이 발생했다. 이 의원의 의사는 일반 진료를 거의 하지 않고 주로 단골 환자들을 대상으로 정맥 주사용 영양제와 수액을 투여해 왔는데, 다른 환자에게 이미 사용한 일회용 주사기를 다시 쓰는 과정에서 C형 간염이 전파된 것으로 밝혀졌다. 이 사건은 우리나라 건강 관련 종사자 면허 제도의 구멍을 드러냈다.

먼저 해당 의사는 2012년 뇌출혈로 쓰러져 그 후유증으로 혼자서는 보행이 불가능한 장애 2급 판정을 받았다. 환자를 안전하게 진료할 수 있는지조차 의심스러운 상태였음에도 계속 의료 행위를 해 왔다. 한편 거동이 불편해 의사들을 대상으로 하는 보수 교육에 직접 참여할 수도 없었다. 심지어 아내가 보수 교육에 대신 출석했음에도 불구하고 의사 면허 신고 조건을 충족시킬 수 있었다. 이처럼 허술한 면허 관리가 이 사건의 원인 중 하나로 지목되면서 의사와 약사 등 건강 관련 종사자의 면허 제도 개선에 대한 목소리가 높아졌다.

면허는 기본적으로 면허 소지자가 면허와 관계된 일을 안전하고 효과적으로 수행할 수 있는 최소한 능력을 갖추고 있다는 사실을 정부기관이 인증하는 것이다. 예를 들어, 운전면허를 취득하려면 응시자는 차를 안전하게 운전하고 다니는 데 필요한 최소한의 도로교통법 지식과 운전 기술을 증명해야 한다.

면허를 취득했다고 하더라도 면허 소지자가 면허와 관계된 일을 안전하게 수행할 수 없을 때는 면허를 사용할 수 없도록 해야 한다. 가령, 운전면허 소지자가 음주운전으로 적발되었을 경우 혈중 알코올 농도에 따라 면허가 취소된다. 자동차를 안전하게 운행할 수 없다고 판단되기 때문이다. 건강 관련 종사자의 면허도 마찬가지다. 건강 관련 종사자의 건강 상태나 행위 등이 직무를 안전하게 수행할 수 없다고 판단되면 면허를 사용할 수 없도록 조치해 환자를 보호해야 한다. 따라서 건강 관련 종사자의 면허 관리 제도는 면허 소지자가 업무를 수행하는 데 있어 최소한의 능력을 갖추고 유지하며 환자를 안전하게 돌볼 수 있는지 정기적으로 검증 및 관리하여 국민 건강을 보호하는 역할을 하는 것이다.

여기에서는 우리나라와 미국의 면허 관리 제도에 대해 비교

해 살펴보려고 한다. 특히 면허 관리 주체와 방식, 발급 및 신고/
갱신, 징계와 벌칙 등에 중점을 두고 설명하겠다.

면허 관리 주체와 방식

우리나라와 미국 모두 정부가 건강 관련 종사자의 면허를 관
리하는 주체지만 그 방식은 매우 다르다. 우리나라는 법적으로
보건복지부 장관이 면허 관리의 주체이고 보건복지부 의료인력
정책과의 담당 공무원들이 실질적인 면허 관리를 담당한다. 중
요한 점은 면허 관리의 주체와 담당 공무원은 의사, 약사, 간호
사 등 해당 건강 관련 종사자가 아니라는 것이다(2018년 기준으로
우리나라에는 의사 면허 소지자가 약 12만 명, 약사 면허 소지자는 약 7만 명, 간
호사 면허 소지자는 약 39만 명이 있다). 다시 말하면, 우리나라는 해당
건강 관련 직역에 대해 구체적으로는 잘 알지 못할 수 있는 관
료가 건강 관련 종사자들의 면허를 관리하고 하고 있다. 또 면허
에 관련된 중요한 문제를 결정할 때 보건복지부 장관 한 사람이
최종 결정권을 가지고 있다.

우리나라와 다르게 미국은 각 직업군마다 상임위원회Board
라는 조직에서 면허를 관리한다. 이 상임위원회는 면허와 관련
된 중요한 일을 결정하는 사람들의 모임이다. 그래서 캘리포니
아주의 경우, 소비자 사업부Department of Consumer Affairs에 의사
상임위원회Medical Board of California, 약사 상임위원회Board of Phar-
macy, 간호사 상임위원회Board of Nursing 등 직역별로 약 40개의

상임위원회들이 있다(소비자 사업부 소속이기 때문에 이 직역에는 건강에 관련되지 않은 것들도 있다).

각 상임위원회는 해당 직역의 면허와 직역의 행위를 관리함으로써 소비자들의 건강을 보호하는 임무를 맡는다. 따라서 각 상임위원회는 면허 발급과 갱신, 직역의 재교육과 징계, 직역에 관련된 법과 규정을 제안하고 만드는 역할을 한다. 상임위원회를 어떻게 구성하는지는 각 직역에 관한 법률과 규정에 따른다. 예를 들어, 약사 면허를 관리하는 약사 상임위원회는 총 13명으로 구성되어 있다. 이 중 7명은 캘리포니아주 여러 곳에서 일하는 약사들이고 6명은 일반인이다. 약사 7명과 일반인 4명은 주지사가 임명하고, 나머지 2명은 주의회 하원과 상원에서 각각 지명한 일반인들(대개는 법률가)이다. 상임위원회 구성원의 임기는 4년이며 최대 8년 동안 상임위원회의 구성원이 될 수 있다. 약사 상임위원회의 예에서 보듯이, 실제로 현장에서 일하고 있는 약사들이 상임위원회에 참여하기 때문에 직역이 주체적으로 스스로를 관리하는 모양새를 갖추고 있다.

어떤 직역이든 소비자들의 신뢰—건강 관련 직역의 경우 환자들의 신뢰—가 직역의 역할을 수행하는 데 중요한 요소이다. 그런데 일반 공무원처럼 직역과는 관련이 없는 사람에게 직역 관리를 맡기면 소비자와 환자 들의 신뢰를 얻기가 어렵다. 이는 타율적인 조직으로 보이며 때로는 스스로의 자정 능력조차도 없는 것으로 비추어지기도 한다. 따라서 직역이 스스로 관리하는 모습을 보여 주는 것이 소비자와 환자 들로부터 더 큰 신뢰를 얻을 수 있는 방법이다.

상임위원회의 구성원으로 법률가 등 일반인이 포함되어 있는 것도 중요한 부분이다. 상임위원회가 직역과 관련된 사람으로만 구성되어 있다면 이들이 내린 중요한 결정이 공정하지 않다고 느낄 수도 있다. 가령, 규정을 어긴 면허 소지자의 징계 수준에 의문을 품을 수 있다. 또 상임위원회의 임무가 건강과 관련해 소비자들을 보호하는 것이므로 상임위원회가 어떤 사항에 대해 결정을 내릴 때는 일반인들의 관점도 고려해야 한다. 한편 상임위원회는 직역을 관리하는 법과 규정을 만드는 일도 하므로 법률가의 관점도 필요하다.

상임위원회는 중요한 일에 대해 상임위원회의 모든 구성원의 의견을 듣고 투표를 통해 결정한다. 즉, 직역과 일반인의 의견을 종합한 다음, 투표를 통해 집단 의사 결정을 한다. 이 과정은 어떤 한 사람이 최종 결정을 내리는 방법보다 좀 더 공정하고 정치적 중립을 유지할 가능성이 높다.

한 직역의 상임위원회는 그 직역과 이에 관련된 면허만을 관리한다. 예를 들어, 의사 상임위원회는 약사 상임위원회의 일에 관여하지 않는다. 각 상임위원회가 관리해야 하는 면허 소지자의 수가 많기 때문에 다른 직역 면허 소지자까지 관심을 가질 시간이 없다(2020년 기준 캘리포니아주의 약사 면허 소지자는 약 5만 명에 이르며 간호사 면허 소지자는 약 45만 명이 있다). 또한 이는 각 직역의 자율성을 존중해 주는 것이기도 하다.

각 상임위원회는 하부 조직을 거느리고 있어 이들이 면허 행정의 실무를 맡고 상임위원회는 중요한 안건에 대한 결정을 내리는 역할을 한다. 면허 행정의 규모를 간접적으로 알려 주는 예산을 보면, 2019년에 의사 상임위원회에 약 6,500만 달러의 예산이 배정되었다.

이처럼 우리나라와 미국의 건강 관련 종사자의 면허 관리 주체와 방식의 가장 큰 차이점은 우리나라에서는 직역과 관계없는 공무원이 주체인 반면에 미국은 해당 직역인과 일반인으로 구성된 상임위원회가 관리하기 때문에 일반인의 의견을 고려해 직역이 스스로 자신을 관리하는 방식이라는 점이다.

면허의 발급, 신고 및 갱신

우리나라는 보건복지부 장관이 건강 관련 종사자의 면허 관리 주체이므로 보건복지부에서 면허의 발급과 신고를 주관한다. 다만 면허 신고의 경우 정부가 각 단체에 위임하고 있다(가령 의사의 경우, 대한의사협회에 위임하고 있다). 그래서 면허 신고를 맡고 있는 주체가 겉으로는 정부이지만 내용상으로는 각 직역의 이익단체인 셈이다. 따라서 면허 발급 주체와 신고 주체가 다르다는 특징이 있다.

건강 관련 종사자는 면허를 취득하고 나서 3년마다 정부(즉, 보건복지부 장관)에 면허를 신고해야 한다. 면허를 '갱신'하는 것이 아니라 '신고'한다는 점은 우리나라의 건강 관련 종사자 면허 제도의 특징 중 하나이다. 면허 신고제이기 때문에 면허 소지자는 자신의 기본 인적사항, 취업 상황, 보수 교육 이수 여부 등만을 알리면 된다. 따라서 면허 신고 전에 법을 어겨 행정 처분을 받았거나 범죄를 저질러 처벌을 받아도 면허 관리자—정부—는 이 사실을 모를 수 있다. 만약 건강 관련 종사자가 기간 내에 면허를 신고하지 않으면 신고가 이루어질 때까지 면허가 정지된다.

면허 신고를 위해 건강 관련 종사자는 일정 시간 이상의 보수 또는 연수 교육을 받아야 한다(의료법에서는 보수 교육이라는 용어를, 약사법에서는 연수 교육이라는 용어를 쓰고 있다). 예를 들어, 의사는 3년간 24시간 이상의 보수 교육을, 약사는 16시간 이상의 연수 교육을 받아야 한다. 만약 규정된 시간보다 적게 보수 교육이나 연수 교육을 받았으면 면허 신고가 반려될 수 있다.

보수 및 연수 교육은 각 직역 이익단체가 주도한다. 예를 들어, 의사 보수 교육 프로그램은 대한의사협회가 인증하는 기관만이 제공할 수 있다. 또 직역 이익단체는 온라인 교육센터를 만들어 회원들에게 보수 및 연수 교육 기회를 알리고, 이들이 그동안 받은 보수 및 연수 교육 시간을 확인할 수 있도록 하고 있다.

미국의 면허 발급과 갱신의 주체는 각 직역의 상임위원회이다. 따라서 면허의 발급과 신고의 주체가 이원화되어 있는 우리나라와 달리 미국은 일원화되어 있다. 상임위원회의 역할 중 하나가 면허 관리이므로 상임위원회가 면허와 관련된 모든 일을 맡는 것이 일관성 있고 좀 더 효율적인 방법이다.

우리나라는 면허를 신고하면 되지만 미국은 면허를 일정한 기간마다 갱신해야 한다. 면허 갱신 기간은 주마다 다르다. 캘리포니아주의 경우, 약사와 의사 모두 2년마다 면허를 갱신해야 한다. 약사나 의사로 더 이상 일을 하지 않는 경우에는 면허를 활동active에서 비활동inactive으로 전환시킬 수 있다. 이는 우리나라에는 없는 제도이다. 대신 우리나라는 면허 소지자가 외국에 체류하는 등 면허 신고를 할 수 없는 상황이라면 이를 유예할 수 있다.

미국에서 면허를 갱신하려면 소정의 수수료와 함께 지난 2년 동안 징계 또는 유죄 판결을 받았는지에 대해 보고해야 한다. 면허 소지자가 유죄 판결이나 징계를 받았다고 해서 반드시 면허가 취소되거나 갱신을 거부당하지는 않는다. 하지만 상임위원회는 소비자를 보호해야 하므로 면허 소지자의 범죄나 징계 사유가 소비자 보호에 관련이 있는지 파악하는 것이다. 그리고 징계를 받으면 면허가 갱신되지 않을 수도 있기 때문에 건강 관련 종사자들이 관련 법규를 잘 지키도록 하는 데에도 어느 정도 도움을 준다.

미국의 건강 관련종사자도 우리나라와 마찬가지로 보수 교육을 받아야 면허를 유지할 수 있다. 캘리포니아주의 경우, 매 2년간 약사는 30시간 이상, 의사는 50시간 이상의 보수 교육을 받아야 한다. 면허를 유지하는 데에 필요한 보수 교육의 시간이 우리나라보다 두 배 이상 많다.

미국의 건강 관련 종사자의 보수 교육은 각 직역의 상임위원회들이 관리한다. 상임위원회는 해당 직역의 교육을 관장하는 단체와 협력하여 이 기관들이 인증하는 보수교육 프로그램만을 보수교육으로 인정한다(약사 보수 교육 프로그램은 ACPE, 의사 보수 교육 프로그램은은 ACCME에서 담당한다). 중요한 점은 이 기관들은 회원들에게 회비를 받아 회원들의 권익 보호를 임무로 하는 이익단체가 아니라는 점이다. 따라서 좀 더 중립적인 입장에서 직역에 필요한 보수 교육 기준을 만들고 이에 맞는 프로그램을 인증할 수 있다. 또 이 기관들은 해당 직역의 대학교육협회 등과 긴밀히 협력하기 때문에 직역 전체에 필요한 교육 목적을 프로그램의 인증에 고려할 수 있다.

면허 소지자의 징계와 벌칙 제도

면허 취소와 정지는 관련 법을 어긴 면허 소지자에게 내릴 수 있는 징계와 벌칙이다. 우리나라에서 건강 관련 면허 소지자에게 징계와 벌칙을 내리는 주체는 보건복지부 장관이다. 그리고 징계와 벌칙의 내용과 정도는 모두 관련 법에 따른다. 의료법에 따르면 의사, 간호사 등 법률상 의료인으로 분류된 건강 관련 종사자가 의료 관련 법령을 위반하여 금고 이상의 형을 선고받고 그 형의 집행이 종료되지 않았거나 집행을 받지 않기로 확정되지 않았을 경우, 보건복지부 장관은 면허를 취소시킬 수 있다. 이외에도 면허 대여, 3회 이상의 자격정지 처분, 일회용 주사기 재사용 등도 면허 취소 사유가 된다.

법이 정해 놓은 징계와 벌칙의 사유에는 "일회용 주사기의 재사용"처럼 어떻게 보면 너무 상식적이어서 꼭 법으로 정할 필요가 있을 것인가 의문이 드는 것도 있다. 반면에 어떤 사유는 너무 막연해 어떻게 이를 적용할 수 있을지 의구심이 생기기도 한다. 예를 들어, "의료인의 품위를 심하게 손상시키는 행위"를 한 경우에 의료인의 면허는 정지될 수 있다. 그런데 "의료인의 품위"가 무엇인지 그 개념이 막연해 어떤 경우에 이 사유가 적용될 수 있는지 명확하지 않다. 무엇보다 징계와 벌칙은 의료인의 행위가 환자에게 해를 끼칠 수 있기 때문에 내려지는 것인데 "의료인의 품위를 심하게 손상시키는 행위"가 어떻게 환자에게 해를 끼칠 수 있는지 뚜렷하지 않다.

우리나라에서 건강 관련 종사자의 면허 취소와 징계 등의 과정은 다음과 같다. 환자 등이 정부 기관에 신고하면 이에 따라 조사를 하고 여기서 법규를 어긴 것이 확인되면 보건복지부는 면허 소지자에게 '행정 처분 예정 통지서'를 발송한다. 이때 면허 소지자는 소명 기회가 주어지는데 보건복지부에서 이 소명을 받아들이면 사건은 여기에서 종결된다. 소명이 충분히 않다고 판단되면 보건복지부는 면허 소지자에게 관련 법규에 따라 면허 취소나 정지 등의 행정 처분을 내린다. 면허 소지자가 이

행정 처분에 동의하지 않을 경우, 법원에 행정 소송을 제기할 수 있다. 행정 소송은 삼심까지 갈 수 있고 재판 결과 유죄가 확정되면 면허 소지자는 행정 처분을 받아야 한다. 무죄로 밝혀지면 행정 처분은 소멸한다. 또 면허 정지나 취소의 사유가 행정 처분 대상일 뿐 형사 처벌의 대상이 아닐 수 있다.

미국은 각 직역의 상임위원회가 해당 직역 면허 소지자의 징계와 벌칙을 조사하고 결정하는 주체이다. 징계와 벌칙의 사유와 내용은 각 직역에 관련된 법률과 규정에 정해져 있다. 건강 관련 종사자의 품위가 징계와 벌칙의 사유가 되는 우리나라와 달리 미국에서는 비직업적인 행위unprofessional conduct가 징계와 벌칙의 중요한 사유가 된다. 예를 들어, 캘리포니아주의 의료법은 과잉 처방, 과량의 검사, 환자에 대한 성적인 비행 등을 비직업적인 행위로 규정하고 있다. 이런 행위는 환자에게 해를 끼칠 수 있으므로 이는 법의 목적에 부합하고, 건강 관련 종사자에 대한 환자의 신뢰를 저버리는 행위이기도 하다. 건강 관련 종사자에 대한 환자의 신뢰는 치료에 가장 중요한 요소 중 하나다. 따라서 이 신뢰가 깨지면 성공적인 치료를 이룰 수 없다. 또 그 직역의 존립 자체에도 심각한 위협이 될 수 있다. 그래서 각 건강 관련 직역의 상임위원회는 환자의 신뢰를 깨뜨릴 수 있는 행위—성희롱, 성폭행, 과잉 처방, 과잉 검사, 부당 청구 등—에 대해 형사 처벌과 별도로 징계와 벌칙을 내린다.

미국의 건강 관련 종사자의 면허 취소와 징계 등의 과정은

우리나라와 좀 다르다. 또 이 과정은 주마다 차이가 있다. 캘리
포니아주의 경우, 환자 등이 상임위원회에 신고를 하면 조사가
진행되고 여기서 법규를 어긴 사실과 징계 대상이라는 것이 확
인되면 상임위원회가 이를 검찰에 알린다. 이때, 면허 소지자가
이에 동의하지 않으면 면허 소지자는 청문회를 요구할 수 있다.
청문회는 정식 재판은 아니지만 과정은 비슷하다. 청문회를 주
관하는 사람은 행정법 판사로 이 판사는 청문회가 끝난 뒤 판결
결과를 상임위원회에 보낸다. 상임위원회는 이 판결 결과를 받
아들일 수도 있고 거부할 수도 있다. 이처럼 조사와 징계 결정의
주체는 면허의 발급과 갱신을 책임지고 있는 상임위원회이다.
또 조사 결과 위법사항이 확인되면 상임위원회가 검찰에 알려
형사 소송도 따로 진행할 수 있도록 한 것도 특징이다.

지금까지 살펴본 것처럼 우리나라와 미국의 건강 관련 종사
자의 면허 관리 제도를 비교했을 때, 우리나라의 제도는 환자 보
호라는 제도의 근본적인 목적을 달성하기에 몇 가지 미흡한 점
이 있다. 이 부분이 개선되어 환자를 좀 더 안전하게 보호하고
국민에게 더 신뢰를 받을 수 있기를 기대한다.

20

우리나라 병원과 미국 병원은
입원하는 방법이 다르다

　어머니가 췌장암 진단을 받고 한 달이 지난 7월 말부터 급격히 상태가 나빠지기 시작했다. 7월 중순만 해도 어머니는 음식을 조금씩 드실 수 있었고, 하루에 한 번 10분 정도 가벼운 산책을 다녀오기도 했다. 하지만 7월 마지막 주부터 구토 증세가 시작되었다. 처음에는 음식을 드시고 난 다음에 구토 증상이 있었지만 어느 순간부터는 물만 마셔도 구토를 하기 시작했다. 그래서 기력이 더 떨어졌고, 거동을 하려면 휠체어가 필요했다.

　어머니의 상태가 나빠진 데에는 두 가지 원인을 생각할 수 있었다. 하나는 심해진 황달이었고, 다른 하나는 커진 암에 의해 소장이 막히는 소장폐색이었다. 황달이 심해지면 식욕이 떨어지고 구토가 생길 수 있다. 7월 중순만 해도 혈중 빌리루빈 수치가 정상(0.1~1.2mg/dL)보다 약간 높은 수준(5mg/dL미만)이었는데,

8월 초에 측정했을 때는 20mg/dL에 달했다. 황달이 심해지자 어머니의 피부가 너무 노랗게 변해서 휠체어를 타고 산책을 나갔을 때, 지나가는 사람들이 "저 사람 황달인가 봐"라고 수근거리는 소리가 들릴 정도였다. 어머니에게 소장폐색이 일어났는지 따로 검사를 하지 않았기 때문에 확실하지는 않았지만, 소장이 막히게 되면 물조차도 장으로 내려갈 수 없기 때문에 구토 증세가 생길 수 있다.

B대학병원 완화치료 담당의는 황달을 먼저 치료해 보자면서 어머니를 먼저 진료했던 췌담도암센터의 교수에게 진료의뢰를 넣어 주었다. 어머니의 황달은 암세포가 커져 담관을 물리적으로 막아서 생기는 것이기 때문에 약으로는 치료할 수 없고 시술을 해야 한다. 췌장암으로 인해 생긴 황달을 치료하는 시술은 두 가지 종류가 있다. 하나는 담관에 스텐트를 넣어서 뚫어 주는 것이다. 그러면 간에서 만들어진 빌리루빈이 담관으로 배출되어 소장으로 빠져나간다. 그리고 궁극적으로는 대변으로 배설된다(빌리루빈이 노란색이기 때문에 대변이 갈색을 띠는 것이다).

다른 하나는 담즙을 몸 밖으로 배출하도록 인공담관인 배액관을 다는 것이다. 배액관을 간에 직접 연결해 빌리루빈이 이 관을 타고 몸 밖으로 나올 수 있도록 해서 몸속 빌리루빈의 양을 줄이는 시술이다. 이 두 시술은 가정의학과에서는 할 수 없는 시술이다. 담관에 스텐트를 넣는 시술은 소화기내과에서, 배액관을 다는 시술은 영상의학과에서 시술한다. 그래서 완화치료 담당의는 소화기내과 췌담도암센터로 어머니의 진료의뢰를 넣었던 것이다.

8월 4일 금요일, 우리는 췌담도암센터의 교수를 외래에서 다시 만났다. 오전 11시 30분쯤으로 예약한 것으로 기억하는데 환자가 너무 많아서 오후 12시 10분이 지나서야 의사를 만날 수 있었다. 기다리는 동안, 어머니는 서너 차례 구토를 하셔서 컨디션이 좋지 않았다. 담당의는 우선 입원을 하고 MRI 검사를 진행한 다음에 시술을 하자고 권유했다. 입원 날짜는 간호사에게 알아보라고 했다. 병실 상황을 살펴본 간호사는 다행히 퇴원하는 환자가 있어 2인실이지만 당일 입원이 가능하다고 이야기해 주었다.

"오늘 입원할 수 있다는 말인가요?"

"네, 4시 이후에 병실에 들어가실 수 있습니다."

"다음 주 초에는 안 될까요? 내일 미국에서 손자가 오는데 어머니가 병원보다는 집에서 손자를 맞는 것이 더 좋을 것 같아서요."

하나밖에 없는 손자와의 마지막 만남이 될지도 모르기 때문에 편안한 환경에서 만나기를 바랐다. 하지만 간호사는 입원을 늦춰야 하는 이유가 되는지 모르겠다는 표정을 지으며 말했다.

"퇴원하는 환자가 있어야 입원이 가능하기 때문에 다음 주에는 입원이 가능할지 지금으로서는 알 수 없습니다. 아마 빨라야 다음 주 금요일일 거예요."

그러자 동생도 바로 입원을 하자고 설득했다.

"오빠, 내가 그동안 인터넷이랑 다른 사람들을 통해 알아보았는데, 대학병원에 입원하는 게 쉬운 일이 아닌 것 같아. 보통은 며칠 걸리고 심지어 몇 주를 기다려서 입원하는 경우도 많대. 오빠 마음은 알겠는데 어머니가 병원에 입원할 수 있는 좋은 기회를 놓치지 않았으면 좋겠어. 일주일 더 기다렸다가 어머니가 잘못되면 어떻게 해?"

좋은 기회? 나는 대학병원에 당일 입원할 수 있는 것이 좋은 기회라는 말을 이해하기 힘들었다. 어머니가 받을 예정인 시술은 엄밀히 말하면 선택 시술이다. 선택 시술은 위급한 상황에 수행하는 것이 아니다. 따라서 이 시술을 빨리 받지 않는다고 해서 환자가 죽거나 환자의 생명에 당장 큰 영향을 미치는 것은 아니다. 그런데 대학병원에 입원하기가 어렵기 때문에 당장 시술을 받지 않더라도 마치 미리 자리를 잡아 놓는 것처럼 환자가 입원을 해야 하다니!

어머니의 구토 증세가 악화되고 있었으므로 병원에 빨리 입원해서 필요한 시술을 받을 준비를 하는 것이 좋을지도 모른다. 하지만 이 시술은 췌장암 자체를 치료하는 것이 아니고 일부 증상만을 잠시 경감시켜 줄 뿐이다(암은 계속 자라기 때문에 황달 증상은 다시 심해질 것이다). 어머니는 하나뿐인 손자가 미국에 살기 때문에 자주 볼 수 없었다. 말기 췌장암으로 남은 시간이 얼마 되지 않는 어머니가 사랑하는 손자를 병원에서 만나야만 할까? 그것도 당장 응급 상황으로 필요하지는 않은 시술을 받기 위해서. 마지막일지도 모르는 어머니와 손자의 만남을 가족끼리 오붓한 환경에서 보내길 원했지만 현실은 이를 허락하지 않았다.

여러 사람들과 병원의 웹사이트로부터 얻은 정보에 의하면 우리나라 대학병원에 입원하는 경로는 크게 두 가지다. 하나는 응급실을 통해서, 다른 하나는 외래 클리닉을 통하는 것이다. 이는 겉으로 보기에는 UCSF 대학병원이나 샌프란시스코 종합병원과 다르지 않다. 하지만 구체적인 방법에서는 약간 다른 점이 눈에 띈다.

먼저 미국의 통계에 의하면 성인 입원환자의 85퍼센트가 응급실을 통해 입원한다고 한다. 응급실을 통해 입원한 환자는 본인이 직접 응급실로 온 경우이거나 외래 클리닉을 방문했을 때 만난 의사가 응급실로 보낸 경우이다. 예를 들어, 갑자기 가슴에 심한 통증을 느껴 응급실을 방문했는데, 검사 결과 심근 경색이 의심되어 입원한 환자가 첫 번째 경우에 해당한다. 두 번째 경우는 외래 심장내과 의사가 환자를 보다가 환자의 심부전 증상이 심해 당장 입원치료가 필요하다고 판단하여 환자를 일단 응급실로 보내는 것이다. 그러면 응급실의 판단에 따라 환자의 입원이 결정된다. 때로는 외래 클리닉이 응급실을 거치지 않고 환자를 직접 입원시킬 수도 있는데, 대부분 선택 시술을 할 때 이루어진다. 일반적으로 병원들은 선택 시술 또는 수술을 받을 환자들을 위해 예비로 입원실을 마련하고 있다. 그래서 외래 클리닉은 이 병실을 이용해 환자를 직접 입원시킬 수 있다. 그런데 우리나라에 비해 미국은 입원치료비가 매우 비싸기 때문에 입원 기간을 줄이기 위해 시술 전날이나 당일에 환자들을 입원시키는 것이 보통이다.

응급실을 방문한 환자가 의료진의 판단에 따라 입원하게 되는 절차는 UCSF 대학병원과 샌프란시스코 종합병원, 우리나라 대학병원 모두 같다. 반면에 우리나라 대학병원에서는 시술이 필요한 경우가 아니더라도 외래 클리닉에서 응급실을 통하지 않고, 직접 환자를 입원시킬 수 있는 것 같다. 그래서 어느 대학병원의 웹사이트에서는 입원 절차를 설명하면서 그 대학병원의 외래 클리닉을 다니는 환자가 입원을 원할 경우 응급실로 가지 말고 외래 클리닉으로 직접 가라고 조언하고 있다. 또 응급실로 가게 되면 증상의 경중에 따라 입원이 더 지연될 수 있다면서 외래 클리닉에서 담당 의사의 판단으로 입원하는 것이 더 빠르다고 표기되어 있다. 실제로 2018년에 수행한 보건복지부의 의료 서비스 설문 조사에 의하면 우리나라에서는 약 80퍼센트의 입원환자가 응급실을 거치지 않고 입원하고 있다. 즉, 환자 대다수가 응급실을 통해 입원하는 미국과는 다르게 우리나라는 응급실을 거치지 않고 외래 클리닉을 통해 직접 입원하는 환자들이 훨씬 많다.

응급실을 거치지 않고 외래 클리닉에서 직접 입원하는 방법은 몇 가지 장점이 있다. 우선, 외래 클리닉 환자에게 편리하다.

응급실에 갈 필요가 없기 때문이다. 아무리 외래 클리닉에서 응급실에 미리 연락을 했다고 하더라도 환자가 응급실에 가게 되면 환자는 응급실 내에서 진료 순서를 기다려야 한다. 특히, 응급실에 환자들이 몰려 있는 경우 더 그렇다. 따라서 입원이 지연될 수 있다. 환자에게 입원치료가 꼭 필요하다면 응급실 진료는 불필요한 단계일 뿐이다. 그러므로 외래 클리닉에서 직접 입원하면 환자와 건강보험은 응급실 진료비를 절약할 수 있다. 또 응급실이 붐비는 것도 줄일 수 있다.

반면에 외래 클리닉에서 직접 입원하는 방법에 단점도 있다. 먼저 해당 병원에서 한 번도 진료를 받은 적이 없는 환자는 입원할 때 불이익을 받을 가능성이 많다. 이 환자는 응급실을 통해서만 입원할 수 있기 때문이다. 또 외래 클리닉은 그 전공 분야에 해당하는 환자들의 상태를 주로 판단한다. 이와 반대로 응급실은 모든 종류의 환자들이 방문하는 곳이기 때문에 다양한 환자들의 상태를 모두 판단할 수 있다. 그래서 응급실이 입원 대상 환자의 상태를 좀 더 종합적이고 거시적으로 볼 수 있는 위치에 있다. 많은 환자가 입원을 기다리는 경우, 환자의 상태와 방문 순서에 따라 입원 순서를 결정하는 것이 합리적일 것이다. 즉, 상태가 비교적 좋은 환자보다는 안 좋은 환자를 먼저 입원시키고, 환자들의 상태가 비슷한 경우에는 병원에 먼저 온 환자를 입원시키는 것이다. 물론 여기에는 병동에 입원 가능한 병실이 남아 있는지도 중요한 고려 대상이다.

이처럼 환자의 상태, 방문 순서, 병동의 여유 병실 여부 등 여러 가지를 종합적으로 봐야 하기 때문에 여러 곳보다는 한 곳에서 따지는 것이 더 효율적이고 병원에 온 모든 환자에게 공평하다. 다음과 같은 상황을 생각해 보자. 어떤 췌장암 말기 환자가 외래 클리닉을 방문했는데, 황달과 구토 증상으로 담관에 스텐트를 삽입하는 시술이 필요해 입원해야 한다. 다른 말기 췌장암 환자는 응급실을 방문했는데 생명이 위독할 수 있는 담관염 증상을 보여 입원이 꼭 필요하다. 환자의 상태 경중을 따져 보면 응급실을 방문한 환자가 먼저 입원해야 한다. 그런데 외래 클리닉에서 응급실을 거치지 않고 직접 입원시킬 수 있으면 외래 클리닉을 방문한 환자가 응급실을 방문한 환자보다 먼저 입원할 수도 있다. 만약 두 환자가 모두 응급실을 통해 입원해야 한다면 담관염증의 증상을 보인 환자가 먼저 입원하게 될 것이다.

또 환자의 상태가 입원이 필요한지 확실하지 않은 경우도 외래 클리닉에서 직접 입원시키는 것보다 환자를 응급실로 보내는 방법이 더 합리적이다. 여러 의사—외래 클리닉 의사와 응급실 의사—가 환자의 상태를 평가할 수 있어 이를 바탕으로 입원 치료의 필요성을 판단할 수 있기 때문이다. 그리고 여러 외래 클리닉이 환자를 직접 입원시키게 되면 클리닉마다 입원 기준이 다를 수 있다. 이는 불필요한 입원을 발생시킬 수 있어 병원 자원을 비효율적으로 이용하게 한다.

우리나라 대학병원 입원환자의 대부분이 외래 클리닉을 통해 직접 입원하는 것은 입원환자 치료를 위한 의료진의 운영 방법도 기여하는 것 같다(이에 대해서는 뒤에서 더 자세히 설명하겠다). 우리나라 대학병원에서는 담당 의사별로 입원 병실 수가 배정되어 있는 것으로 보인다. 다시 말하면, 어머니 담당 의사 이름으로 일정 수의 병실이 배정되어 있어서 이 의사가 담당한 환자가 퇴원하면 그 병실로 이 의사의 환자가 입원하는 것 같았다. 어머니가 당일 입원할 수 있었던 이유는 운이 좋게도 어머니를 담당하는 의사의 환자 중 한 명이 그날 퇴원했기 때문이었다. 그래서 병원 관계자들이 응급실을 통하는 것보다 외래진료를 통해야 빨리 입원할 수 있다고 조언하는 것 같다. 그런데 담당 의사별로 입원 병실 수가 배정되어 있으면 같은 과의 다른 의사에게 배정된 병실이 비어도 담당 의사의 병실이 비지 않으면 환자의 입원은 지연될지 모른다. UCSF 대학병원과 샌프란시스코 종합병원은 과별로 병실의 수가 할당되지만 의사 개별로는 병실 수가 배정되어 있지 않다.

외래 클리닉을 통한 직접 입원과 응급실을 통한 입원 중 어느 방법이 더 환자와 병원에 효율적인지는 아직 잘 연구되어 있지 않다. 게다가 어느 경로로 입원하는 것이 환자의 치료와 비용면에서 더 유리한지도 잘 알려져 있지 않다. 그런 점에서 볼 때 어떤 경로를 통해 입원치료를 하는 것이 더 좋은지 정부의 주도하에 연구가 필요하다.

어머니가 입원하신 동안, 병원 엘리베이터에서 우연히 다른 환자의 보호자들이 대화하는 것을 들은 적이 있다. 이 보호자들은 모두 지방에서 온 것 같았다.

"안녕하세요? 어떻게 아버님은 괜찮으신가요?"

"예, 많이 좋아지셨어요. 아버님이 벌써 입원하신 지 한 달이 다 되었네요."

"그동안 고생 많이 하셨어요."

"그래도 병실에 입원한 동안은 지낼 만했어요. 병실로 올라오기 전에 응급실에서 삼일을 있었는데 그때가 가장 힘들었어요. 정말 최악이었어요."

그렇다. 어머니가 당일 입원할 수 있었던 것만 해도 좋은 기회였던 것이다.

III

아픈 사람의 시간,
돌보는 사람의 시간

21

간호사는 늘 피곤해

어머니는 B대학병원 암병동에 2017년 8월 4일부터 9일까지 5박 6일 동안 입원했다. 나는 환자 보호자로서 매일 어머니 곁에 있었고, 병원에서 세 밤을 잤기 때문에 B대학병원의 입원환자 돌봄 시스템이 24시간 동안 어떻게 운영되는지 직접 눈으로 보고 경험할 수 있었다. B대학병원이 우리나라를 대표하는 병원 중 하나이므로 이 병원의 입원환자 돌봄 제도가 우리나라 다른 병원들보다 낫거나 비슷하리라고 생각한다.

어머니가 배정받은 B대학병원의 병동은 넓고 깨끗했다. 2,000여 개에 달하는 병상을 가지고 있는 병원이라 그런지 병동의 병실 수는 UCSF 대학병원보다 훨씬 많아 보였다(UCSF 대학병원은 800병상을 보유하고 있다). 그런데 병동에서 일하는 간호사의 수는 생각보다 적어 보였다. 각 병실 밖에는 환자를 담당하는 간호사, 주치의, 지정의의 이름이 쓰여 있었기 때문에 나는 병동을 돌아다니면서 간호사 한 명이 몇 명의 환자를 담당하고 있는지 세어 보았다.

"아홉, 열, 열하나, 열둘!" 숫자가 너무 많아서 다시 세어 보기로 했다. "아홉, 열, 열하나, 열둘!" 똑같았다. 놀랍게도 간호사 한 명이 환자를 열두 명이나 담당하고 있었다! UCSF 대학병원의 일반 병동에서는 간호사 한 명이 많아야 다섯 명의 환자를 돌보고 있으므로, B대학병원의 간호사는 UCSF 대학병원의 간호사보다 2.5배에 가까운 환자를 담당하고 있었다. UCSF 대학병원의 일반 병동의 간호사 한 명과 환자 수의 비율이 1대 5인 이유는 일반 병동에서 간호사 한 명이 돌봐야 하는 환자의 수는 다섯 명을 넘지 않아야 한다는 캘리포니아주가 정한 법률 때문이다.

그런데 간호사 한 명당 돌보는 환자 수를 따질 때 고려해야 할 점이 하나 더 있다. 그것은 바로 간호사 외에 전문 간병인이 환자를 함께 돌보느냐는 것이다. UCSF 대학병원에서는 병원 소속 전문 간병인—정확하게는 간호사 보조 인력—이 간호사와 함께 환자들을 돌본다. 이 간호사 보조 인력은 주로 환자의 식사와 목욕을 도와주고, 침대 시트를 갈고, 욕창을 예방하기 위해 환자의 자세를 바꿔 준다. 환자가 휠체어를 타야 하는 경우 간호사 보조 인력이 이를 도와주고, 환자의 기저귀나 패드도 교체해 준다. 따라서 이들의 역할은 우리나라의 전문 간병인과 비슷하다. 그런데 B대학병원에서는 병원 소속의 전문 간병인이 환자들을 함께 돌보지 않기 때문에 실질적으로 간호 인력 일인당 업무량이 UCSF 대학병원 간호사의 3~4배 정도 되는 셈이다.

병실에서 우리가 가지고 온 짐을 정리하고 있을 때 어머니 담당 간호사가 들어왔다.

"신○○ 환자님 보호자이신가요?"

"예, 저는 환자의 아들입니다."

"먼저, 여기 몇 가지 서명해 주실 것이 있습니다." 내가 서명을 다 마치자 간호사가 말했다.

"환자분이 오래 누워 계시면 피부에 욕창이 생길 수 있어요. 특히, 환자분은 살이 너무 많이 빠지셔서 뼈가 침대 매트리스에 직접 닿을 거예요. 그러면 그 부분에 욕창이 생기기 쉬워요. 그래서 환자분의 자세를 2시간에 한 번은 꼭 바꿔 줘야 해요. 아주 중요합니다."

나는 간호사가 2시간에 한 번씩 병실에 들어와서 어머니의 자세를 바꾸어 줄 것이라고 기대했다. 하지만 이는 나의 착각이었다.

"그러니까, 환자 보호자께서 2시간마다 잊지 말고 환자의 자세를 바꿔드려야 합니다."

"제가 하는 거라고요?"

"네, 환자분의 자세를 바꾸는 것은 환자 보호자의 책임입니다." 간호사는 단호하게 말했다.

나에게는 낯선 책임이었다. 미국에서 환자의 자세를 바꿔 주는 일은 전문 간병인의 역할이다. 나는 누워 있는 입원환자 자세를 바꾸는 방법을 배운 적이 없다. 간호사가 시범을 보여 주며 가르쳐 주길 기대했지만, 간호사는 환자 자세 바꾸는 방법이 적힌 종이 한 장을 침대 옆에 놓고 병실을 빠져나갔다.

간호사가 나에게 요구한 것은 어머니의 자세를 바꾸는 것만이 아니었다. 어머니가 하루 동안 얼마나 소변을 보았는지 계량하고 기록하는 것과 시간에 따라 어머니에게 복용할 약을 주는 것도 환자 보호자의 책임이었다. 그런데 미국에서는 이 모든 일이 간호사의 책임이며 역할이다. 즉, 우리나라 병원에서는 간호사 한 명이 돌보아야 하는 환자의 수가 너무 많다 보니 이를 메꾸기 위해 환자 보호자를 활용하고 있는 것이다.

가족이 입원하면 그 자체가 환자 보호자에게 정신적, 육체적으로 큰 스트레스이다. 또 환자 보호자는 나처럼 간호에 대한 교육과 수련을 받은 적이 없는 사람들이 대부분이다. 이런 사람들에게 환자 자세 바꾸기, 소변 계량, 투약 등을 맡기는 것이 환자를 안전하게 돌보는 것일까? 환자 보호자가 이 과정에서 실수를 해서 안전 사고가 발생하면 누가 법적인 책임을 져야 하는 것일까? 가령, 환자 보호자가 경황이 없어 2시간마다 환자의 자세를 바꾸지 못해 욕창이 생겼다면 이때 책임을 져야 하는 사람은 환자 보호자인가 아니면 병원인가?

8월 8일 월요일 새벽 5시경, 여느 때처럼 간호사가 병실에 들어와서는 혈압, 맥박, 체온 등 바이털 사인을 측정하고 그날 어머니가 복용할 약들을 놓고 나갔다. 그중에는 진통제인 옥시코돈 15mg 네 알이 있었고 6시간마다 한 알씩 복용하도록 되어 있었다. 그런데 전날 어머니가 통증을 많이 호소하지 않아서 두 알만 복용했기 때문에 어제 받은 약 중 두 알이 남아 있었다. 옥시코돈은 마약성 의약품으로 분류된다. 그래서 병원은 옥시코돈이 들어오고 나간 숫자를 정확하게 관리해야 한다. 그렇지 않으면 법적으로 문제가 생길 수도 있다. 그래서 나는 당일 받은 것 중 두 알을 들고 간호사를 찾아갔다.

"어제 어머니가 두 알만 드셔서 오늘 두 알이 필요 없을 것 같아서 돌려 드리려구요."

"아니 왜 이걸 이제 말해 주시는 거예요? 어제 말해 주셨어야죠. 그리고 약을 환자 보호자 마음대로 바꿔주면 안 돼요!"

병원을 위해서 일부러 옥시코돈을 돌려 주려다가 오히려 간호사에게 크게 혼나고 말았다.

나는 환자 보호자의 역할이 간호 인력의 부족한 부분을 도와주는 것이라고 생각했다. 반면에 그 간호사는 나에게 보인 태도로 보았을 때, 환자에게 약을 주는 것은 환자 보호자가 당연히 해야 할 일이라고 생각하는 듯했다. 환자에게 복용시간에 맞춰 약을 투약하는 것은 간호사 고유의 역할이자 책임이다. 그렇기 때문에 병원에서는 입원환자 개개인의 약물 투여 기록지를 마련하고 간호사에게 작성하도록 하는 것이다. 약물 투여 기록지는 어떤 약이 누구에게, 언제, 얼마나, 어떻게 투약되었는지를 기록하는 장부이다. 약물 투여 기록지는 약물 투여에 관한 구체적인 기록을 담고 있어 의료진이 투약된 약의 정보를 얻고자 할 때 찾아보는 중요한 의무기록 중 하나다.

예를 들어, 필요할 때만 복용하도록 처방한 약을 환자가 얼마나 복용했는지 알고자 할 때 약물 투여 기록지는 아주 유용하다. 약물 투여 기록지는 병동에 비치되어 있으며 간호사가 이를 정확하게 작성하는 책임을 맡고 있다(물론 전자차트를 쓰는 경우에는 간호사가 전자차트상에 있는 약물 투여 기록지에 작성한다). 그런데 간호사 자신이 직접 환자에게 투약하지 않으면 어떻게 약물 투여 기록지를 작성하는 걸까? 또 정기적으로 투약하도록 처방받은 약도 기계적으로 시간에 맞춰 환자에게 주는 것이 아니라 환자의 상태를 확인하고 주어야 한다. 가령, 혈압약을 처방받은 환자가 어지러움을 호소한다고 하자. 어지러움은 혈압이 낮아서 생길 수도 있으므로 처방받은 혈압약을 투여하기 전에 환자의 혈압을 측정해야 하고, 혈압이 낮으면 혈압약을 투여하지 말고 의사에게 알려야 한다. 그런데 환자의 상태를 관찰하는 법을 배우지도 수련받지도 않은 보호자가 이런 일을 제대로 할 수 있을까? 환자 보호자가 경황이 없으면 시간에 맞춰 환자에게 약을 주는 것을 잊어버릴 수도 있다. 그리고 환자 보호자가 바뀌는 경우, 환자 보호자 간의 인수인계가 제대로 이루어지지 않아 약을 잘못 주거나 주어야 할 약을 빼먹을 수 있다.

또 옥시코돈같이 중독성이 큰 마약성 진통제의 경우, 반드시 지정된 환자만 사용해야 하고, 병원은 이런 약이 본래 목적을 벗어나서 사용되는 것을 방지해야 한다. 그런데 환자 보호자에게 투약을 맡기면 병원은 그 약을 실제 환자가 복용하는지 다른 사람이 쓰는지 알 수가 없다. 내가 간호사에게 8월 7일에 남은 두 알을 이야기하지 않고 병원 밖으로 몰래 가지고 나가려 했다면 병원은 이를 방지할 수 있었을까? 이처럼 환자 보호자가 간호사의 역할을 담당하게 되면 병원은 안전하고 효과적으로 환자를 치료할 수 없는 곳이 될 수도 있다.

우리나라 병원들도 이제는 환자 보호자 대신 전문 간병인을 쓰기 시작하고 있다. 전문 간병인은 환자 보호자보다 환자 돌봄에 대한 경험이 많아 안전하고 효과적으로 입원환자를 돌본다. 그런데 우리나라에서는 환자가 직접 전문 간병인을 고용해야 한다(병원이 주선하는 것으로 알고 있지만, 비용을 지급하는 것은 환자이지 병원이 아니다). 미국의 경우, 병원이 직접 고용한 간호 보조 인력만을 사용한다. 간호 보조 인력이 환자 돌봄에 있어서 선택 사항이 아니라 필수이기 때문이다.

만약 간호 보조 인력이 선택 사항이 되면, 간호 보조 인력의 역할을 누군가가 맡아야 한다. 우리나라처럼 환자 보호자가 이를 맡을 수도 있겠지만 이는 앞에서 말한 대로 많은 문제점이 있다. 특히, 스스로 식사하기 힘들거나 위생을 챙길 수 없는 입원환자들을 위해 간호 보조 인력 혹은 전문 간병 인력은 반드시 필요하다. 따라서 환자에게 전문 간병인 고용을 선택하게 하는 것이 아니라 병원이 이 인력을 고용하는 것이 더 합리적이다.

그런데 전문 간병인은 환자의 식사와 위생관리 외의 질병 치료에 관련된 간호 수련을 전문적으로 받은 사람들이 아니다. 따라서 간호사가 수행해야 할 역할—예를 들어, 약물 투여와 기록—을 전문 간병인이 맡아서는 안 된다. 그 대신 간호사는 전문 간병인 등 간호 보조 인력의 업무를 지도 감독하는 역할을 수행해야 한다.

적절한 수의 간호사와 간호 보조 인력은 양질의 입원환자 돌봄을 위해 필수적인 요소이다. 병원은 간호사와 간호 보조 인력을 확충하고, 정부는 병원에 재정적인 지원을 아끼지 말아야 할 것이다.

22

간호사는 비서가 아닙니다

B대학병원에서 입원 수속을 마치고 병실에서 좀 쉬고 있었는데 간호사가 들어왔다.

"환자 보호자분이세요? 저는 담당 간호사인데 환자분에 대해 좀 여쭤볼 게 있어서요."

간호사는 나를 병동에 위치한 병동 간호사실으로 데리고 갔다. 널찍한 병동 간호사실은 금요일 오후 5시가 지나서인지 북적거리지 않고 비교적 한산했다. 간호사는 30분 정도 걸릴 것이라면서 나에게 의자를 주면서 앉으라고 권했다. 처음에는 간호사가 환자에 대해 질문할 것이 그렇게 많이 있을지 의아해했다. 하지만 간호사의 질문을 들어 보니 곧 이해할 수 있었다. 간호사는 어머니의 병력, 가족력, 약력에 대해 정말 자세하게 물어보았다.

언제 어머니께서 A대학병원으로부터 췌장암 진단을 받으셨나요?

항암치료를 받으셨나요?

무슨 약을 처방 받으셨나요?

부작용은 없으셨나요?

왜 항암치료를 받지 않으셨나요?

언제부터 구토가 심해지셨나요?

음식은 어떻게 드시고 계셨나요?

지금 복용하고 계신 약은 무엇인가요?

간호사는 이렇게 자세하게 묻고는 전자의무기록에 꼼꼼히 입력했다. 그런데 곰곰히 생각해 보니 미국에서는 이 질문은 담당 의사가 묻는 내용이었다. 미국 병원의 간호사도 환자를 직접 만나 질문한 다음 간호 평가와 계획을 전자의무기록에 입력한다. 하지만 간호 평가와 계획은 바이털 사인, 통증 정도, 위생 등 간호와 관련된 사항이 주를 이루기 때문에 질문의 초점이 의사와는 다르다.

미국 병원에서는 환자가 입원하면 담당 의사가 H&P(병력과 신체검사라 불리는 history and physical의 첫 글자)라는 항목의 입원의무기록을 작성한다. 담당 의사는 H&P에 환자의 병력, 가족력, 약 복용 이력, 치료 내역, 청진/촉진 검사기록, 혈액 검사/소변 검사/영상 검사 기록 그리고 이런 정보를 바탕으로 한 환자 평가와 치료 계획 등을 자세하게 기술한다. 보통 환자를 담당하는 팀의 수련의인 레지던트가 H&P를 작성하고 교수급인 주치의가 여기에 사인을 하면 공식적인 의무기록으로 남는다. 따라서 이 H&P를 잘 작성하기 위해 담당 의사는 환자나 보호자에게 병력, 증상, 약 복용 내용, 치료 내역 등을 묻는다. 즉, B대학병원의 간호사가 나에게 물어보았던 것을 의사가 질문하는 것이다.

H&P는 가장 기본적인 의무기록 중 하나이고 A대학병원에서 받은 어머니의 의무기록에도 어머니가 췌장암 진단 확진 검사를 받기 위해 입원하셨을 때의 H&P가 포함되어 있었기 때문에 나는 간호사의 인터뷰가 끝난 다음 당연히 담당 의사—레지던트지만 B대학병원에서는 주치의라고 부른다—가 어머니에게 와서 인터뷰를 할 줄 알았다. 그런데 입원 이후에 담당 의사는 나는 물론이고 어머니를 인터뷰를 하러 병실에 직접 들어온 적이 없었다. 담당 의사가 어떻게 어머니 상태를 평가하고 치료 계획을 세울 수 있을지 상당히 궁금했다. 이에 대한 답을 입원 기간 동안 간호사들과 소통하면서 알아낼 수 있었다.

"어머니께서 불편한 점이 있으면 저희에게 말씀해 주세요. 그럼 저희가 의사 선생님께 말씀드릴게요." 나와의 인터뷰가 끝날 즈음, 간호사는 나에게 이렇게 부탁했다. 나는 이 말을 어머니가 호소한 불편한 점을 간호사에게 말하면 간호사가 담당 의사를 불러 주는 것으로 이해했다. 하지만 이는 큰 오해였다. 어머니의 통증이 잘 조절되지 않는다고, 어머니가 음식을 드실 때마다 토한다고 간호사에게 전달해도 의사는 한 번도 나타나지 않았다. 대신에 시간이 좀 지나서 간호사가 와서 우리에게 다른 약을 주거나 새로운 방법을 권했다. 간호사는 환자와 담당 의사의 의사소통에서 중간 매개자 역할을 하고 있었던 것이다.

즉, 내가 간호사에게 어머니의 불편한 점을 말하면 간호사는 이를 담당 의사에게 전달한다. 그러면 담당 의사는 환자를 직접 보러 오는 대신 간호사에게 치료 방법에 대한 지시를 내리고 이 지시를 간호사가 수행한다. 마치 의사는 높은 자리에 있는 환자가 접근하기 힘든 사람이고, 간호사는 그 중간에서 의사의 일을 대신하고 있는 모양이었다. 그래서 어머니가 입원했을 때 담당 간호사가 나에게 자세히 인터뷰했던 것이다. 정말 담당 의사는 환자를 직접 보지 않은 상태에서 간호사의 인터뷰 내용을 바탕으로 H&P를 작성했을까? H&P에는 환자와의 인터뷰 내용뿐만 아니라 촉진, 청진 등의 검사 결과도 들어가는데 이 내용은 도대체 어떻게 작성했을까? 지금도 의문스럽다.

물론 미국 병원에서도 환자가 불편을 호소한다고 해서 항상 담당 의사가 환자를 직접 방문해 검진하고 치료 지시를 내리지는 않는다. B대학병원의 예처럼 많은 경우에 간호사가 환자와 담당 의사 간의 의사소통에 있어 중간 매개자로서 역할을 한다. 그런데 여기서 차이점은 환자가 입원해서 H&P를 작성할 때는 반드시 의사가 인터뷰를 한다는 것과 환자가 불편을 호소할 때 의사가 직접 와서 환자를 확인하는 경우가 많다는 것이다. 더구나 자신이 한 번도 치료해 본 적이 없는 환자를 담당하는 경우,

환자가 입원할 때 의사가 환자를 직접 보지 않고 어떻게 환자의 상태를 평가하고 치료 계획을 세울 수 있는지 이해하기 어렵다.

어머니가 같은 병원의 외래에서 치료를 받아 왔기 때문에 외래 클리닉에서 작성한 차트를 읽으면 어머니의 현재 상태에 대해 어느 정도 이해할 수도 있다(우리나라 병원의 의무기록에는 누락된 내용이 많아 거기에서 얻는 정보가 얼마나 도움이 될지 불분명하다). 하지만 이 역시 환자를 직접 만나는 것을 대체할 수 없다. 백문이 불여일견이라고 하지 않았는가. 어쨌든 B대학병원의 예로 볼 때, 간호사가 입원환자의 치료에 관련된 의사의 역할 중 일부를 대신하고 있는 것 같았다.

이는 입원환자에만 국한된 것이 아니었다. 우리가 B대학병원의 췌담도암센터 외래 클리닉을 방문했을 때였다.

"신○○님!" 우리가 환자 대기실에서 기다리고 있을 때 드디어 간호사가 진료실 앞에서 어머니를 불렀다. 우리는 자리에서 얼른 일어나서 진료실로 향했다. 간호사는 진료실 문을 열어 주고 우리가 들어갈 수 있도록 도와주었다. 그리고 간호사도 진료실로 들어와 어머니의 진료 과정 내내 진료실 안에 서 있었다.

"다음 주에 한 번 다시 보는 게 좋을 것 같습니다. 예약에 대해서는 간호사님이 안내해 주실 겁니다." 진료가 끝날 무렵 의사가 우리에게 말했다. 그러자 지금까지 조용히 서 있던 간호사는 우리에게 말했다. "저를 따라 오세요."

즉, 간호사가 환자를 호명하고 환자와 함께 진료실로 들어가서 의사의 지시에 따라 재진 예약이나 검사 예약을 안내해 주는 일을 하고 있었다. 그런데 어머니가 담당 의사의 진료를 받기 전 대기실에서 기다리고 있는 동안, 어머니에게 와서 바이털 사인을 측정하거나 어머니의 상태를 묻는 간호사는 한 명도 없었다. 간호사가 의사의 지시를 받기 위해 환자와 함께 진료실을 따라 들어가기는 하지만 간호사 자신의 고유 직능인 바이털 사인 측정이나 환자의 상태 평가 등을 수행하지 않았다. 진료실에 함께 들어온 다음에도 어머니의 진료 과정 내내 말없이 가만히 서 있었으므로 의사의 진료에 특별한 도움을 주는 것도 아니었다.

그뿐만이 아니라 간호사가 진료실에 대기하고 있는 것은 환자의 개인정보 보호의 문제도 야기한다. 진료 중에 의사와 환자는 환자의 은밀한 정보를 이야기해야 할 때가 있다. 예를 들어, 환자의 정신 질환 병력이라든지 가족사에 대한 정보가 진단과 치료에 필요한 경우가 있다. 그런데 간호사가 진료실에 있으면 환자가 이를 공개하는 것을 주저하게 된다. 또 엄밀히 말하면, 이는 환자 개인정보 보호의 원칙에 벗어난다. 환자 개인정보 보호의 기본적인 원칙은 치료를 위해 꼭 필요한 정보만을, 치료에 직접적으로 관련된 사람들에게만 공유하는 것이다. 그런데 간호사가 치료 결정에 직접 참여하지 않으면서 이런 정보를 접하는 것은 환자 치료에 불필요한 일이다.

이처럼 간호사가 간호사 고유의 역할을 하지 못하고 다른 일 —의사의 지시를 받으러 진료실 안에서 대기하는 것—을 하는 것은 B대학병원의 췌담도암센터 외래 클리닉만의 문제가 아니었다. 이는 같은 병원의 완화치료 클리닉에서도, A대학병원의 췌담도암센터 외래 클리닉에서도 목격했던 모습이다. 동네병원의 경우에도 간호사가 환자를 호명하거나 환자와 함께 진료실에 따라 들어가지는 않았지만 그렇다고 어머니의 바이털 사인을 측정하거나 상태가 어떤지 물어보는 등 간호사 고유의 업무를 수행하고 있지도 않았다.

물론 미국의 병원에서도 간호사들이 대기실에서 환자를 호명하거나 의사의 지시에 따라 검사와 재진 예약에 대해 안내를 하기도 한다. 하지만 이들은 환자와 함께 진료실에 들어가서 의사의 지시를 기다리며 대기하지 않는다. 대신 진료가 끝난 뒤, 의사가 검사 또는 재진 예약 지시를 하면 그때 환자를 안내한다. 진료 전에 환자의 바이털 사인을 측정하고 상태를 묻고 기록하는 등 간호사 고유의 역할을 모두 수행한다.

B대학병원에 어머니가 입원하는 동안 간호사의 역할에 관련된 눈에 띄는 것이 몇 가지 더 있었다. 먼저 대체로 간호사들은 할당된 일 이상을 하고 싶어 하지 않아 보였다. 어머니가 병원 2층에서 검사를 받기 위해 병실을 나서야 하는 상황이 있었다. 어머니를 수송하기 위해 병원 스태프가 환자 수송 침대를 가지고 병실로 들어왔다. 스태프는 병실 침대로 이동하기는 어려우니 수송용 침대로 이동해야 한다고 했다. 그래서 어머니에게 침대로 혼자 옮겨 누울 수 있는지 물었지만, 어머니는 기력이 달

려 힘들 것 같다고 했다. 스태프에게 간호사 호출을 요청했고, 곧 간호사 두 명이 들어왔다. 그런데 그중 한 명이 물었다. "제가 바빠서 그런데요, 정말 혼자 하실 수 없으세요?"

간호사 한 명당 맡아야 할 환자 수가 많아 업무가 힘들고 어렵다는 것을 이해하지만 그것이 이런 비직업적인 태도를 정당화할 수 있다고 생각하지 않는다. 미국에서 간호 보조사 공부를 했던 아내는 미국의 간호사에 비해 B대학병원의 간호사는 병실에 들어오면 환자나 보호자가 무엇을 더 부탁할까 봐 서둘러 병실을 빠져나가려는 것 같아 보인다고 말하기도 했다.

또 어떤 경우, B대학병원의 간호사들은 내가 전혀 기대하지 않았던 일을 하기도 했다. 퇴원 전날이었다.

"보호자님, 내일 퇴원이 예정되어 있는데, 필요하신 서류가 있는지 물어보러 왔습니다."

"입원 기간 동안 작성된 의무기록을 받고 싶은데 어떻게 하면 되나요?"

나는 간호사가 병원의 어디로 가서 발급받으면 된다고 알려 줄 것이라 생각했다. 그런데 뜻밖의 대답이 돌아왔다.

"제가 내일 갖다 드리겠습니다."

간호사 자신의 고유 업무인 환자를 수송 침대로 옮기는 것은 바빠서 할 수 없다면서 환자 보호자가 충분히 할 수 있는 의무기록을 떼는 것을 대신해 줄 시간은 있었나 보다.

우리나라 간호사들의 이직률이 높다. 2019년, 보건의료노조의 조사에 따르면 전체 간호사의 이직률은 연간 16퍼센트로 이는 병원 내 다른 직종의 이직률인 6.7퍼센트의 두 배를 넘는 수치이다. 특히, 이직한 간호사 중 약 삼분의 이는 근무를 시작한 지 1~3년밖에 되지 않은 간호사였다. 또 다른 2017년 통계에 따르면, 전체 간호사 면허 소지자 34만여 명 중 약 50퍼센트에 해당하는 16만여 명이 병원에서 간호사로 일하고 있지 않았다. 그래서인지 B대학병원에는 이제 막 학교를 졸업한 젊은 간호사들이 절대 다수를 차지하고 있었다. 이는 경력이 많은 간호사들이 흔한 미국 병원과 매우 대조적이었다.

2015년 한 연구에 따르면, 미국 간호사의 약 40퍼센트는 50대 이상이라고 한다. 물론 우리나라와 마찬가지로 미국에서도 간호사의 이직률은 병원 내 다른 직종보다 높다. 그리고 이는 간호사가 부족해 업무량이 많기 때문이다(간호사 한 명당 다섯 명의 입원 환자를 맡고 있다 하더라도 업무량이 많은 것이다). 하지만 2019년 통계를 보면 미국의 380만 명의 간호사 중 15퍼센트만이 간호사로서 일하고 있지 않았다. 이는 전체 간호사 중 절반 가까이가 간호사 직을 떠나는 우리나라와 비교할 때 대조적이다.

우리나라 간호사들이 병원을 떠나는 주요 원인으로 많은 업무량과 적은 급여 그리고 간호사로서의 보람을 크게 느끼지 못하는 것도 한 몫을 차지하는 것으로 보인다. 간호사 고유의 역할보다는 좀 과장해서 일종의 비서와 같은 역할을 주로 해야 한다면 간호사로서 보람을 얼마나 느낄 수 있겠는가? 미국 병원에서 간호사는 관찰자와 환자 옹호자라고도 불린다. 환자 가까이에서 환자의 크고 작은 변화를 관찰해야 하고 환자의 건강과 치료 경과를 체크해서 환자의 상태를 다른 건강 관련 종사자들에게 대변하기 때문이다. 그래서 의사도 관찰하지 못한 것을 간호사가 회진 중인 의사에게 보고해 진단과 치료를 돕는 모습을 미국 병원에서 자주 볼 수 있었다. 또 의사가 마련한 치료 계획을 잘 따를 수 있도록 환자의 편의를 고려해 도와주는 간호사도 많이 만났다. 우리나라에서도 간호사가 환자와 담당의 간의 의사소통의 매개자로서뿐만 아니라, 간호사 고유의 역할인 환자의 관찰자와 옹호자로서 환자 치료에 더 큰 도움을 줄 날을 기대한다.

23

병원은 의료진을
어떻게 운영할까

병원에서 하룻밤을 자고 다음 날 아침에 아내와 교대하고 집으로 돌아왔다. 내가 병실을 나온 시각이 오전 9시쯤이었는데, 그때까지 의료진은 아무도 병실을 방문하지 않았다. 집에 도착하니 오전 11시가 살짝 지나 있었다. 바로 병원에 있는 아내에게 전화를 했다.

"담당 교수 왔었어?"

"아니, 아직 안 왔어. 이따가 오후 3시쯤 온대."

"어머니는 좀 어떠신 것 같아? 어제 단 담즙 배액관으로 담즙은 잘 나오고 있지?"

"응, 배액관은 괜찮아 보여. 그런데 복수 때문에 많이 힘들어하셔."

B대학병원에 입원하고 계신 어머니는 담즙 배액관을 달기

이틀 전에 주사기로 복수를 빼는 복수천자 시술paracentesis을 받았다. 하지만 음식을 전혀 드실 수가 없어 정맥으로 수액을 맞고 있었고, 복수는 다시 금방 차올랐다.

"어머니 배에 복수가 차는 거 어떻게 할 계획인지 모르지?"

"아침에 잠깐 들른 레지던트에게 물어보았는데, 담당 교수가 오면 상의해 보겠대."

"그럼, 담당 교수가 올 때까지 기다려야겠네."

우리나라와 미국 대학병원 모두 입원환자를 담당하는 의료진은 교수와 레지던트로 구성되어 있다. 하지만 운영 방법은 큰 차이가 있다. 우리나라 대학병원의 경우, 특정 병동을 담당하는 레지던트 한두 명이 주치의로서 그 병동에 입원한 모든 환자들의 치료에 관한 실무를 맡고, 교수급 전문의가 환자의 지정의로서 레지던트를 지도하고 감독한다. 교수급 전문의가 자신의 외래 클리닉에서 보던 환자가 입원하면 그 환자에 대한 지정의가 되는 것이다. 그래서 어머니의 지정의는 어머니를 췌담도암센터 클리닉에서 진료했었던 전문의였다.

그런데 레지던트 주치의는 여러 명의 지정의로부터 지도와 감독을 받는다. 그 이유는 병동에 입원한 환자들마다 지정의가 다르기 때문이다. 어머니를 담당한 레지던트는 췌담도암 병동에 입원한 스무 명의 환자를 담당했는데, 적어도 세 명의 지정의의 지도와 감독을 받는 것 같았다. 다시 말하면, 어머니와 같은 병동에 입원한 환자들은 대부분 췌담도암 환자였지만, 외래 클리닉에서 진료를 받았던 교수급 전문의가 달랐기 때문에 레지던트는 여러 명의 지정의로부터 지도와 감독을 받아야 했다.

지정의인 교수급 전문의는 입원환자뿐만 아니라 자신의 클리닉에서 외래환자도 진료해야 한다. 그래서 클리닉 스케줄에 따라 입원환자를 볼 수 있는 시간이 다르다. 어머니를 담당했던 의사처럼 오전에 외래진료가 있으면 입원환자를 오후에 볼 수 있고, 외래진료가 오후에 있는 전문의는 입원환자를 오전에 볼 수 있다. 레지던트는 주치의는 직함은 있었지만 수련인 신분이기 때문에 환자 치료에 관한 중요한 사항을 단독으로 결정할 수 없다. 그래서 어머니를 담당한 레지던트는 지정의가 외래진료를 마치고 병동으로 올 때까지 기다려야 했던 것이다.

레지던트가 실무를 맡고 교수급 전문의가 이들을 지도하고 감독하는 것은 미국 대학병원도 같다. 하지만 입원환자 치료를 위해 의료진을 운영하는 방법은 우리나라와 비교할 때 몇 가지 다른 점이 있다.

첫째, 팀 제도로 운영된다. 한 팀은 교수급 전문의 한 명과 한 명에서 세 명 정도의 수련의로 구성되어 있다. 이때 수련의들은 팀이 담당하는 환자들을 나누어 맡는다. 예를 들어, UCSF 대학병원의 순환기내과에는 네 개의 팀이 있다. 각 팀은 최대 열두 명의 입원환자를 담당한다. 만약 한 팀에 세 명의 수련의가 있다면 한 수련의가 네 명 정도의 환자를 맡는 것이다. 각 팀에는 수련의 활동을 지도하고 팀이 맡은 환자들의 치료를 책임지는 교수급 전문의가 한 명씩 배정된다. 이 교수급 전문의를 '주치의'라고 부른다(따라서 '지정의'라는 개념이 없다).

둘째, 주치의는 입원환자만을 전담한다. 교수급 전문의가 입원환자도 보고 외래환자를 진료하는 것은 우리나라 병원과 같다. 다른 점은 한 진료과 안에서 교수급 전문의들이 1년 중 입원환자를 보는 기간을 서로 분담하는 것이다. 즉, 각 교수급 전문의마다 1년에 총 6주, 8주 등 주치의로서 입원환자를 보는 기간이 정해져 있다. 그래서 이 기간에 교수급 전문의는 외래환자를 보지 않고 입원환자만을 담당한다. 그렇다고 한꺼번에 6~8주 연속으로 입원환자만 보는 것이 아니라, 보통 한 번에 1~2주씩, 1년 동안 수차례 나누어서 입원환자를 담당한다. 따라서 외래 클리닉에서 진료하는 환자들에 대한 치료의 연속성도 유지할 수 있다. 교수급 전문의가 주치의로서 입원환자를 담당할 때에는 외래진료를 하지 않기 때문에 입원환자 보는 시간을 외래 클리닉 스케줄에 맞출 필요가 없다.

UCSF 대학병원에서 교수급 전문의가 입원환자를 보는 기간 동안 외래 클리닉에 신경을 쓰지 않고, 입원환자의 치료에만 전념할 수 있는 배경에는 몇 가지 이유가 있다. 첫째, 병상 숫자에 비해 상대적으로 교수급 전문의가 많다. 2020년 기준으로 UCSF 대학병원은 약 800개의 병상을 보유하고 있고, 2,000여 명의 교수급 전문의를 두고 있다. 그래서 교수급 전문의가 맡아야 하는 입원환자 담당 기간이 길지 않다. 한편, 우리나라에서 가장 좋은 병원 중 하나인 B대학병원에는 약 2,000개의 병상이 있고 1,300여 명의 의사가 일하고 있다. 또 UCSF 대학병원에는 외래 환자를 보지 않고 입원환자만 보는 의사들―이를 '입원환자 전담 전문의'라고 부른다―이 있다. 이들은 일반내과, 순환기내과 등에서 활약하는데 그 덕분에 외래 클리닉 진료를 해야 하는 의사들이 입원환자를 맡아야 하는 기간이 줄어든다.

둘째, UCSF 대학병원은 양질의 의무기록을 유지하고 있다. 환자가 입원했을 때 환자가 그동안 외래 클리닉에서 어떤 치료를 받아왔는지 알아보는 가장 좋은 자료는 의무기록이다. 특히, 환자가 입원해서 담당하는 의사가 바뀌는 경우, 외래와 입원치료 간의 연속성을 위해 양질의 의무기록은 더욱 중요하다.

교수급 전문의 한 명이 입원환자 담당팀을 책임지는 형태로 운영되는 미국 대학병원의 운영 방식은 우리나라 대학병원보다 훨씬 효율적이다. 오전에 회진이 이루어지므로 입원환자 치료에 관한 중요한 결정이 오후까지 미루어지지 않는다. 입원환자에게 갑자기 무슨 일이 벌어졌을 때도 치료에 대한 의사결정이 빠르게 진행된다. 이는 교수급 전문의가 자신이 입원환자 팀을 맡는 동안에는 외래 클리닉에서 환자를 볼 필요 없이 병동에 상주하면서 입원환자의 치료에만 집중할 수 있기 때문이다. 또 전문의로서 임상 경험이 풍부한 입원환자 전담 전문의들도 병원에 상주하면서 입원환자의 치료에 집중한다. 그래서 빠른 진단과 치료를 요구하는 위급한 상황에서 효율적으로 대처할 수가 있다.

이에 대한 좋은 예가 프롤로그에서 언급한, 2017년 우리나라의 이대목동병원에서 오염된 주사기 때문에 신생아 여럿이 사망한 사건이다. 병동의 간호사들은 신생아들이 이상하다는 것을 발견했지만 병동에 담당 교수급 전문의가 없었기 때문에 의사결정이 제때에 이루어지지 못해 신생아 네 명이 사망했다. 교수급 전문의가 병동에 상주하고 있었다면 사망자 수를 줄일 수 있었을지도 모른다.

미국의 대학병원에서 교수급 전문의는 자신이 입원환자를 담당하는 기간에는 주말과 휴일에도 병동에 나와 팀과 함께 회진하고 환자 치료에 전념한다. 반면에 어머니가 B대학병원에 입원한 동안 어머니를 담당한 교수급 전문의는 주말에 한 번도 병실을 방문하지 않았다. 물론 어머니는 시술을 위해 입원했기 때문에 어머니의 상태를 비교적 안정적이라고 여겼을지도 모르겠다. 입원환자뿐만 아니라 자신의 외래환자도 보아야 하는 상황에서 어머니를 담당한 교수급 전문의는 환자의 상태가 악화되어 꼭 봐야 하는 경우가 아니면 주말에는 병원에 가 보지 않아도 된다고 생각했을 수도 있다. 하지만 자신이 담당한 입원환자의 상태를 주말이라고 직접 체크하지 않는다면 그 환자에 대해 궁극적인 책임을 진다고 할 수 있을까?

환자가 입원할 때 외래진료를 받았던 전문의에게 계속 치료를 맡긴다는 우리나라 대학병원의 의료진 운영 제도는 치료의 연속성 측면에서 언뜻 이치에 닿는 것처럼 보인다. 환자를 계속 맡아 왔던 의사가 다른 의사보다 그 환자를 가장 잘 알기 때문이다. 이처럼 우리나라의 입원환자 치료를 위한 의료진의 운영 방법은 환자 치료의 효율을 높이도록 고안되어 있지만, 막상 실제 효율은 떨어진다는 게 좀 아이러니하다.

교수급 전문의가 입원환자만 담당하면서, 병동에 상주하고, 자신이 담당하는 입원환자의 상태에 대해 잘 알고 있어야 더 효율적이고 합리적인 결정을 내릴 수 있다. 때로 입원환자는 상태가 빠르게 나빠지기도 한다. 따라서 환자를 직접 자주 들여다봐야 치료 결과도 좋다. 그런 점에서 2016년부터 도입된 '입원환자 전담 전문의 제도'가 빠르게 정착되고 있는 것은 반가운 현상이다. 우리나라 전체의 입원환자 전담 전문의 수는 2018년에 72명인 반면 2020년 UCSF 의과대학의 입원환자 전담 전문의 수가 106명이니 아직은 미국에 비하면 우리나라의 입원환자 전담 전문의 제도는 시작단계에 있다. 하지만 이 숫자가 곧 늘어나 입원환자에 대한 치료가 좀 더 효율적으로 이루어지기를 기대한다.

"그냥 복수천자만 하고 말았어? 내일 퇴원을 해도 계속 수액을 맞으실 것이고, 그러면 금방 도로 복수가 차오를 텐데, 복수천자를 매일 외래로 받을 수도 없잖아?" 나는 체중이 15kg 정도 줄어든 어머니의 영양 공급이 크게 걱정이 되었다.

"담당 교수는 담즙 배액관도 달고 했으니 음식을 좀 드실 수 있을 거래." 아내가 말했다.

"배액관 달고 별로 달라진 것 같지 않은데. 이제는 물만 드셔도 토하시잖아? 그래서 가정간호사가 집으로 와서 수액을 놓아주기로 한 것이고."

레지던트는 병실에 와서 환자를 직접 보기보다는 거의 하루 종일 컴퓨터 앞에 앉아 있었다. 그리고 지정의는 오후에 2~3분 정도 잠깐 병실에 와서 어머니를 보고 갔다. 환자의 치료를 담당하는 레지던트와 지정의 모두 환자를 직접 와서 자세히 보지 않으니 환자가 어느 정도 먹을 수 있는지, 구토 증세가 얼마나 심한지 어떻게 알 수 있을까? 참 답답했다.

퇴원한 이튿날 오전, B대학병원의 가정간호사가 수액을 들고 집을 방문했다. 하지만 간호사는 어머니에게 수액을 놓을 수 없었다. 복수가 다시 차올랐기 때문이다. 게다가 음식이건 물이건 드시자마자 바로 토하셨기 때문에 어머니는 퇴원한 지 이틀 만에 호스피스 병동에 입원할 수밖에 없었다. 지정의가 병동에 상주하면서 환자를 살폈으면 방지할 수도 있었을지 모를 재입원이었다.

24

우리나라와 미국의 의사들은
어떻게 교육받을까

사라진 인턴

'인턴이 어디 갔지?'

내가 다시 어머니 병실로 돌아왔을 때 병실 간이침대에는 장갑과 피 묻은 솜들이 나뒹굴고 있었다. 10분 전 내가 아직 병실에 있었을 때, 인턴이 침대 위에 여러 가지 도구—가위, 주사기, 관, 장갑 등—를 올려놓고 어머니의 복수천자 시술을 준비하고 있었다.

복수천자 시술은 배에 관을 꽂아 뱃속에 고인 액체를 빼내는 시술이다. 췌장암이 진행함에 따라 배에 복수가 차올라 어머니는 매우 불편해했다. 그래서 복수천자 시술을 하기로 한 것이다. 복수천자는 간단한 시술이기 때문에 환자를 수술실과 같은 특별한 장소로 옮길 필요 없이 병실에서 시술할 수 있다.

내가 다시 병실로 돌아왔을 때 어머니는 복수천자 시술을 시작할 때처럼 왼쪽으로 모로 누워 계셨다. 어머니 배에 복수를 빼기 위한 관이 보였지만 연결된 용기에 물이 삼분의 일 정도만 찬 것으로 보아 복수가 별로 나온 것 같지 않았다. 그런데 시술을 하던 인턴이 보이지 않아 어머니가 얼마나 더 오래 저런 자세로 계셔야 하는지 궁금했다. 그래서 간호사에게 인턴 의사의 행방을 물었다.

"간호사님, 혹시 복수천자 시술을 하던 인턴 선생님을 보셨나요?"

"아마 다른 병실로 복수천자 하러 간 것 같아요."

좀 기다리니 인턴이 헐레벌떡 돌아왔다. 아마 간호사가 연락했나 보다. 인턴은 다른 환자에게 복수천자 시술을 하고 오는 것이라고 했다. 인턴은 2017년 2월에 의과대학을 졸업해서 3월부터 인턴 생활을 시작했다고 말했으니 그의 병원 경력은 이제 5개월인 셈이었다.

"많이 바쁘신가 봐요."

"네, 선배 의사가 휴가를 가서 저 혼자 입원환자들의 복수천자 시술을 도맡아 하고 있어요."

"아, 그렇군요. 그런데 어머니의 복수가 별로 많이 빠져나온 것 같지 않아요." 나는 손으로 복수를 담은 용기를 가리키며 말했다. 그러자 인턴은 당황한 표정을 지으며 대답했다.

"복수가 잘 나오지 않아서 여러 방법을 시도했는데 잘되지 않은 것 같아요."

잘 수련받은 인턴은 복수천자 같은 간단한 시술을 대부분 혼자 할 수 있다. 하지만 경험이 부족한 인턴은 어머니처럼 조금 어려운 사례를 만나면 제대로 완수하지 못하고 당황하기 쉽다. 그래서 인턴은 전문의의 도움과 지도가 필요하다. 이때 인턴을 지도하고 감독하는 전문의를 프리셉터preceptor라고 부른다. 즉, 인턴은 프리셉터의 지도 및 감독하에 수련을 받는 의사이다. 인턴 수련이 효과적이고 효율적으로 이루어지려면 프리셉터의 도움이 필요할 때 쉽게 받을 수 있어야 한다. 더구나 인턴이 아직 독립적으로 역할을 수행하지 못하는 수련인 신분이라는 것을 감안할 때, 프리셉터의 도움은 절대적으로 중요하다.

또 프리셉터는 인턴이 수행한 시술이 제대로 이루어졌는지를 확인해 주어야 한다. 이는 환자에게 시술이 안전하게 잘되었는지 확인하는 과정일 뿐만 아니라 인턴이 잘한 점과 개선할 점을 알려 줄 기회를 제공하기 때문에 인턴의 수련 측면에서도 중요하다. 그래서 UCSF 대학병원과 샌프란시스코 종합병원에서는 인턴에게 간단한 시술을 혼자 할 수 있는 기회를 주더라도 프리셉터가 와서 보고 확인한다. 또 시술이 끝나면 인턴은 환자의 의무기록에 이를 기록하는데, 프리셉터는 인턴이 작성한 의무기록을 읽어 보고 여기에 서명해야 한다. 그 이유는 수련의 인턴이 아직 스스로 독립해서 책임지고 환자를 맡을 수 있는 신분이 아니기 때문이다. 즉, 인턴이 수행한 모든 시술과 작업에 대한 책임은 궁극적으로 인턴을 지도하고 감독하는 전문의인 프리셉터에게 있는 것이다. 따라서 환자를 안전하게 돌보고, 인턴 수련을 효과적으로 하려면 프리셉터의 지도와 감독이 항상 있어야 한다. UCSF 대학병원과 샌프란시스코 종합병원에서는 인턴을 지도하던 프리셉터가 병가, 휴가 등으로 인턴을 지도할 수 없을 경우, 다른 전문의가 이 역할을 대신하지 않으면 인턴 단독으로 환자를 볼 수 없다. 환자의 생명에 영향을 끼칠 수 있는데 초보자에게만 맡길 수 없지 않은가?

투명인간의 역할을 하던 외래 클리닉의 레지던트

어머니는 B대학병원의 가정의학과에 완화치료를 받으러 네 번 방문했다. 그때마다 진료실에는 레지던트로 보이는 젊은 의사가 완화치료 담당 교수와 함께 앉아 있었다. 이 사람을 레지던트라고 판단한 이유는 달고 다니는 명찰 색깔이 금색이기 때문이다—B대학병원에서는 의사를 제외한 다른 직역은 사진과 이름이 들어간 코팅된 명찰을 착용하지만 의사는 사진이 없는 금색의 명찰을 가슴에 달고 있었다(그런데 의사만 다른 형태의 명찰을 달고 다니는 것은 의사가 일종의 특권 직역임을 암시하는 것이기 때문에 여러 직역들 간의 협력을 도모한다면 이는 별로 바람직한 방법이 아니다. UCSF 대학병원과 샌프란시스코 종합병원의 경우, 직역별로 색깔만을 달리한 명찰을 이용한다. 예를 들어 의사는 베이지색, 약사는 보라색, 간호사는 녹색 등이다. 또 명찰에 직역을 알려 주는 단어—의사, 약사, 간호사—등이 크게 적혀 있다. 즉, 명찰이 병원 내의 신분을 구분하는 것이 아니라 다른 사람에게 이름과 직역을 알려 주는 역할을 하고 있다). 내가 이 의사를 레지던트라고 생각한 또 다른 이유는 우리나라 진료 여건으로 볼 때, 한 진료실에 두 명의 전문의를 둔다는 것이 비현실적이기 때문이다.

그런데 어머니가 3주에 걸쳐 네 번 진료를 받는 동안 이 레지던트는 투명인간의 역할을 하고 있었다. 우리에게 한 번도 질문을 한 적이 없었고, 진단과 치료 방법에 대해 담당 교수와 상의하지도 않았다. 한 가지 하는 일이 있었는데, 우리와 담당 교수 사이에 오가는 말을 열심히 키보드를 두드려 의무기록으로 작성하는 것이었다. 이로 보아 B대학병원의 외래 레지던트 수련 과정 중 하나는 바쁜 프리셉터를 대신해서 레지던트가 의무기록을 작성해 주는 것 같았다.

내가 경험한 미국 대학병원의 경우, 레지던트가 외래 수련 과정에서 환자의 진료에 직접 참여한다. 외래진료에서 레지던트가 환자 진료에 참여하는 방법은 보통 다음과 같다.

먼저 레지던트가 환자를 진료실에서 단독으로 진료하면서 문진, 촉진 등을 수행하고 검사 결과를 검토한다. 그 후 레지던트는 환자를 진료실에 홀로 남겨 두고 전문의인 프리셉터에게 간다. 이때 프리셉터는 진료실에서 떨어진 다른 방에 있다. 레지던트는 프리셉터에게 환자에 대한 발표를 하는데, 문진, 촉진 결과와 함께 자신이 생각한 진단과 치료 계획을 말한다. 레지던트의 진단, 치료 계획을 바탕으로 프리셉터는 레지던트와 토의하고 최종 결정을 내린다. 그다음 프리셉터는 수련의 레지던트와 함께 진료실에 있는 환자에게 가서 진단과 치료 계획을 설명하고 환자의 질문에 답한다. 환자의 진료를 마친 뒤 레지던트는 진료기록을 작성하고 프리셉터는 여기에 서명한다.

이 방법은 레지던트의 교육에 있어 몇 가지 장점이 있다. 첫째, 수련인 레지던트가 스스로 독립하는 데 도움이 된다. 이 방법을 통해 레지던트는 혼자서 환자에게 문진과 촉진을 하고, 검사 결과를 검토하며, 진단과 치료 계획을 세우는 법을 익힌다. 레지던트가 경험 미숙으로 오진을 하거나 잘못된 치료 계획으로 환자에게 해를 끼칠 가능성은 낮다. 프리셉터가 레지던트의 진단과 치료 계획을 검토하고 확정하기 때문이다. 즉, 프리셉터라는 안전장치를 둔 상태에서 레지던트가 환자를 직접 보고 진단과 치료 계획을 스스로 세워 보게 하는 방법이다.

이 방법의 또 다른 장점은 프리셉터 한 명이 레지던트 여러명을 지도할 수 있다는 점이다. 가령, 레지던트들이 환자를 각각따로 볼 수 있도록 진료실이 여러 개 마련되어 있으면 프리셉터한 명이 이 방법으로 레지던트 두세 명을 한꺼번에 지도하고 감독할 수 있다.

실습 초기에는 레지던트가 질병 상태와 환자에 대해 익숙하지 않을 수 있기 때문에 전문의가 환자를 보고 레지던트는 옆에서 이를 관찰하는 것이 보통이다. 이때 의무기록을 작성하는 사

람은 전문의이지 레지던트가 아니다. 환자를 직접 진찰한 사람
이 전문의이고, 레지던트는 단지 관찰만 했기 때문이다.

실습 중반기 이후에도 프리셉터가 환자를 보는 것을 레지던
트가 옆에서 관찰만 하는 경우는 드물다. 레지던트는 수련을 마
친 다음 독립적으로 환자를 볼 수 있어야 하기에 전문의 지도
아래서 환자를 혼자 진료하는 훈련을 받아야 한다. 그런데 B대
학병원의 가정의학과는 그렇지 않아 보였다. 마찬가지로 A대학
병원 응급실에서도 전문의와 함께 수련의가 앉아 있었지만 수
련의가 맡은 역할은 대기실에서 기다리는 환자를 호명하는 것
이 전부인 듯했다. 응급실의 진료실 안에서 그 수련의 역시 투명
인간처럼 있었기 때문이다. 아무리 레지던트가 관찰만 하더라
도 이들의 교육을 위해서 프리셉터가 진단과 치료 계획에 대해
레지던트와 토의하는 것이 필요하다. 전문의와의 토의를 통해
레지던트는 자신이 잘못 생각했던 것이나 몰랐던 사실을 깨달
을 수 있기 때문이다. 또 전문의도 실수할 수 있으므로 이 과정
을 통해 실수나 오류를 발견할 수도 있고, 환자에게 해가 일어나
는 것을 방지할 수 있다.

내가 B대학병원 완화치료과와 A대학병원 응급실에서 만난
레지던트들이 아직 경험이 미숙한 단계의 수련인이어서 프리셉
터의 진료를 관찰만 하고 있었는지도 모른다. 혹은 프리셉터가
어머니를 본 다음, 레지던트가 어머니의 진단과 치료 계획에 대
해 프리셉터와 토론을 했는지도 모르겠다. 하지만 직접 경험함

으로써 배우는 것이 중요하다는 것을 고려할 때 병원의 외래진료 수련 프로그램이 수련인에게 환자를 직접 단독으로 볼 수 있는 기회를 좀 더 제공하는 것이 필요하지 않을까?

병실에 들어와 보지 않는 병동의 레지던트

어머니가 B대학병원에 입원하셨을 때 어머니를 담당한 레지던트가 한 명 있었다. 그런데 이 레지던트는 행방이 묘연했다. 적어도 나한테는 그랬다. 어머니가 5박 6일 동안 입원하시는 동안 나는 삼일의 낮과 밤을 병원에서 지냈는데, 이 레지던트가 어머니 병실에 들어온 것을 한 번도 본 적이 없었다. 심지어 입원 당일 환자의 병력과 약력을 꼬치꼬치 물어보며 나를 인터뷰했던 사람도 레지던트가 아닌 간호사였다. 간호사는 간호 평가와 계획을, 의사는 간호 계획과는 초점이 다른 입원의무기록을 따로 작성해야 하기 때문에 주치의 타이틀을 가진 레지던트가 올 것이라고 기대를 했다. 하지만 그는 나타나지 않았다. 이후에 어머니가 물을 드실 때마다 토하신다고 해도, 통증이 더 심해진 것 같다고 호소해도, 복수가 차서 불편함을 느낀다고 말해도 레지던트는 어머니 병실에 나타나지 않았다. 병동에 있으면서도 환자를 보지 않는 레지던트, 나는 그가 무엇을 하고 있는지 굉장히 궁금했다.

어머니 병실을 나서면 바로 앞에 간호사실—병동 중앙에 간호사들이 모여 앉아 있고 컴퓨터가 여러 대 비치되어 있는 곳—

이 있었는데 그 레지던트는 컴퓨터 앞에 항상 앉아 있었다. 그는 컴퓨터로 무엇을 하고 있었을까? 그가 인터넷 서핑이나 게임을 하고 있었다고 생각하지 않는다. 아마도 검사를 오더하고, 검사 결과를 검토하며, 의무기록을 작성했을 것이다. 그는 혼자 스무 명의 환자를 맡고 있었기 때문에 각 환자의 검사를 오더하고, 약을 처방하고, 검사 결과를 검토하며, 의무기록을 작성하려면 꽤 많은 시간이 필요했을 것이다. 하지만 정확한 진단과 효과적인 치료를 위해서 의사는 환자를 직접 마주해야 한다. 환자를 직접 봄으로써 검사 결과가 임상적으로 어떻게 전개되고 있는지 알 수 있기 때문이다. 또 어떤 정보는 환자를 직접 보지 않고는 얻을 수 없다(가령, 구토 정도가 얼마나 심한지, 음식을 어느 정도나 먹을 수 있는지 등등). 즉, 검사는 단지 환자에 대한 정보의 일부분일 뿐이다. 환자를 직접 대면해서 얻는 정보를 대신하지 못한다. 그래서 미국 병원의 수련의는 적어도 하루에 한 번은 환자를 직접 만난다. 교수급 전문의와 회진하기 전에 담당 수련의는 미리 병실에 들어가 환자에게 직접 문진, 촉진, 청진 등을 하고, 회진 중에 이를 다른 검사 결과와 함께 교수급 전문의와 동료 수련의들에게 발표한다.

앞에서 지적했듯이 입원환자를 위한 우리나라 대학병원의 의료진 운영은 환자를 외래에서 진료했던 교수급 전문의 중심이다. 즉, 입원환자마다 외래에서 만났던 교수급 전문의가 다르기 때문에, 병동을 담당하는 레지던트는 여러 교수급 전문의들의 지도 감독을 받아야 한다. 이 제도는 입원환자의 치료에 대한 결정이 늦어질 수 있는 등의 비효율적인 단점 외에도 레지던트 교육에도 긍정적으로 작용하지 않는 면이 많을 것 같다.

첫째, 레지던트는 자신의 시간을 효율적으로 사용하기 힘들다. 레지던트는 외래진료 스케줄이 각자 다른 교수급 전문의 여러 명의 일정에 맞춰야 하기 때문이다.

둘째, 입원환자의 진단과 치료에 대한 레지던트의 교육이 효과적으로 이루어지기 어렵다. 미국 대학병원의 여러 과에서는 하루 중 일부의 시간을 떼어 레지던트 교육에 사용한다. UCSF 대학병원의 경우, 순환기내과에서 입원환자를 돌보고 있는 레지던트들은 매일 오후 1시 30분에 1시간 동안 순환기내과 전문의로부터 다양한 심순환기 질환과 치료에 대한 강의를 듣는다. 레지던트들이 강의를 들을 수 있는 시간을 오후에 내는 것이 가능한 이유는 입원 담당 교수급 전문의가 대부분 오전에 병동 회진을 마치기 때문이다.

우리나라 대학병원의 레지던트는 미국 병원보다도 많은 수의 입원환자를 맡아야 하고, 외래진료 일정이 각자 다른 여러 명의 교수급 전문의의 지도, 감독을 받아야 한다. 따라서 레지던트가 강의를 듣기 위해 시간을 따로 내는 것이 어려워 보인다. 또 미국 대학병원처럼 수련의 여러 명과 교수급 전문의 한 명으로 이루어진 팀 체제에서는 교수급 전문의가 입원환자를 맡는 기간에는 외래환자를 보지 않기 때문에 입원환자의 진단과 치료에 대한 레지던트 교육에 신경을 더 쓸 수 있다. 하지만 교수급 전문의가 입원환자와 외래환자를 동시에 맡아야 하는 우리나라의 경우, 이들이 프리셉터로서 레지던트에게 양질의 교육을 제공하는 것을 기대하기 어려워 보인다.

휴일에는 보이지 않은 프리셉터

주말을 B대학병원에서 보내는 동안, 어머니를 담당한 레지던트를 병동 간호사실에서라도 볼 수 있었지만, 이 레지던트의 프리셉터인 교수급 전문의는 병동을 아예 찾지 않았다. 간호사도 이를 당연히 여기는지 "교수님이 월요일에 회진할 것"이라고 나에게 친절하게 알려 주기도 했다. 우리나라와 미국은 병원 상황이 달라 직접 비교하는 것이 무리일지도 모른다. 하지만 환자를 최종 책임지는 교수급 전문의가 환자 상태를 직접 확인하기 위해 병동을 들르지 않는다는 것은 미국 대학병원에서는 상상할 수 없는 일이다.

또 프리셉터는 수련의에게 역할 모델이다. 즉, 지금의 프리셉터의 모습에서 수련의는 자신이 미래에 스스로 독립해서 환자를 책임지고 돌보는 모습을 볼 수 있다. 그런데 주말에 병동에 나오지 않는 프리셉터를 보면서 수련의는 무엇을 배울까?

외래와 병동에서 만난 수련의들을 보면서 나는 우리나라 의사들의 진단과 치료 방법에 대해 가졌던 여러 의문점을 좀 해소할 수 있었다. 환자와의 의사소통 기술이 부족한 것은 수련 기간 중 병동 실습에서 환자에게 직접 문진하는 일이 드물고, 외래 실습에서 환자를 독립적으로 볼 수 있는 기회가 별로 없는 것이 그 이유 중 하나인 것 같았다.

또 환자의 상태에 대해 많은 정보를 얻을 수 있는 문진, 촉진, 청진 등은 소홀히 하고 검사 결과에만 의존해서 진단과 치료를 하려는 경향도 이러한 수련 과정에서 생긴 것처럼 보였다. 교수급 전문의의 의무기록 작성 능력이 미국 의과대학생보다 떨어지는 것도 수련 과정에서 프리셉터의 지도 감독이 부족했던 것에서 기인한 것 같았다(이에 대한 좀 더 자세한 내용은 저자의 블로그 '샌프란시스코 저널' https://blog.naver.com/sfjournal을 참조하기 바란다).

그리고 무엇보다도 일과 교육이 균형 잡힌 체계적인 수련 과정이 아닌, 교육보다는 일의 수행에 집중된 수련 과정으로 보였다. 이런 수련 과정에서는 수련인이 문헌을 읽고, 자신이 수행한 일에 대해 스스로 성찰하고, 프리셉터로부터 피드백을 들을 수 있는 기회가 많지 않을 것이다. 수련의는 수련을 마치면 독립적으로 환자를 담당해야 한다. 수련을 마친 후 이들이 양질의 의료 서비스를 국민들에게 제공하기 위해 대학병원의 수련의 교육에 개선이 꼭 이루어져야 할 것으로 보인다.

25

24시간 잠들지 않는
검사실

'드르륵'하고 병실 문 열리는 소리에 나는 잠에서 깼다. 새벽 1~2시경에 온다고 했는데 벌써 때가 되었나 보다.

"환자님, MRI 찍으러 가셔야 합니다."

어머니는 어제—8월 4일, 금요일—낮, B대학병원 췌담도암센터의 담당 교수에게 외래진료를 받았다. 담당 교수는 어머니의 혈중 빌리루빈 수치가 높다면서 황달 때문에 구토가 심해진 것으로 보인다고 말했다. 그래서 담당 교수는 어머니가 입원해서 MRI 등 검사를 좀 더 받은 다음, 이를 토대로 필요한 시술을 시도해서 황달을 완화해 보자고 권유했다. 우리도 어머니의 상태가 점점 나빠졌기 때문에 동의했다. 다행히 빈 병실이 있었고 어머니는 그날 입원할 수 있었다. 입원 수속을 할 때 간호사는 우리에게 어머니의 검사와 시술 계획을 알려 주었다.

"환자분의 MRI는 오늘(8월 4일, 금요일) 오후 11시에 예정되어 있어요. 그리고 시술은 월요일에 받으실 것입니다."

나는 어머니가 빨리 검사를 받으실 수 있어서 그 병원의 효율성에 감탄했다. 미국 병원에서 자신이 돌보는 입원환자가 검사를 제때에 받을 수 있게 하려고 레지던트가 검사실에 전화해서 사정하는 모습을 종종 목격했었다. 어머니가 신속하게 검사를 받으실 수 있는 것에 대해 감사했다. 그런데 그날 저녁 간호사가 다시 병실에 찾아왔다.

"MRI 검사실이 사정으로 환자분의 MRI 검사 일정이 바뀌었다고 알려 주었어요. 그래서 오늘 오후 11시가 아니라 내일 오전 1~2시쯤에 검사를 한답니다."

그날 어머니의 상태는 최악이었다. 어머니가 외래진료를 마친 시각은 오후 12시 반이었고 병실에 들어온 시간은 오후 5시쯤이었다. 병실로 올라갈 때까지 외래진료를 마치고 약 4시간을 기다려야 했다. 어머니가 외래진료를 받기 전부터 구토를 여러 번 했고, 드신 음식도 없었기 때문에 우리는 집으로 돌아가는 대신 병원 안에서 기다리기로 했다. 다행히 병원 지하에 있는 법당이 비어 있어 그곳에서 머물렀다. 어머니는 법당에 누워서 주무시려고 했지만 등에서 느껴지는 통증으로 편히 주무시지 못했다. 무얼 드시지도 못하고, 계속 구토가 올라오고, 잠도 잘 주무시지 못하는 상황이었다. 마침내 병실로 들어갔을 때, 어머니는 너무 지친 상태였다. 게다가 MRI 검사를 받아야 해서 저녁에 금식을 해야 했다. 어머니는 매우 기진맥진한 상태였다. MRI 검사실로 어머니를 수송하는 병원 직원이 왔을 때, 어머니는 곤히 주무시고 계셨다.

"어머니, MRI 검사를 받을 시간이 되었어요. 일어나실 수 있으세요?"

"몇 시니?" 어머니는 깜짝 놀라서 물었다.

"오전 2시예요."

옆 침대의 다른 환자분도 인기척에 잠이 깼는지 그분의 코고는 소리가 멈추었다. 힘겹게 일어나신 어머니는 침대에서 휠체어로 옮겨 타셨다. 나는 어머니와 수송하는 분을 따라나섰다. 병원은 북적대던 낮과는 달리 지나다니는 사람을 볼 수 없었고, 간호사들이 상주하던 병동 간호사실에도 아무도 없어서 병동 전체에 적막감이 감돌았다. 우리는 MRI 검사실로 내려가기 위해 엘리베이터를 탔다. 모두가 잠든, 아무도 없는 한밤중이라 그런지 엘리베이터는 중간에 멈추지 않고 한번에 MRI 검사실이 있는 2층에 도착했다. 그런데 조용한 병동과 달리 MRI 검사실은 부산스러웠다. 한밤중인데도 두 사람이나 일을 하고 있었다.

MRI 검사실 벽에 걸린 검사 스케줄에 적혀 있는 환자들 수로 보아 이들은 밤새도록 일을 하는 것 같았다. 검사실로 수송하시는 분은 어머니를 MRI 검사실에 내려놓고 다시 병동 쪽으로 빈 휠체어를 끌고 돌아갔다. 잠시 후, MRI 검사실에서 한 사람이 나와 어머니를 불렀다.

"환자 보호자분은 검사실로 들어오실 수 없습니다."

그는 나에게 이렇게 말한 후 어머니를 모시고 검사실로 들어 갔다. 나는 환자 대기실에서 기다리기로 했다. 환자 대기실에는 나 말고 아무도 없었다. 그리고 이 텅 빈 대기실에는 MRI에 대한 안내 방송만이 TV 스크린에서 계속 반복되고 있었다. '빼곡한 의자로 보아 낮에는 기다리는 환자로 꽤 붐빌 것 같네.'

나는 주위를 둘러보았다. 그런데 어머니와 함께 들어올 때 미처 보지 못한, 환자 대기실로 들어오는 통로에 걸린 안내판이 눈에 들어왔다.

"외래."

그 순간, 나는 내가 착각하고 있었음을 깨달았다. 나는 MRI 검사를 받아야 하는 입원환자가 많아서 어머니의 MRI 검사가 한밤중으로 예정되었다고 생각했다. 그래서 그동안 나는 입원 환자만을 위한 MRI 검사실에 온 줄 알았다. 그런데 "외래"라고 쓴 안내판을 보니 이곳은 입원환자들만의 검사를 위한 공간이 아니었다. 병원이 MRI같이 비싼 장비를 입원환자와 외래환자로 구분해서 사용할 이유가 없기 때문이다.

이 착각에서 벗어나게 되자 왜 병원이 위급하지도 않은 입원 환자의 MRI 검사를 한밤에 진행하는지 이해할 수 있었다. 병원 의 수익을 최대로 끌어올리기 위해서였다. 즉, 비싼 MRI 장비를 쉬지 않고 돌려야 이익을 극대화할 수 있으니 외래환자는 낮에, 입원환자는 밤에 검사를 하는 것이다.

미국의 병원들도 수익을 중요하게 여기지만 이 정도는 아니다. 적어도 내가 경험한 캘리포니아주와 플로리다주의 대학병원들은 이런 식으로 검사 장비를 운영하지 않았다. 물론, 입원환자들이 한밤중에 검사를 받기도 한다. 하지만 생명이 위독한 경우처럼 꼭 필요한 상황이었다. 환자가 충분히 잠을 자야 쾌유할 수 있는 것은 상식이다. 잠을 방해하면서까지 당장 급하지 않은 검사를 진행하면 환자의 치료와 회복에 무슨 도움이 되겠는가?

우리나라 병원은 다인실 병실이 많다. 한 환자가 한밤중에 검사를 받으러 가야 한다면 같은 병실의 다른 환자들도 수면에 방해가 된다. 어머니 병실에 함께 있었던 다른 환자도 그 당시에 잠이 깼던 것으로 느껴졌다. 검사 당사자인 환자뿐만 아니라 같은 병실을 쓰고 있는 다른 환자의 돌봄에게도 부정적인 영향을 끼칠 수 있다.

어머니가 왜 낮에 MRI 검사를 받지 못하고, 입원한 날 밤에 급하게 받아야 했는지는 지금까지도 미스터리다. 실제로 어머니가 MRI 검사를 받은 다음, 담즙 배액관 시술을 받기까지는 48시간 이상이 더 걸렸다. MRI 검사를 토요일 새벽 2시에 받았고, 담즙 배액관 시술은 월요일 오후 4시경에 받았다. 그런데 그 사이에 어머니는 복수천자 시술 외에 다른 특별한 치료나 검사를 받지 않았다. 토요일 낮에는 외래환자가 MRI 검사를 받아야 한다고 해도 외래환자를 보지 않는 일요일 낮을 이용할 수 있지 않았을까? 일요일은 MRI 검사실의 검사 담당 직원들이 쉬는 날일 수도 있다. 하지만 갑자기 급한 환자가 나타날 수 있는 병원의 특성상 일요일에도 필요할지 모르는 검사를 쉬게 한다는 것은 상상하기 어렵다.

그리고 담당 교수급 전문의는 어머니의 MRI 검사 결과를 월요일 오후에 알려 주었다. 간호사의 말을 종합해 보면, 어머니를 담당한 전문의는 월요일에 어머니의 검사 결과를 검토한 것 같다(담당 전문의는 주말에 병동에 나오지 않았으니 월요일에 검사 결과를 검토했다는 간호사의 말은 아마도 사실일 것이다). 그렇다면 검사 결과는 당장 필요하지 않은 것이었는데, 왜 굳이 급하게 검사를 해야 했을까?

어머니가 한밤중에 급하지도 않은 검사를 받은 이유가 병원이 수익을 극대화하기 위한 것이라는 것을 깨닫게 되자 그동안 가졌던, 어머니가 빨리 검사를 받을 수 있게 해 준 병원에 대한 감사한 마음이 분노로 변했다.

MRI 검사는 새벽 3시가 넘어서야 끝났다. 거의 1시간에 걸쳐 검사를 받았다. 완전히 기진맥진해서 병실에 돌아오신 어머니는 바로 잠드셨다. 며칠 후 B대학병원에서 퇴원하신 뒤 어머니는 입원 당일 한밤중에 받으신 MRI 검사에 대해 이렇게 말씀하셨다. "그때가 입원 기간 중 가장 힘들었어. 암 때문에 등이 아픈데 좁은 기계 안에 갇혀서 움직이지도 못하고 오랫동안 참고 있어야 하는 게 견디기 어려웠어. 아무것도 먹지 못한 상태에서 구토까지 해서 기운이 없었는데 잠도 못 자게 했잖아."

병원이 환자의 치료와 안녕을 위한 곳이라면 이를 수익보다 우선시해야 하지 않을까?

26

자식의 도리

세 가족은 큰 탁자를 가운데 두고 앉아 있었다. 서로 마주 보고 있었지만 처음 만나서인지 뻘쭘하게 말없이 앉아 있었다. 이윽고 간호사로 보이는 분이 방으로 들어왔다. '이제 초진 암환자들에게 제공되는 암 교육이 시작되는가 보다.'

B대학병원은 어머니가 췌담도암센터에서 초진을 마치자 암환자 신규 교육을 반드시 받아야 한다면서 병원 안에 있는 암교육센터로 우리를 안내했다. 암교육센터는 도서관처럼 꾸며져 있었는데, B대학병원 소속 의사들이 쓴 각종 암에 대한 책과 영상 자료 등 암과 관련한 다양한 정보를 환자를 위해 제공하고 있었다. 암환자와 가족을 위한 교육 프로그램도 있었는데, 신규 암환자 교육도 그중 하나였다.

우리가 참여한 신규 암환자 교육은 간호사가 진행했다. 환자 교육 경험이 많아 보이는 간호사는 교육 시작 전, 먼저 교육에 참여하는 세 가족이 서로 소개하도록 유도해 분위기를 부드럽게 이끌었다. 우리 가족은 어머니와 나와 동생이, 두 번째 가족은 부부와 자녀 한 명이, 세 번째 가족은 아들만 참여했다. 부부와 자녀가 참석한 가족은 오육십 대로 보이는 아버지가 대장암 2기 진단을, 아들만 참석한 가족은 팔십 대 아버지가 식도암 3기 진단을 받았다고 했다. 아무런 치료 방법이 없는 말기 췌장암 진단을 받은 어머니에 비해 다른 환자들은 아직은 암과 싸울 수 있는 희망이 있어 보여 부러운 마음이 들었다.

간호사는 빔 프로젝터를 활용해 1시간 동안 암 교육을 진행했다. 암 교육은 주로 암의 완치 가능성을 강조하고 항암치료의 효과와 부작용에 대한 설명으로 구성되어 있었다. 그래서 초기나 중기의 암을 진단받아 이제 항암치료를 시작하는 환자와 그 가족들에게 도움이 될 만한 내용이었다. 하지만 전이성 말기 췌장암을 진단받아 항암치료를 더 이상 받지 않기로 한 어머니와 우리 가족에게는 아무런 도움이 되지 않았다. 기계적으로 모든 신규 암환자에게 암 교육을 받으라고 강제하기 보다는 항암치료에 대한 교육이 필요한 환자와 그 가족들에게만 교육을 제공하는 것이 좀 더 효율적이지 않았을까? 또 만약 모든 신규 암환자와 그 가족들이 교육을 받아야 한다면, 똑같은 정보를 일률적으로 제공하기보다는 환자의 상황을 고려한 맞춤형 교육이 좀 더 효과적이었을 것이다.

"질문이 있으면 말씀해 주세요." 슬라이드 설명을 끝낸 간호사가 말했다. 그러자 식도암 3기 아버지를 모시는 아들이 물었다. "저희 아버지는 지방의 한 병원에서 식도암 3기 진단을 처음 받았습니다. 병원에서는 암이 많이 진행된 상태라 수술은 할 수 없고, 항암제와 방사선 치료만 가능하다고 했어요. 혹시 다른 병원에서는 수술이 가능한지 알아보려고 아버님을 B대학병원으로 모셔왔습니다. 다행히 의사 선생님이 식도암 3기라도 수술을 받을 수 있다고 했어요. 그런데 아버님은 당신이 살 만큼 사셨기 때문에 수술을 받기 싫다고 하십니다. 하지만 저는 자식의 도리로서 수술을 해 드리고 싶습니다. 어떻게 해야 할까요?"

이 상황에서 과연 어떻게 하는 것이 자식의 도리일까? 완치가 불가능하고 여명 기간이 얼마 남지 않았다는 진단을 받게 되면 치료를 포기하려는 환자와 무엇이든 해 보려는 환자 보호자 사이에 갈등이 일어날 수 있다. 어머니를 돌보는 동안 우리 가족도 이런 갈등을 겪었다.

2017년 8월 초, 어머니가 B대학병원 완화치료과에서 진료를 받고 있을 때였다.

"어머님, 황달이 심해져서 구토증상이 나타나고 있는 것 같습니다. 황달 증상은 담관에 스텐트라는 관을 넣거나 담즙을 몸 밖으로 빼내는 담즙 배액관을 다는 시술을 통해서 조절할 수 있으니 시술받으시는 것을 권합니다."

"선생님, 저는 시술을 받고 싶지 않아요. 시술이 황달을 잠시 완화시켜 주겠지만 췌장암의 근본적인 치료는 아니잖아요."

"네, 시술이 근본적인 치료는 아닙니다. 하지만 어머님이 구토가 심해서 음식을 못 드시는 것이 우려됩니다. 그래서 시술을 받으시는 것을 다시 권유드립니다."

"선생님의 말씀은 고맙습니다만 저는 시술을 받고 싶지 않습니다."

어머니는 완화치료과 담당 의사의 간곡한 권유에 꿈적도 하지 않았다. 진료실 문을 나오자마자 동생이 어머니께 호소하기 시작했다.

"엄마, 우리가 엄마 치료에 아무것도 해 드린 것이 없는데 시술을 받으시면 안 돼?"

동생의 눈물 어린 호소와 간청에 어머니의 마음이 움직이셨나 보다. "네가 울어서 해야겠구나."

환자 보호자 사이에도 치료 방법에 대한 의견이 갈릴 수 있다. 처음에 나도 시술이 필요하다고 생각했다. 그런데 문헌을 찾아보니 시술은 황달로 인한 가려움증 같은 불편한 증상을 줄이는 데에는 도움이 되지만 생명을 연장시키는 것이 아니기 때문에 그런 증상이 없다면 꼭 필요한 것은 아니었다. 특히 담즙 배액관 시술의 경우, 관을 간에 삽입해서 몸 밖으로 빼내는 것이기 때문에 감염의 위험이 있고 움직일 때마다 배액관의 위치를 조정해야 하는 불편함도 만만치 않았다.

Less is more. 미국 의료 현장에서 종종 쓰이는 표현 중 하나다(의학잡지 〈JAMA Internal Medicine〉에도 'Less is More'라는 코너가 있다). 우리말로 옮기면 '적게 하는 것이 더 많이 하는 것이다' 정도가 될 것 같다. 지금까지 의료 현장은 환자에게 무언가를 더 해 주는 것에 익숙하다. 이는 뭔가 더 할수록 환자에게 도움이 될 것이라는 전제를 바탕으로 한다. 그래서 할 수만 있으면 검사 하나라도 수술 하나라도 더 하고 약 하나라도 더 주려고 한다. 물론 의료 행위를 더 할수록 금전적으로 보상을 더 많이 받는 '행위별 수가제'도 그 배경 중 하나일 것이다.

환자 입장에서도 검사든, 시술이든, 수술이든, 약이든, 하나라도 더 받아야 좋을 것으로 기대하기도 한다. 그런데 여기에서 간과하고 있는 것이 하나 있다. 이런 '하나라도 더'라는 식의 의료 행위는 부작용 위험을 증가시키고, 오히려 환자에게 해를 끼칠 수 있다. 그래서 'Less is more'는 환자에게 정말 필요한 치료나 시술만을 하고 그렇지 않은 것들은 하지 말자는 것이다.

그런데 이를 의료 현장에 적용하기 위해서는 몇 가지 벽을 넘어야 한다. 첫 번째 벽은 그동안 하나라도 더 하는 의료 행위에 익숙해진 의료인들이다. 이는 필요한 의료 행위에 대한 교육과 불필요한 의료 행위로 인해 환자가 해를 입은 사례에 대한 연구로 풀어야 할 부분이다.

두 번째 벽은 치료를 하면 할수록 금전적으로 더 보상을 해 주는 행위별 수가제를 의료 행위가 아닌 환자의 치료 결과에 따라 보상하는 제도로 바꾸는 것이다. 의료 행위에 대한 지불 방식을 바꾸는 일이라 정치적으로 풀어야 하는 부분이다.

세 번째 벽은 앞서 지적했듯이 치료를 하나라도 더 받으면 더 빨리 건강을 회복할 것이라고 믿는 환자와 보호자의 기대이다. 이는 의료진이 환자 교육과 설득으로 해결해야 한다.

그리고 마지막으로 문화적 차이를 들 수 있다. 나에게 가장 기억에 남은 환자가 한 명 있다. 그 환자는 선천성 심장질환을 갖고 있었는데, 호흡 곤란 등의 증상으로 UCSF 대학병원 중환자실에 입원하게 되었다. 그 환자의 선천성 심장질환은 중증이었기 때문에 그를 어렸을 때 담당했던 의사는 그가 20대를 넘기지 못할 것으로 예상했다. 하지만 그가 UCSF 대학병원에 입원했을 때가 50대 중반이었으니 그는 의사의 예상보다 무려 20여 년을 더 산 셈이다. 그런데 그동안 버텨 온 심장이 더 이상 기능을 하지 못하게 되어 상황이 좋지 않았다. 의료진은 심장 기능을 일시적으로 증진시키지만 심장을 지치게 하여 결국에는 사망에 이르게 하는 강심제inotrope로 연명을 시킬지, 아니면 이를 포기하고 통증 등 불편한 증상만을 조절하다가 얼마 뒤 죽음을 맞이하는 "comfort care"로 할지 고민하고 있었다. 아침 회진에서 이를 듣던 환자는 조용히 눈물만 흘리고 있던 가족을 옆에 두고 "comfort care"를 선택했다. 나는 환자가 그때 한 말을 아직도 기억한다. "나는 꽤 괜찮은 삶을 살았어요."

반면에 내게 익숙한 동양 문화는 이와는 많이 다르다. 미국 의료 현장에서도 심심치 않게 관찰할 수 있다. 몇 년 전 팔십 대

중반의 동양계 환자가 심장에서 대동맥 사이에 있는 판막이 심하게 좁아진 대동맥판 협착증aortic stenosis으로 입원한 적이 있다. 당시만 해도 대동맥판 협착증은 갈비뼈를 열고 심장과 대동맥에 접근하는 수술이 유일한 치료법이었다. 그런데 환자는 고령이었고 신부전증을 비롯한 여러 가지 합병증이 있었다. 수술 자체에 의한 사망 위험률이 50퍼센트를 넘었다. 수술로 살 수 있는 확률보다 죽을 확률이 더 높을 수도 있었던 것이다. 하지만 가족은 수술이 불가능하다는 의료진의 판단에 동의하지 않았다. 어떻게든 수술을 해 달라고 했지만 의료진이 거부하자 다른 병원을 찾아보겠다며 환자를 퇴원시켜 데리고 나갔다.

'자식의 도리' 어려운 질문이다. 어떻게 해서든 부모님을 살리고 싶은 것은 자식의 당연한 심정이다. 하지만 현실적으로 치료에는 한계가 있기 마련이다. 무엇보다 어떤 경우에는 자식이 해 드리려는 치료의 부작용이 만만치 않아 부모님이 더 고생할 수도 있다. 어머니의 투병 과정에서 나는 어머니의 의사를 존중하는 것이 자식의 도리라고 생각했다. 항암치료를 했으면 어머니가 몇 달 정도는 더 사셨을지도 모른다. 하지만 항암치료를 선택하지 않으셨던 어머니의 의사를 존중한 것에 대해 후회하지 않는다. 그러나 한 가지 후회하는 것이 있다. 어머니에게 혜택은 없이 그저 불편함만 주었던 담즙 배액관 시술을 마지막에 동의한 것이었다.

27

아무것도
해 드린 것이 없어서…

"오늘 오후에 하기로 한 시술은 예정대로 하는 거예요?"

나는 너무 궁금해서 간호사에게 물었다. 어머니는 지난 8월 5일, 토요일 한밤중에 MRI 검사를 받으셨다. 어머니를 담당한 교수급 전문의가 주말 동안 병실에 들르지 않았기 때문에 월요일 오전에는 그 의사가 검사 결과와 시술 계획에 대해 알려 줄 것이라고 생각했다. 하지만 정오가 다 되어 가도록 검사 결과와 시술에 대해 알려 주는 사람은 아무도 없었다.

"예, 1시 반에 예정대로 시술하는 것으로 알고 있습니다."

어머니가 받을 예정인 시술은 담관에 스텐트를 삽입하여 담즙이 소장으로 잘 배출되도록 하게 하는 것이다. 이 시술은 위내시경을 할 때처럼 카메라가 달린 튜브를 환자의 입안으로 넣어서 수행한다. 담관의 막힌 부분을 정확하게 찾아 스텐트를 삽입해야 하기 때문이다. 위내시경의 경우 카메라가 식도를 지나 위까지만 도달하면 된다. 하지만 이 시술을 통해 담관에 스텐트를 삽입하려면, 카메라는 위를 지나 담즙이 나오는 통로가 있는 십이지장까지 좀 더 깊숙이 내려가야 한다.

예정 시간이 가까워지자 병원 직원이 어머니를 시술실로 모시고 가려고 운송 침대를 가지고 병실로 들어왔다. 가뜩이나 기운이 없으신 어머니는 시술 준비를 위해 전날 저녁부터 금식을 해야 해서 운송 침대로 혼자서 이동할 수 없었다. 하지만 이때 병실에 들어온 간호사는 어머니가 정말 혼자 운송 침대로 움직일 수 없느냐고 물었다. 그렇게 어머니와 시술실이 있는 층으로 이동했고, 시술실 앞에서 기다리고 있는데 담당 교수가 드디어 시술복을 입고 나타났다.

"MRI 검사 결과를 보니 그동안 암이 많이 진행되어서 여러 군데로 더 퍼졌어요. 특히, 간 이곳저곳에 많이 퍼져 있어서 시술을 해도 빌리루빈 수치가 많이 내려가지는 않을 것 같습니다. 게다가 퍼진 암이 십이지장을 누르고 있어서 십이지장이 많이 좁아져 보입니다. 카메라가 그 사이를 통과할 수 있을지는 모르겠지만 한 번 시도해겠습니다."

설명을 마친 담당 교수는 시술실로 들어갔다. 아내와 나는 초조하게 시술실 밖에서 기다렸다. 한 10여분쯤 지났을까 담당 교수가 시술실 문을 열고는 나왔다. 그런데 그의 표정이 좋지 않았다.

"시술을 할 수 없었습니다. 카메라 직경이 1.5센티미터 정도인데 어머니의 십이지장이 너무 좁아져서 카메라가 그 사이를 통과할 수가 없었습니다. 이 정도로 좁아져 있으면 유동식도 드시기 힘들 거예요."

그렇기 때문에 어머니는 음식이 뱃속에 고여 있는 것 같다고 하셨고 물만 드셔도 토하셨던 것이다.

"스텐트를 넣지 못했으니 담즙 배액관을 다는 것으로 계획을 바꿔야 하겠습니다. 그런데 이 시술은 저희가 아니고 영상의학과에서 시술을 합니다. 일단 어머니를 병실로 다시 모셔다 드린 다음 저희가 협진 의뢰를 넣겠습니다."

내가 물었다. "그런데, 담즙 배액관을 꼭 달아야 하나요? 어머니가 물만 드셔도 토하시는 것은 황달 때문이라고 생각했는데, 선생님 말씀을 들어보니 십이지장이 너무 좁아져 있는 게 원인인 것 같아서 그렇습니다. 또 암이 많이 퍼져 있어 시술을 해도 빌리루빈 수치가 많이 내려가지 않을 것 같다고 말씀하셨고요."

담당 교수는 살짝 놀라는 눈빛이었다. 아마 부모를 위해 의사가 권유한 시술에 대해 이의를 제기한 자녀는 보기 드물기 때문일 것이다.

"어머님께 지금까지 해 드린 것이 없으니 담즙 배액관을 다는 시술을 해 드리는 것이 어떨까요?"

나는 어머니에게 여쭈어보고 싶었지만 그럴 수 없었다. 어머니는 스텐트 시술을 위해 진정제를 맞아 주무시고 계셨기 때문이다. 어머니가 깨어나시기까지 약 4시간 정도 걸렸다.

"선생님, 제가 가족들과 상의한 다음 알려드려도 될까요?"

"그러시죠."

그 자리에서 바로 결정할 수는 없어서 가족들과 상의할 시간을 구했다.

"여보, 당신은 어떻게 하는 게 좋을 것 같아?"

"의사 선생님이 담즙 배액관을 다는 것을 권유했으니 따르는 것이 좋지 않을까?"

나는 동생에게 전화를 걸었다. "너는 어떻게 하는 것이 좋을 것 같니?"

"오빠, 나도 의사 말을 듣는 게 좋을 것 같아. 시술을 하면 황달이라도 좋아질 수 있잖아."

한참 고심한 끝에 결국 담즙 배액관을 다는 시술을 받기로 결정했다. 우리 모두 이런 상황에 대한 경험이 없었고 혹시 어머니의 황달이라도 좋아지지 않을까하는 막연한 기대가 있었다.

영상의학과와의 협진 의뢰는 빠르게 진행되어 어머니는 병실로 돌아오고 나서 2시간 후에는 담즙 배액관 시술을 받을 수 있었다. 시술은 약 30분 정도가 소요되었다. 어머니가 수송 침대에 실려 나올 때, 어머니의 배 위에 조그마한 투명한 백이 놓여 있었다. 담즙백이었다. 지난 금요일에 입원해서 이를 달기까지, 어머니가 겪은 모든 고생과 가족들의 마음고생에 비하면 담즙 배액관은 참 단순하게 생겼고, 쉽게 달 수 있는 물건처럼 느껴졌다.

하지만 이는 매우 불편한 물건이었다. 담즙 배액관은 간이나 담관에 직접 연결되어 담즙을 몸 밖으로 빼내는 관과, 빼낸 담즙을 담는 담즙백으로 구성되어 있다. 간에서 하루에 생성되는 담즙의 양은 약 800~1,000밀리리터 정도인데 담즙백은 그중 400밀리리터 정도의 담즙만을 담을 수 있다(담즙 배액관은 간에서 생성되는 담즙 전체를 빼내는 것이 아니라 일부만을 빼내는 것이다). 그래서 매일 이 투명한 주머니에 담긴 담즙을 비워 주어야 한다. 담즙을 비우는 것은 화장실 가는 것처럼 생각하면 되었기 때문에 크게 불편하지는 않았다.

정말 신경을 써야 할 문제는 감염이었다. 담즙 배액관을 달면 관이 몸을 뚫고 밖으로 나와 있기 때문에 감염의 위험이 높다. 피부는 세균 침입을 막는 장벽 역할을 하는 데, 관을 몸 밖으로 빼내기 위해 피부가 뚫어져 있으니 감염 위험이 높아지는 것이다. 세균 감염을 막기 위해 배액관과 담즙이 모이는 백을 정기적으로 소독해야 했다. 또 담즙이 굳어지면 관을 막을 수도 있다. 그러면 황달이 악화되고 감염의 위험도 증가한다. 그래서 매일 멸균 등장액으로 배액관을 세척해야 했다.

하지만 이런 불편도 담즙 배액관으로 어머니의 움직임이 제한되어 겪는 불편에 비하면 아무것도 아니었다. 어머니가 이동할 때마다 누군가 옆에서 담즙백을 들어 주어야 했기 때문에 마음대로 움직일 수 없었다. 또 담즙백의 위치가 관이 배로 들어간 높이보다 높으면 담즙백에서 어머니의 간으로 담즙이 역류할 수 있어 백의 위치에 항상 세심한 주의를 기울여야 했다. 어머니의 경우, 담즙 배액관이 어머니 배의 오른쪽으로 나와 있었는데 몸 밖으로 나온 관의 길이가 길지 않았다. 그래서 어머니가 몸을 왼쪽으로 돌릴 때에는 관과 담즙백의 위치 때문에 여간 신경이 쓰이는 것이 아니었다.

그런데 어머니의 황달이 좋아지기만 했더라면 이런 모든 불편함은 충분히 감수할 만했다. 시술을 마친 이틀 뒤인 8월 9일 수요일, 어머니는 퇴원하셨다. 그런데 퇴원하는 날이 공교롭게도 완화치료과의 외래진료를 예약한 날이었기 때문에 완화치료과 의사를 만난 다음에 집으로 돌아가기로 했다.

"시술은 잘된 것 같군요. 빌리루빈 수치를 한 번 볼게요."

완화치료과 의사는 전자차트에서 그동안 측정한 어머니의 혈중 빌리루빈 수치를 열심히 찾아보았다.

"어, 어제 검사한 것을 보니 15네. 고작 5밖에 안 떨어졌어요?"

의사는 굉장히 놀라는 모습이었다. 담즙 배액관을 달지 않았으면 빌리루빈 수치는, 시술 전 수치였던 20보다 더 올라갔을지도 모른다. 그렇지만 빌리루빈 수치가 더 올라간다고 해서 어머니의 경과가 크게 달라졌을 것 같지는 않다. 8월 17일, 담즙 배액관을 달고 나서 11일 만에 어머니는 세상을 떠나셨기 때문이다(어머니의 입원치료를 담당한 췌담도암센터의 담당 교수는 퇴원 3주 뒤로 후속 진료를 잡아 두었는데, 이는 환자의 예후를 완전히 잘못 예측한 것이었다).

생명을 몇 주 연장시키지는 못하더라도 담즙 배액관이 어머니의 증상을 완화시켜 주었다면 이를 달 가치가 있었을 것이다. 하지만 계속되는 구토로 어머니는 마지막 11일을 물조차도 마음대로 드시지 못했고, 수액으로만 영양 공급을 받을 수 있었다. 결국, 담즙 배액관은 어머니를 불편하게만 만들었지 증상 완화에는 아무런 도움이 되지 못했다.

어머니가 마지막 11일을 담즙 배액관 때문에 불편하게 지내신 것을 떠올리면 이 시술에 동의한 것이 너무 후회된다. 그동안 해 드린 것이 없어서 시술을 하는 것이 아니라 꼭 필요했기 때문에 했어야 했다.

28

입원, 퇴원 그리고 입원

"애들아, 난 도저히 못 먹겠다. 너희만이라도 맛있게 먹어라."

8월 9일 저녁은 특별한 시간이었다. 어머니가 B대학병원에서 퇴원하고 나서 처음으로 집에서 드시는 저녁식사였다. 또 이날 저녁은 어머니가 췌장암 진단을 받으신 이후 미국에서 온 손자, 며느리와 처음으로 집에서 함께하는 저녁식사였다. 아들은 집을 깨끗하게 청소해 할머니를 맞을 준비를 했고, 동생과 아내는 어머니가 드실 만한 음식—죽, 달걀 요리, 생선 요리 등—을 오후 내내 정성스럽게 마련했다.

우리 가족은 어머니가 퇴원을 하고 집에서 지내게 되어 모두 들떠 있었다. 어머니가 담즙 배액관도 다셨으니 뭐라도 좀 드실 수 있을 것이라고 기대했다. 어머께 담즙 배액관을 다는 시술을 받게 한 이유도 구토 증상을 완화해 식사를 할 수 있게 하기 위해서였다. 하지만 어머니는 죽조차도 거의 드시지 못하고 숟가락을 곧 내려놓았고, 가족들은 크게 실망할 수밖에 없었다. 숟가락을 놓자마자 어머니는 얼마 드시지도 않은 죽을 다 토하셨고, 우리는 어머니의 몸 상태가 입원 전보다도 나빠진 것 같아 크게 걱정하게 되었다.

이틀 뒤인 8월 11일 금요일, B대학병원 간호사가 영양제 수액을 가지고 집을 방문했다. 어머니와 같이 거동이 힘든 환자를 위한 가정방문 간호 서비스였다. 나는 간호사에게 몇 가지를 물었다.

"퇴원하신 다음 어머니의 복수 양이 좀 더 늘어난 것 같은데, 수액을 맞으셔도 될까요?"

"일단 수액을 맞으시고 복수를 빼시면 될 것 같아요."

"그럼 복수를 빼 주실 수 있으신가요?"

"그건 제가 할 수 없고 병원을 방문하셔야 합니다. 굳이 저희 병원까지 오실 필요는 없고, 집 근처에 있는 가까운 병원에서 빼시면 됩니다."

"어머니가 기운이 없으셔서 병원에 가시는 것 자체가 어렵습니다. 그래서 저희가 가정방문 간호 서비스를 신청한 것이고요."

"사정은 잘 알겠지만, 제가 복수를 빼 드릴 수는 없습니다. 의사 선생님이 초음파를 보면서 빼셔야 하니까요. 오늘 어머니께 영양제 수액을 놓아 드릴까요?"

어머니의 복수 상황은 심각해 보였다. 어머니는 퇴원하기 직전에 복수를 뺐었다. 그런데 퇴원 후 이틀 동안 음식을 거의 드시지 못했음에도 불구하고 어머니의 복수가 퇴원 전 복수를 빼기 전의 상태로 다시 늘어난 것이다. 이 상황에서 1리터 이상의 영양제 수액을 맞으면 복수는 더 늘어날 것이다. 하지만 음식을 먹지 못하는 상황이라서 영양제 수액을 맞지 않으면 영양을 공급을 할 방법이 없다. 음식도 먹지 못하고 영양제도 맞을 수 없다면 어머니는 어떻게 견디실 수 있을까? 나는 매우 걱정이 되었다. 이 상황을 해결하려면 어머니에게 영양을 공급해 드리면서 복수도 뺄 수 있는 곳을 찾아야 했다. 그런데 이 조건을 충족하는 곳은 병원밖에 없었다. 그래서 퇴원 이틀 만에 어머니를 다시 병원에 입원시키기로 결정했다.

환자가 퇴원 후 재입원하는 경우는 흔하다. 미국의 자료에 따르면, 퇴원한 환자들의 15퍼센트가 퇴원 후 30일 안에 재입원한다고 한다. 퇴원한 환자들이 재입원하는 이유에는 여러 가지가 있다. 첫째, 치료가 완전히 되지 않은 상태에서 퇴원한 경우다. 예를 들어, 심부전으로 인한 부종으로 입원한 환자가 부종이 충분히 줄지 않은 상태에서 퇴원하게 되면 재입원할 가능성이 높다.

둘째, 퇴원한 환자가 의료진의 치료 지시를 잘 따르지 못한 경우이다. 퇴원할 때 의사가 처방한 약을 환자가 제대로 복용하지 않거나 입원 전에 복용했던 약 중에서 의사가 퇴원할 때 중단시켰던 약을 환자가 퇴원 후에도 계속 복용하면 재입원을 할 위험이 높아진다.

셋째, 입원환자 담당팀이 퇴원 후 돌봄 계획을 세심하게 세우지 않은 경우이다. 어머니의 경우가 이에 해당된다. 퇴원 후 돌봄 계획이란 퇴원 이후 환자의 약물치료, 영양치료, 운동치료 등에 관한 계획을 말한다. 어머니가 B대학병원에 입원했을 때 어머니를 담당한 교수와 레지던트는 어머니가 얼마나 식사를 하실 수 있는지, 얼마나 자주 구토하시는지를 직접 눈으로 확인한 적이 없다. 어머니가 담즙 배액관 시술을 받았으니 좋아질 것이라는 막연한 추측을 한 것 같다. 병원에 입원해 있는 동안, 어머니는 8월 5일 토요일과 8월 8일 화요일에 복수를 두 번 빼냈다. 즉, 복수가 차올라 다시 빼낼 때까지 단 3일이 걸렸다. 또 어머니는 가정방문 간호사를 통해 영양제 수액을 맞을 계획이었기 때문에 그로 인해 어머니의 복수가 더 빨리 증가할 가능성이 있었다. 따라서 어머니를 담당한 교수와 레지던트는 퇴원 후 어머니가 맞게 될 영양제 수액으로 복수가 증가할 경우에 대비하여 대처 방법을 세우고, 보호자에게 알려 주었어야 했다. 즉, 이들은 어머니가 퇴원한 다음, 어머니의 치료와 영양에 대해서 아무런 계획을 세우지 않았던 것이다.

UCSF 대학병원은 입원환자의 퇴원 후 돌봄 계획을 매우 중요하게 여긴다. 그 이유는 환자가 재입원할 가능성을 이를 통해 줄일 수 있기 때문이다. UCSF 대학병원에서 환자의 퇴원 후 돌봄 계획을 세우며 이에 대한 책임을 지는 조직은 환자를 담당한 팀이다. 그래서 그 팀은 환자가 퇴원한 뒤 사는 곳의 환경을 고려하여 환자의 치료, 영양, 운동 등에 대한 계획을 세우고 이를 환자와 1차 의료제공자 등 외래에서 환자를 담당하는 의료진에게 알려 주는 책임이 있다. 이를 위해 팀에 소속된 레지던트 등의 의료진뿐만 아니라 간호사, 약사, 사회복지사 등 다양한 직종이 협력해서 일한다.

예를 들어, 순환기내과팀 소속의 약사는 환자의 퇴원 약에 대한 상담을 담당한다. 앞에서 설명했듯이 환자가 퇴원한다는 것은 입원에서 퇴원으로 돌봄이 바뀌는 것이다. 즉, 돌봄의 전환이 이루어지는 것이다. 그런데 돌봄 전환이 매끄럽게 이루어지려면 입원환자팀과 환자 간의 의사소통 또는 입원환자팀과 1차 의료제공자 사이의 의사소통이 원활해야 한다. 만약 이러한 의사소통이 제대로 이루어지지 않으면 환자는 퇴원 후 치료를 제대로 받지 못하게 되고 재입원을 해야 할지도 모른다. 그렇기 때문에 팀은 환자와 보호자뿐만 아니라 외래에서 환자를 담당하는 의료진과의 의사소통이 명확히 이루어지도록 각별히 신경을 쓴다. 약사는 환자에게 퇴원 후 복용해야 할 약의 목록을 적어 주고, 동시에 말로 설명하여 환자가 퇴원 후에도 약을 처방한 대로 복용할 수 있도록 도와준다. 팀의 의료진은 환자의 1차 의료제공자에게 환자가 입원 중 어떤 치료를 받았으며 어떤 계획을 가지고 퇴원했는지 전화나 이메일을 통해 알려 준다. 또 퇴원 후 빠른 시일 안에 1차 의료제공자로부터 추후 진료를 받아 돌봄의 연속성이 이루어지도록 주선해 준다.

이와 같은 퇴원 후 돌봄 계획의 수립과 이행을 통해 퇴원 환자의 재입원률을 낮추려는 노력은, 2012년 미국 정부 보험인 메디케어가 폐렴, 심부전 등으로 입원한 환자가 퇴원한 뒤 같은 질환으로 30일 이내에 재입원할 경우, 그에 대한 벌칙으로 해당 환자를 먼저 입원시켜 치료했던 병원에 대해 지불을 줄이는 정책을 시행하면서 더 강화되었다. 즉, 병원이 환자의 치료에 들어간 돈을 보험으로부터 받을 수 없게 되자 재입원률을 줄이려고 더 노력하게 된 것이다. 그런데 아직까지는 재입원에 대한 벌칙은 폐렴, 심부전, 심근경색증 등 입원률이 높고 치료 비용이 많이 드는 일부 질환에만 한정되어 있다. 모든 질환에 대해 재입원에 대한 벌칙을 적용하고 있지는 않다.

메디케어의 이런 정책에 문제점이 없는 것은 아니다. 가령, 병원이 벌칙을 받지 않으려고 재입원이 필요한 환자의 입원을 지연시키거나 정식으로 입원을 시키지 않고 응급실에서 환자를 관찰만 할 수 있다. 또한 이 정책이 궁극적으로 환자의 사망률을 낮추는지에 대해서 논란이 있다. 하지만 이 정책으로 인해 병원이 입원환자의 퇴원 후 치료에 대해 좀 더 세심하게 계획을 세우고 수행하도록 노력하게 만든 것은 분명하다.

퇴원 후 돌봄 계획의 부재로 어머니는 퇴원 후 이틀 만에 다시 병원에 입원하셔야 했다. 그런데 어머니에게 필요한 것은 영양 공급과 복수 제거였으므로 큰 병원에 입원할 필요는 없었다.

게다가 이틀 전에 퇴원했던 B대학병원은 아무도 다시 가고 싶어 하지 않았다. 그래서 동네 근처의 병원을 알아보기로 했다. 몇 군데를 연락해 보니 모두 당일 입원할 수 있다고 말했다. 어머니를 어디로 모실지 고민을 하다가 분당 보바스 기념병원이 떠올랐다. 며칠 전 호스피스 서비스를 알아보기 위해 방문했을 때 좋은 입원 환경과 깨끗한 시설이 인상적이었다. 전화를 걸어보니 금요일 늦은 오후라서 바로 입원하기는 어렵다고 답했다. 하지만 내가 어머니의 사정을 이야기하니 병원 측은 원장님과 상의한 후 전화를 주겠다고 말했다. 잠시 후, 보바스 병원에서 전화가 왔다.

"네, 분당 보바스 병원입니다. 환자분이 오늘 입원하실 수 있게 되었고, 원장님께서 환자분을 직접 보시겠다고 하셨습니다."

우리는 어머니의 입원에 필요한 물건들을 챙겨 바로 분당 보바스 병원으로 향했다.

29

돈 걱정 없이
치료에만 전념할 수 있을까

"오빠, 약값이 고작 500원이네!"

대학병원 근처 약국으로 진통제 트라마돌 2주 치를(60알) 받으러 갔던 동생이 영수증을 보여 주었다. 미국에서 보험 없이 트라마돌 60알을 약국에서 구입하면 20달러를 내야 한다. 내가 가진 보험을 이용해서 구입해도 5달러를 부담해야 한다. 보험이 있어도 우리나라보다 10배 이상을 더 내야 한다. 미국의 비싼 의료비에 익숙했던 터라 저렴한 약값에 나는 놀라지 않을 수 없었다.

"엄마가 중증환자로 등록되어서 5퍼센트만 내면 된대."

우리나라의 건강보험에는 '중증질환 및 희귀·중증난치질환 산정특례'라는 제도가 있다. 이 특례 제도에 해당되는 질환으로 투병 중인 환자는 의료비에서 본인 부담금 비율이 낮다. 여기에 해당하는 대표적인 질환으로는 암, 중증화상, 뇌혈관질환, 심장 질환, 중증외상, 결핵, 희귀·중증난치질환(예를 들면, 만성 신장질환 으로 혈액 투석을 받는 환자, 장기 이식을 받은 환자) 등이 있다. 그리고 지 원 기간과 본인 부담금의 정도는 질환에 따라 다르다(표 2 참조).

건강보험의 중증질환 및 희귀·중증난치질환 산정특례 제 도는 어머니의 약값뿐만 아니라 진료비, 검사비, 시술비 등 병 원비 전반에 걸쳐 적용되었다. 예를 들면, B대학병원 완화치료 과와 같은 상급 종합병원을 이용할 경우, 일반 환자는 진찰비용 100퍼센트를 제외한 나머지 항목 중 건강보험이 적용되는 비용 의 60퍼센트를 부담해야 한다. 반면에 어머니처럼 중증질환 특 례를 적용받는 환자는 건강보험이 적용되는 비용의 5퍼센트만

표 2 2020년 현재 중증질환 및 희귀·중증난치질환에 대한 지원

질환	지원 기간	보험급여 대상에서 본인 부담 비율
암	5년(재등록 가능)	5%
중증화상	1년(6개월 연장 가능)	5%
뇌혈관	최대 30일(입원)	5%
심장질환	최대 30일(입원, 외래) (복잡선천심장기형과 심장이식은 최대 60일)	5%
중증외상	최대 30일(입원)	5%
결핵	치료 기간	0%
중증치매	5년	10%
희귀질환	5년(재등록 가능, 상세불명 희귀질환 1년)	10%
중증난치질환	5년(재등록 가능)	10%

부담하면 된다. 그래서 우리가 B대학병원 완화치료과에서 진료 받을 때마다 낸 돈은 고작 1,000원이었다. 우리나라의 의료비와 약값 자체가 미국보다 싼데 그것도 5퍼센트만을 부담했기 때문에 어머니 치료에 든 비용이 장례 비용보다 더 적게 들었을 정도였다.

암과 같은 중증질환은 오랫동안 비싼 치료를 받아야 하는 경우가 많다. 그런데 의료비 부담이 크다면 치료를 장기간 꾸준히 받기 어렵다. 또 좋은 치료 결과를 얻기 위해서는 환자와 보호자 모두 치료에 집중할 수 있어야 한다. 생명을 위협하는 중증질환을 진단받은 것만으로도 환자와 보호자는 정신적인 충격이 커 치료에 집중하기 힘들다. 그런데 여기에 비싼 의료비까지 걱정해야 한다면 치료 결과가 좋을 가능성이 낮아진다. 그런 점에서 중증질환 환자의 병원비 부담을 덜어 주기 위한 정부 정책은 환자와 보호자가 치료에 집중할 수 있게 해 주어 큰 도움이 된다.

비싼 의료비는 환자와 보호자에게 경제적으로 큰 부담이 된다. 2019년에 발표된 한 연구에 따르면, 미국에서 개인 파산을 신청한 사람들의 37퍼센트가 의료비를 파산의 가장 큰 원인으로 지목했다. 미국은 의료비가 비쌀 뿐만 아니라 건강보험을 강제하고 있지 않아 보험에 가입되어 있지 않다가 병에 걸리면 파산하기 쉽다. 또 보험을 가지고 있다고 하더라도 의료비가 워낙 비싸기 때문에 본인이 부담해야 할 금액이 커서 경제적으로 어려움을 겪기도 한다. 우리나라도 예전에는 암에 걸리면 집 팔아서 치료받는다는 이야기를 할 정도로 의료비가 경제적으로 큰 부담이었다. 건강보험의 중증질환 및 희귀·중증난치질환 산정특례 제도 덕분에 환자의 부담이 많이 줄어든 것은 아주 바람직한 일이다.

하지만 몇 가지 개선해야 할 점도 눈에 띈다. 먼저 5퍼센트의 본인부담률 적용이 되지 않는 예외 항목이 많았다. 어머니가 요도염으로 동네병원에서 치료를 받았을 때는 5퍼센트의 본인부담률이 적용되지 않았다. 동네의원의 설명으로는 췌장암 치료에 직접적으로 관련 있는 항목들에 대해서만 5퍼센트의 본인부담률이 적용된다고 한다. 그런데 중증질환이 진행되거나 이를 치료하는 과정에서 다른 질환에 걸리거나 크고 작은 여러 부작용을 겪을 가능성이 증가한다.

예를 들어, 중증질환이 진행되거나 치료의 부작용으로 식욕을 잃게 되면 잘 먹지 못해 체중이 줄어들고, 이에 따라 면역력이 떨어진다. 면역력이 떨어지는 경우, 어머니의 경우처럼 감염증이 발생하기 쉽다. 물론 요도염과 같은 감염증은 중증질환과 상관없이 발생할 수도 있기 때문에 중증질환 환자에게 새로운 감염증이 발생했을 때 이것이 중증질환의 치료와 직접 관련이 있는지 알기 힘든 경우가 많다. 하지만 항암치료와 면역력 저하로 인한 감염증 발생 사이에는 충분한 인과관계가 있다고 볼 수 있다. 중증질환의 치료에 직접 관련이 있는 항목에만 5퍼센트 본인부담률의 혜택을 받게 하는 것은 경직된 적용으로 보인다.

또 중증질환의 치료에 직접 관련이 있더라도 비급여로 규정되어 있는 항목들이 많다. 췌장암이 진행함에 따라 자라난 암세포에 의해 췌담도가 막히게 되어 췌장에서 만든 효소들이 소장으로 잘 분비되지 않을 수 있다. 췌장에서 만든 효소는 소화에 꼭 필요하기 때문에 이 효소가 부족하게 되면 소화가 잘되지 않고 영양분이 흡수되지 않는다. 그러면 체중이 줄어들고 면역력이 떨어진다. 그래서 어머니는 췌장 효소제인 노자임이라는 약을 처방받아 복용했다. 그런데 이 약은 비급여 항목으로 지정되어 있어 본인이 약제비 전부를 부담해야 했다. 미국 건강보험의 경우, 이처럼 치료에 꼭 필요한 약이 비급여 항목으로 되어 있으면 이에 대해 처방자가 이의를 제기하고 보험사로부터 심사를 받아 지불 혜택을 받을 수 있다. 우리나라도 환자의 상태와 처방자의 의견을 급여 방법에 유연하게 반영할 수 있다면 환자와 가족들에게 상당한 도움이 될 것이다.

보험 급여가 제한된 경우도 있었다. 어머니가 B대학병원에 입원했을 때 MRI 검사를 받으셨다. 그런데 이 MRI 검사는 단 한 번만 보험적용이 된다고 한다. 어머니가 한 번 더 MRI 검사를 받았다면 그 비용은 모두 개인이 부담해야 했을 것이다. MRI와 같은 검사는 치료의 효과와 부작용을 판정하기 위해 암의 치료 과정에서 여러 번 필요할 가능성이 많고 비용도 많이 든다. 따라서 검사횟수를 획일적으로 제한하기보다는 의학적으로 필요한 경우에 보험을 적용할 수 있도록 하는 것이 좀 더 합리적으로 보인다.

30

존엄하게 삶을
마무리하려면…

"오빠, 엄마가 호스피스 서비스를 좀 더 일찍 받았으면 얼마나 좋았을까? 엄마를 너무 늦게 호스피스 병원에 입원시켜 드린 것이 후회가 돼."

어머니의 장례를 마치고 며칠 뒤 동생이 안타까운 표정을 지으며 말했다. 동생은 우리가 어머니를 위해서 별로 해 드린 것이 없다고 생각하여 담즙 배액관을 다는 시술을 꼭 받으시도록 강력하게 주장해 어머니의 고집을 꺾었을 정도로 조금이라도 치료를 더 해 드려야 한다는 쪽이었다. 그런데 어머니가 담즙 배액관 시술을 받은 지 11일 만에 돌아가시자 조금이라도 더 해 드리는 것이 반드시 어머니를 위한 게 아니라는 것을 깨달은 듯했다. 무엇보다도 어머니가 호스피스 병원에 입원해 계셨던 동안 의료진들에게 인간적인 돌봄을 받으셨기 때문일 것이다.

우리나라와 미국의 호스피스 서비스 대상자는 약간 다르다. 미국에서는 여명 기간이 6개월 이하로 진단된 환자들이 호스피스 서비스를 받을 수 있는데, 우리나라는 3개월 이하로 좀 더 짧다. 또 미국의 경우 질병에 따른 대상 환자의 제한이 없지만, 우리나라는 2020년 기준으로 성인의 경우, 말기암 환자 외에 말기 만성 폐쇄성 호흡기 질환, 말기 후천성 면역 결핍증, 말기 만성 간경화 환자들로 대상을 제한하고 있다. 그나마 이는 어머니가 호스피스 서비스를 받았던 2017년보다 대상 범위가 확대된 것이다(당시에는 말기암 환자로만 제한되었다). 이처럼 보다 많은 환자들이 호스피스 서비스를 받을 수 있게 된 것은 반가운 일이다.

호스피스 서비스는 모든 병원에서 제공되지 않는다. 그래서 환자와 가족은 호스피스 서비스를 제공하는 병원을 직접 찾아야 한다. 다행히 환자와 가족의 편의를 고려해 전국에 지역별로 호스피스 서비스를 제공하는 병원들이 따로 지정되어 있고, 이 병원들은 중앙 호스피스센터의 웹사이트(www.hospice.go.kr)에서 찾을 수 있다. 한 가지 알아 둘 점은 가정형 호스피스 서비스를 제외하고는 반드시 거주 지역의 서비스를 이용해야 할 필요는 없다는 것이다. 즉, 환자나 가족이 원하면 거주 지역이 아닌 다른 지역의 병원이 제공하는 호스피스 서비스를 이용할 수 있다.

병원에서 제공하는 호스피스 서비스는 크게 네 가지로 나뉜다. 입원형, 가정형, 자문형, 소아 청소년 완화의료가 그것이다. 입원형 호스피스 서비스는 환자가 호스피스 병동에 입원해 받는 서비스로 말기암 환자만을 대상으로 한다. 가정형 호스피스 서비스는 모든 호스피스 서비스 대상 환자들에게 제공된다. 이 서비스는 의료진, 간호사, 자원봉사자 등으로 구성된 병원의 호스피스팀이 가정을 직접 방문해 환자와 가족에게 호스피스, 완화치료에 관련된 서비스를 제공한다. 자문형 서비스도 모든 호스피스 서비스 대상 환자들에게 제공된다. 이 서비스는 호스피스 대상 환자가 외래로 병원을 방문할 때 또는 호스피스 병동이 아니라 다른 병동에 입원했을 때 제공되는 서비스이다. 소아 청소년 완화의료는 생명을 위협하는 질병에 걸린, 만 24세 이하의 환자들에게 제공되며 대상 질병에 대한 제한이 없다.

다행인 점은 건강보험이 대부분의 호스피스 서비스를 지원해 준다는 것이다. 입원형 호스피스의 경우 병실비와 치료비, 가정형 호스피스 서비스의 경우 가정 방문비를 지원해 준다. 일부 본인이 부담해야 하는 부분이 있지만 건강보험이 많이 지원해 주기 때문에 환자와 가족에게 큰 도움이 된다.

그런데 호스피스 서비스를 제공하는 모든 병원이 위의 네 가지 유형의 서비스를 모두 제공하는 것은 아니다. 또 가정형 호스피스 서비스는 거주 지역 근처의 지정된 병원에서만 받을 수 있다. 나는 병원보다는 어머니가 오랫동안 사시던 집에서 세상과 이별을 고하는 것이 좀 더 인간적이라고 생각했기 때문에 가정 방문 호스피스를 받을 수 있기를 바랐다. 하지만 2017년에는 가정형 호스피스 서비스가 도입된지 얼마 되지 않은 상황이라 입

표 3 우리나라에서 제공하는 호스피스 서비스

구분	대상 질환	서비스 제공 장소	서비스 내용
입원형	말기암	호스피스 병동	포괄적인 초기 평가 및 돌봄 계획 수립과 상담 음악/미술 요법 등 프로그램 환자 및 가족의 심리, 사회, 영적 문제 상담 자원봉사자의 돌봄 봉사 통증 및 신체 증상 완화 임종 관리
가정형	말기암 말기 만성 폐쇄성 호흡기 질환 말기 후천성 면역결핍증 말기 만성 간경변	환자의 가정	포괄적인 초기 평가 및 돌봄 계획 수립과 상담 환자 및 가족 교육 주야간 상담전화 환자 가족의 심리, 사회, 영적 문제 상담 장비 대여, 연계 및 의뢰 서비스 임종 준비 교육 및 돌봄 지원
자문형	말기암 말기 만성 폐쇄성 호흡기 질환 말기 후천성 면역결핍증 말기 만성 간경변	일반 병동 입원 및 외래	신체 증상 관리 자문 생애 말기 돌봄 계획 및 지원 임종 준비 및 돌봄 지원 환자 가족의 심리, 사회, 영적 문제 상담 호스피스 입원 연계(말기암의 경우)
소아 청소년 완화의료	생명을 위협하는 질환 대상 질환에 대한 제한 없음	입원 및 외래	포괄적인 초기 평가 및 돌봄 계획 수립과 상담 신체적 돌봄 심리적, 영적, 사회적 돌봄 퇴원 지원 환자 가족 및 돌봄 제공자 교육 임종 돌봄

원형 호스피스 서비스에 비해 받을 수 있는 서비스의 종류에 제한이 많았다. 특히, 먹는 약으로 통증을 조절할 수 없거나 음식을 먹을 수 없는 경우, 정맥 주사를 맞아야 하는데 가정형 호스피스 서비스는 정맥 주사 서비스를 제공하지 않았다. 그래서 우리는 입원형 호스피스 서비스를 신청할 수밖에 없었다.

따라서 호스피스 서비스를 제공하는 병원을 결정할 때에는 원하는 서비스와 환자의 상태 등을 고려해야 한다. 또 인기 있는 호스피스 병원은 대기 시간이 오래 걸리기 때문에 미리 신청하는 것이 좋다. 어머니의 치료 과정에서 받은 의료 서비스 중 호스피스 서비스가 가장 만족스러웠기에 만약 여명 기간이 3개월 미만이라는 진단을 받았다면 바로 호스피스 서비스를 신청하는 것을 권한다.

동생과 나는 입원형 호스피스 서비스를 제공하는 여러 병원에 대해 조사했다. 각 병원의 웹사이트 외에도 인터넷 카페에 올라온 여러 정보를 살펴보았다. 이를 바탕으로 우리 가족의 사정에 가장 맞을 것 같은 집 근처에 있는 병원 두 개를 골랐다. 그리고 우리는 어머니가 B대학병원에서 퇴원하시기 전날 이 두 병원을 직접 방문했다(호스피스 서비스를 원한다면 병원을 직접 방문해서 알아보는 것이 추천한다).

첫 번째로 방문한 병원은 도심 한가운데 있어 가족이 방문하기가 편리했다. 호스피스 서비스를 알아보려고 왔다고 하니 병원 내 호스피스 서비스 담당 의사와 상담사를 만나도록 주선해 주었다. 담당 의사는 외래진료를 보고 있었음에도 시간을 따로 내어 우리를 만났다. 담당 의사는 그동안 어머니의 치료 과정을 듣고 병원이 제공하는 호스피스 서비스에 대해 자세히 소개해 주었다. 이어 만난 호스피스 서비스 상담사는 호스피스 병동을 둘러보게 해 주었다. 호스피스 병동은 병원 내 다른 병동과 구분되어 있었고, 당시에 입원해 있는 환자들과 가족을 볼 수 있었다. 호스피스 상담사는 병원이 제공하는 호스피스 서비스의 구체적인 내용, 비용, 대기 시간 등에 대해 자세하고 친절하게 알려 주었다.

두 번째로 방문한 병원은 도심과는 떨어진 외곽의 산자락에 위치하고 있었다. 살짝 좁은 듯한 느낌이 들었던 첫 번째 병원과 달리 두 번째 병원은 병동의 공간이 넓어 더 쾌적해 보였다. 또 야외에는 환자와 가족들이 이용할 수 있는 휴식 공간이 있었다. 두 번째로 방문한 병원의 호스피스 담당 의사는 병원장이었기 때문에 우리는 담당 의사를 만날 수는 없었다. 그래서 호스피스 서비스 상담사만을 만났는데, 그는 병원이 제공하는 호스피스 서비스에 대해 자세하게 설명해 주었다. 그리고 우리에게 호스피스 병동을 보여 주었다.

두 병원 모두 호스피스 서비스 프로그램으로 마사지, 카드 만들기, 함께 노래 부르기 등의 프로그램이 매일 다양하게 구성되어 있었다. 6인실의 경우, 건강보험이 적용되어 하루 입원비가 만 원대로 저렴했지만 상급 병실은 건강보험이 적용되지 않왔다. 다행히 입원실에 대한 건강보험 적용 대상이 확대되었고 2020년부터는 2인실도 건강보험의 혜택을 받을 수 있다. 대기 기간은 대략 일주일에서 한 달까지 예측하기가 힘들었는데, 입원환자의 상태와 기다리는 환자의 수에 따라 달랐다.

두 병원 모두 좋은 호스피스 서비스를 제공하고 있었지만 우리는 두 번째 병원인 분당 보바스 기념병원을 선택했다. 비록 분당 보바스 기념병원의 비용이 첫 번째 병원보다 좀 더 비싸기는 했지만 첫 번째 병원과 비교했을 때 우리에게 몇 가지 장점이 있었다. 먼저 분당 보바스 기념병원의 종교 서비스가 특정 종교에 편중되어 있지 않았다. 반면에 첫 번째 병원은 종교 서비스에 특정 종교 서비스만을 제공하고 있었다. 물론 그 종교를 믿지 않는 환자와 가족은 종교 서비스를 받을 필요가 없었지만 우리는 종교에 대해 중립적인 병원을 선호했다. 무엇보다 보바스 기념병원은 산 중턱에 자리 잡고 있어 주변이 숲으로 우거져 있었고 전망도 좋았다. 어머니는 자연을 좋아하셨기 때문에 이런 환경이 어머니에게 잘 맞을 것이라고 생각했다. 돌아보니 이는 어머니의 치료 과정에서 내린 결정 중 가장 잘한 선택이었다.

31

작별

"야~ 좋다!"

상쾌한 아침 공기와 함께 확 트인 전망에 어머니는 매우 좋아하셨다. 입원 당일에는 어머니가 구토를 심하게 하셔서 상태가 매우 좋지 않았다. B대학병원에서 퇴원하신 뒤 아무것도 드시지도 못한 데다 보바스 기념병원에 입원하러 갈 때 차를 탄 것이 속을 메스껍게 한 것 같았다. 하지만 영양제 수액을 맞으시고 잠도 잘 주무셔서인지 입원 다음 날 아침에 어머니는 휠체어를 타고 움직이실 수 있었다.

"전화기 좀 줘 봐. 사진 좀 찍게."

동네 노인복지관 사진반 활동을 꾸준히 하신 어머니는 아름다운 풍경을 열심히 사진으로 담으셨다.

"잘 찍었지?"

우거진 숲과 멀리 보이는 아파트, 아침 햇살과 푸른 하늘에 담긴 그 사진들은 결국 어머니의 마지막 작품이 되고 말았지만 나는 어머니가 돌아가시기 며칠 전에도 좋아하시던 사진을 찍을 수 있었던 것에 대해 감사한다.

보바스 기념병원에서 인상적이었던 것은 전망과 환경만이 아니었다. 보바스 기념병원의 정성 어린 호스피스 서비스는 기대를 훨씬 뛰어넘었다. 보바스 기념병원의 호스피스 병동은 환자와 가족들을 위한 다양한 프로그램을 매일 제공했다. 어머니는 특히 자원봉사자가 병실을 방문해서 해 주는 발 마사지를 좋아했다. 땀을 뻘뻘 흘리시면서도 어머니의 양발을 정성스럽게 마사지해 주시던 자원봉사자 두 분을 잊을 수 없다.

카드 만들기도 기억이 나는 프로그램이다. 처음에는 단순히 흰 종이에 환자가 색칠해서 카드를 만드는, 일종의 시간을 때우는 프로그램으로만 생각했다. 그런데 이 프로그램은 종이뿐만 아니라 단추, 실 등 여러 생활 소품을 활용해 가족들이 환자를 위해 카드를 만드는 것이었다. 이 카드에는 가족들이 환자에게 보내는 메시지를 적거나 환자가 좋아하는 그림을 그릴 수도 있었다. 우리 가족 중 카드를 가장 잘 만든 사람은 손자—내 아들—였다. 아들은 할머니와 함께 여러 번 여행을 다녔는데, 그때 할머니가 사진 찍으시는 모습이 인상적이었나 보다. 어머니가 꽃 사진을 찍는 모습을 그려 넣은 카드를 만들었는데, 어머니가 무척 좋아하셔서 그 카드를 어머니가 돌아가신 다음 제단에 올

할머니,
저는 너무 사랑해주셔서 고맙습니다.
할머니가 산책을 하면서 귀엽게 꽃을
사진 찍는 모습은 꼭 잊지 않겠습니다.
~할머니를 사랑하는 손자 택인 올림

손자가 할머니를 위해 만든 카드

려놓기도 했다.

환자와 가족들이 마지막 시간을 의미 있게 보낼 수 있도록 도와주는 프로그램들도 좋았지만 보바스 기념병원을 지금까지 특별히 생각하는 가장 큰 이유는 환자와 가족들을 대하는 병동 직원들의 태도와 모습 때문이다. 보바스 기념병원 호스피스 병동의 간호사들이 환자를 대하는 표정, 말투, 태도에서 환자에게 지금 무엇이 필요한지 세심하게 주의를 기울이고, 최선을 다해 돌본다는 것을 느낄 수 있었다. 어머니를 담당했던 한 간호사는 어머니와 이야기를 나눌 때마다 어머니가 침대에 앉아 계시면 옆에 앉고, 어머니가 누워 계시면 침대 옆에 쪼그리고 앉았다. 이 간호사는 환자의 눈높이에 자신의 위치를 맞추면서 환자에게 공감을 표시해 좀 더 원활히 의사소통을 이끌었다. 단순히 배정받은 환자를 대하는 모습이 아니었다. 어머니와 이야기할 때 늘 손을 잡아 주는 등 사람으로서 공감하고 배려하는 따뜻한 마음이 느껴져서 매우 고마웠다.

고마웠던 일은 이뿐만이 아니었다. 어머니는 평소 음악을 좋아하셨다. 그래서 나는 피아노를 연주할 줄 아는 손자의 연주를 돌아가시기 전에 조금이라도 들려드리고 싶었다. 그런데 입원 다음 날 우연히 병동에 전자 피아노가 있는 것을 보고 간호사에게 사용할 수 있는지 물어보았다. 간호사는 비어 있는 1인실로 전자 피아노와 어머니의 침대를 직접 옮겨 주고, 어머니가 손자의 연주를 들을 수 있도록 도와주었다. 또 병원 1층 예배당에 피아노가 있다면서 예배가 끝난 다음 우리가 예배당에 있는 피아노를 쓸 수 있도록 해 주었다. 덕분에 어머니는 마지막으로 손자의 피아노 연주를 듣는 행복한 시간을 보낼 수 있었다.

보바스 기념병원의 원장님은 완화치료와 호스피스를 전공했기 때문에 어머니를 직접 담당했다. 그런데 이분은 내가 지금까지 보지 못한, 정말 환자를 최우선으로 생각하는 분이었다. 어머니는 8월 11일 금요일 오후 늦게 병원에 입원했다. 그럼에도 불구하고 원장님은 그날 저녁까지 남아서 어머니를 직접 진찰하셨다. 게다가 원장님은 주말 아침에도 나와서 어머니를 직접 보고 가셨다. 이는 B대학병원의 담당 교수와 매우 대조된다. 또 원장님은 가족 면담의 일환으로 나와 따로 십여 분간 만나기도 했다. 이때 원장님은 어머니가 너무 갑작스럽게 상황이 안 좋아져서 죽음을 받아들일 준비가 충분히 된 것 같지 않다며 우려했다. 그래서 이후에 매일 본인이 직접 찾아오거나 심리치료사를 보내 어머니의 심리적 안정을 도와주려고 노력했다.

이처럼 정성된 돌봄을 받은 덕분에 어머니는 약간 호전되었다. 비록 음식을 드실 수는 없었지만 수액을 맞고 계셔서 기운을 낼 수 있었다. 또 원장님이 직접 복수를 빼 주어서 어머니는 불편을 덜 느끼셨다. 통증이 심할 때는 정기적으로 복용하는 진통제 이외에 다른 진통제를 더 복용할 수 있었기 때문에 통증도 잘 조절되었다. 그래서 아침마다 휠체어를 타고 산책을 나갈 수 있었고, 저녁에는 좋아하시던 프로야구 경기를 노트북으로 보실 수 있었다(어머니는 열성 두산팬이셨다). 매일 컴퓨터로 야구를 보는 할머니 환자를 처음 보았는지, 간호사들은 어머니를 "쿨한 할머니"라고 불렀다.

나는 학교를 6월 말부터 비웠기 때문에 8월 중순 미국으로 다시 돌아갈 비행기를 예약해 둔 상황이었다. 내가 돌아가기로 한 날은 어머니가 입원하신 다음 주 월요일인 8월 14일이었다. 그런데 8월 13일, 원장님이 이 이야기를 들으시고는 나를 불렀다.

"꼭 지금 미국으로 돌아가셔야 하나요? 제가 판단하기에는 어머님이 일주일 정도밖에 남은 것 같지 않아서 말씀드립니다."

나는 어머니에게 일주일 정도밖에 시간이 남지 않았다는 원장님 말을 믿을 수 없었다. 어머니의 상황이 B대형병원에 입원하기 전보다는 많이 나빠지기는 했다. 하지만 어머니는 의식이 또렷하셨고 야구 경기도 시청하시는 등 아직은 괜찮아 보였기 때문이었다.

"학교를 오래 비워서 잠깐이라도 다녀와야 할 것 같습니다. 곧 돌아오도록 하겠습니다."

원장님은 더 이상 말씀을 하지 않으셨다. 비행기 시간이 8월 14일 오후 4시경이어서 나는 떠나는 날 아침 여행가방을 들고 병원에 들러 어머니께 인사를 드렸다. 어머니는 잘 다녀오라고 말씀하셨지만 마음이 무거웠다. 병실을 나와 공항으로 가려는데 간호사가 나를 불렀다.

"정말 지금 가셔야 해요?"

"네. 다음 주 중반에 다시 돌아올게요."

"원장 선생님께서 말씀하셨겠지만, 저희가 생각하기로는 어머니께 남은 날이 며칠 안 되는 것 같아서 다시 한번 말씀드리는 거예요. 아드님 직장이 너무 멀기 때문에 자칫 늦을 수도 있을 것 같아서요."

너무 진중하고 간곡하게 말려서 나는 주저할 수밖에 없었다. 그래서 잠시 생각해 본 뒤 이메일로 학과장에게 상황을 이야기하고 비행기 예약을 취소했다. 어머니는 그날로부터 고작 나흘을 더 사셨다. 원장님과 간호사가 말리지 않았더라면, 나는 평생을 후회할 뻔했다.

8월 16일부터 어머니는 하루 종일 계속 주무시기만 했다. 더 이상 휠체어를 타고 아침 산책을 나갈 수 없었고 야구 경기도 볼 수 없었다. 8월 17일, 병원 스태프가 어머니의 임종이 얼마 남지 않은 것 같다고 알려 주었다. 입원했을 때에는 6인실에 있었지만 8월 13일부터 1인실을 사용하고 있었기 때문에 병실에서 가족만의 임종을 준비할 수 있었다(다른 병원처럼 보바스 기념병원의 호스피스 병동도 임종실을 따로 두고 있어 6인실을 사용하고 있더라도 임종실로 옮겨서 가족만의 임종을 준비할 수 있다). 스티븐 팬틸라트는《진단 이후의 삶》에서 환자에게 임종이 다가왔을 때 의식을 잃고 있는 것처럼 보일지 몰라도 환자의 오감이 살아 있다고 이야기한다. 그래서 환자가 홀로 떠나는 느낌이 들지 않도록 임종을 준비하라고 권고한다. 나는 어머니가 평소 좋아하시던 분위기를 만들어 드리려고 노력했다. 어머니가 좋아하시던 사진들을 집에서 가져와 병실에 두었고 즐겨 들으시던 음악을 틀어 드렸다. 그리고 어머니가 혼자 떠나시는 기분이 들지 않게 해 드리기 위해 어머니의 손을 계속 잡아 드렸다.

어머니는 보바스 기념병원에 입원하신 지 일주일만인 8월 18일 새벽 3시경에 돌아가셨다. 우리 가족은 밤에 서로 교대로 어머니 곁을 지켰는데, 간호사들이 임종이 다가왔을 때 우리에게 알려 주어 그날 밤은 모두 어머니 곁에서 함께 있을 수 있었다. 어머니가 돌아가신 뒤 간호사들은 어머니의 입원복을 우리가 준비해 왔던 평상시 입는 옷으로 갈아입히고, 어머니의 두 손을 배에 모아 꽃을 들게 해 드려서 아름다운 모습으로 먼 곳으로 떠나신 느낌이 들었다. 그리고 돌아가신 직후 당직 의사가 와서 사망진단서 작성을 해 주었다. 그런데 새벽 4시경, 원장님이 직접 찾아오셨다.

"어머니 표정을 보니 편하게 돌아가신 것 같아 다행입니다."

원장님은 보바스 기념병원에는 장례식장이 없어서 다른 병원으로 옮겨야 하는데 병실의 짐을 옮기려면 차가 여러 대 필요할지 모른다면 주차증을 더 주겠다고 하셨다. 원장이라는 지위에도 불구하고 자신이 담당하던 환자가 사망하자 그 새벽에 일찍 나와서 환자의 마지막 가는 모습까지 걱정해 주고, 동시에 가족들의 주차증도 챙겨 주는 의사는 아마도 우리나라뿐만 아니라 미국에서도 없을 것이다.

비록 짧은 기간을 입원했지만, 어머니는 마지막 일주일 동안 정성 어린 돌봄을 받을 수 있었던 보바스 기념병원에 고마워하셨을 것이다. 전혀 예상치 못한 진단을 받은 후 3개월도 지나지 않아 돌아가셨지만, 어머니가 마지막에 좋은 사람들로부터 보살핌을 받을 수 있었던 것은 다행이며 참으로 감사한 일이었다. 어머니와 우리 가족들을 따뜻하게 보살펴 주신 보바스 기념병원의 원장님, 간호사님들, 그 외 직원들 모두에게 다시 한번 감사의 인사를 드리고 싶다.

"안녕하세요? 저희 어머니가 오늘 분당 보바스 기념병원 호스피스 병동에 입원하셨어요."

어머니는 고등학교 동기 모임에 꾸준히 참석해 오셨다. 이 모임에 참석하는 분들은 매달 한 번씩 만났을 뿐만 아니라 같이 여행도 같이 다니는 등 오십여 년을 친밀하게 지낸 친구들이었다. 어머니는 췌장암 진단을 받은 다음, 주변을 정리하기 위해 고등학교 동창들에게 그 사실을 알렸다. 그래서 7월 말에는 친구분들이 우리 집 근처의 식당으로 오셔서 어머니를 만나 격려해 주기도 하였다. 나는 어머니가 호스피스 병동에 입원하셨을 때 어머니의 카카오톡 그룹방을 통해 친구분들에게 소식을 알려드렸다. 어머니에게 남은 날이 얼마가 될지 모르니 평생 친하게 지내던 분들이 마지막으로 만나 작별 인사를 나누면 좋을 것 같았다.

어머니가 입원한 다음 날, 친구분들이 문병을 오셨다. 불과 보름 전에 만났을 때보다 부쩍 안 좋아진 어머니를 보고 친구분들은 크게 놀란 모습이었다. 친구분들은 어머니 손을 잡고 따뜻하게 위로해 주었다. 그런데 좀 이상한 점을 발견할 수 있었다. 친구분들 모두 어머니가 곧 돌아가실 수 있다는 것을 알면서도 아무도 어머니와 작별 인사를 하지 않았다. 대신에 마치 어머니가 완치되어 다시 만날 수 있는 것처럼 말씀하셨다. 그리고 떠나기 전, 그중 한 분이 이렇게 기도하셨다. "하나님 아버지, 우리 친구가 지금은 많이 아프지만 곧 완치될 것으로 믿습니다. 아멘."

"몸 조리 잘 하고 곧 또 보자."

"잘 지내."

이런 모습은 내가 미국에서 경험한 것과는 많이 다르다. 예를 들어, 내가 가르치던 한 학생은 여름 방학 동안 가족들과 함께 유럽에 살고 있는 할머니를 만나러 가기로 여행 계획을 미리 잡아 놓고 있었다. 그런데 이 학생은 내가 가르친 봄학기 코스에서 성적이 안 좋아 여름 방학에 재시험을 치러야 했다. 공교롭게도 학생의 여행 일정과 재시험이 서로 겹치는 문제가 발생하자 학생은 나에게 이메일을 보냈다.

"교수님, 재시험 날짜를 바꿔 주실 수 있을까요? 이번 가족 여행은 여러 사람이 가고 오래전부터 준비한 것이라 계획을 바꾸기가 어렵습니다. 그리고 할머니가 많이 아프셔서 이번에 못

뵈면 언제 작별 인사를 나눌 수 있을지 모르겠어요."

죽음이 곧 다가온 사람에게 작별 인사를 하는 것은 동양 사람에게는 낯선 문화인 것 같다. 2019년의 영화 〈작별The Farewell〉에서 주인공인 젊은 중국계 미국인은 급히 중국을 방문하게 된다. 할머니가 말기 폐암 진단을 받았기 때문이다. 그런데 부모님과 친척들은 할머니가 충격을 받을까 봐 할머니에게 이 사실을 숨긴다. 그 대신 할머니가 멀리 사는 자손들과 친척들이 갑자기 방문하는 것을 이상하게 생각하지 않도록 자녀들이 가짜 결혼식을 꾸미고 이 결혼식 때문에 모든 가족들이 모이는 것으로 할머니를 속인다. 그리고 이런 행동을 이해하지 못하는 주인공에게 다른 가족들은 할머니에게는 사실을 절대로 이야기하면 안 된다고 강조한다. 하지만 그동안 감정을 억눌러 왔던 자녀들은 결혼식 피로연에서 한 명씩 무대로 나와 마이크를 잡고 울면서 "사랑합니다", "고맙습니다"라고 말하면서 할머니에게 일종의 작별 인사를 한다. 모두 기뻐해야 할 결혼식 피로연이 어색하게 되어 버린 것이다. 이런 모습을 통해 이 영화는 죽음에 대한 동양과 서양의 서로 다른 인식을 잘 보여 준다.

이처럼 우리나라를 비롯한 동양 정서에서는 죽음에 대해 말하기를 꺼릴 뿐만 아니라 애써 무시하고 잊으려 한다. 특히, 죽음을 앞둔 사람에게 더욱 그렇다. 그래서 호스피스 병동을 방문한 어머니의 친구분들이 어머니가 곧 돌아가실 것이라는 사실을 알면서도 차마 어머니에게 작별 인사를 할 수 없었던 것일지도 모른다.

우리나라 사람들에게 죽음은 인생에서 가능한 한 멀리 두고 제외해 버려야 할 터부인 듯하다. 어머니가 돌아가시던 날, 사촌 형제가 병원 장례식장에 일찍 나와 하루 종일 우리의 일을 도와주었다. 다음 날 아침, 그가 다시 병원 장례식장에 왔을 때 했던 말이 기억이 난다.

"어제 집에 들어가자마자 현관에 소금을 뿌렸어. 상가에 갔다 왔잖아." 가까운 친척의 죽음조차 우리에게는 나쁜 운이라고 생각되는 것이다.

가까운 사람의 죽음은 누구에게나 정신적으로 큰 충격이다. 이 충격은 죽음을 미리 예상하고 있었더라도 여전히 크다. 충격이 누그러지기까지는 개인적인 슬픔과 애도의 시간이 필요하다. 또 사랑하는 사람이 더 이상 세상에 존재하지 않는다는 사실을 받아들이는 과정도 오래 걸린다. 그런데 우리의 장례 문화는 이를 고려하지 않는 것 같다. 돌아가신지 삼일 만에 장례식을 끝내야 하기 때문이다. 이처럼 서둘러 장례식을 치뤄야 하는 것은 마치 죽은 사람을 산 사람의 세계에서 빨리 격리시키기 위한 것처럼 느껴진다. 그런데 죽음이 삶의 일부라는 관점으로 바라보면 죽음은 더 이상 거리끼는 터부나 액운이 아니다. 삶이 얼마 남지 않은 사람과도 죽음에 대해 이야기할 수 있게 된다. 이는 죽음을 앞둔 사람이 능동적으로 죽음을 준비할 수 있도록 도와준다.

그래서 우리 어머니는 자식이 원하는 치료 방법이 아닌, 당신이 원하는 치료 방법을 스스로 선택할 수 있었다. 얼마 남지 않은 생의 시간을 최대한 의미 있게 사용하려고 노력하셨다. 마지막으로 친구들과 친척들에게 연락을 해서 만남의 시간을 가질 수 있었고, 당신이 좋아하시고 고마워하셨던 노인복지회관에 어떤 방식으로 기부할지도 스스로 결정할 수 있었다. 만약 가족들이 어머니에게 삶이 얼마 남지 않았다는 것을 숨겼다면 어머니는 당신이 원하시는 방식으로 주변을 정리하지 못하고 떠나셨을 것이다.

보바스 기념병원의 간호사는 나에게 대부분의 호스피스 병동 입원환자들은 자신의 상태에 대해 모르고 있으며, 가족들은 환자의 상태를 병원이 환자에게 알려 주지 않기를 바란다고 말했다. 동양의 정서에서 나온 가족들의 심정은 이해하지만 한편으로는 안타까웠다. 내 경험으로는 호스피스 병동으로의 입원은 떠나는 자와 남은 자가 마지막으로 모두에게 아름다운 추억을 만드는 시간이다. 어머니의 호스피스 병동 입원 기간이 모두 소중한 시간이었다. 특히, 손자가 예배당에서 피아노를 치는 것을 어머니가 물끄러미 보고 있었던 때는 내가 가장 다시 돌아가고 싶은 순간이다. 어머니의 상태를 숨겼더라면 그런 추억을 만들 수 있었을까?

보바스 기념병원의 호스피스 서비스는 내가 어머니의 치료 과정에서 접했던 우리나라의 의료 중 가장 돋보였던 부분이다.

에필로그

환자를 존중받아야 할 인간으로 대하며, 따뜻하고 인간적인 돌봄을 제공한 이 서비스는 호스피스 환자 돌봄에 대한 사명감을 가지고 헌신하는 의료진, 간호사, 스태프의 팀워크에서 비롯된 산물이다. 또 여기에는 다른 직원들에게 모범을 보이는 원장님의 리더십과 B대학병원 등에 비해 상대적으로 돌보아야 할 환자수가 적은 간호사들의 업무량도 일조했을 것이다. 그리고 병원 직원들과 환자와 가족들과의 원활하고 긴밀한 의사소통도 중요한 요소였다. 즉, 양질의 의료 서비스를 제공하기 위해서는 전인적인 돌봄, 여러 직역의 협력, 의료진의 리더십, 적절한 업무량, 원활하고 긴밀한 의사소통 등이 필요한 것이다.

안타깝게도 우리나라의 많은 의료기관들이 이와 같은 요소들을 모두 갖추지 못하고 있는 것 같다. 여기에는 개인의 책임도 있겠지만 시스템의 문제에서 비롯된 것이 더 많다. 특히, 우리나라의 현 시스템은 효과적인 환자 치료를 위한 여러 의료제공자 간의 협력과 조정을 효율적으로 이끌어 내지 못하고 있다. 이를 위해서 여러 의료제공자 간의 협력과 조정을 주도하고 이끌어 내는 역할을 맡는 1차 의료제공자 제도가 조속히 확립되어야 한다. 또 건강보험의 지불 제도도 여러 의료제공자 간의 협력과 조정을 효율적으로 유도하도록 개선할 필요가 있다. 그리고 여러 의료제공자 간의 협력과 조정을 효율적으로 지원해 줄 수 있는 전자의무기록이 이용되면 큰 도움이 될 것이다.

의료기관마다 의료의 질이 들쭉날쭉한 데에는 건강보험에

서 지불해 주는 수가가 충분하지 않은 것도 한몫하고 있다. 수가가 적다 보니 의료제공자는 양질의 의료의 질을 담보하기에 적정한 수보다 훨씬 더 많은 환자를 보아야 한다. 그래서 외래나 입원이나 가릴 것 없이 의료제공자는 미국보다 훨씬 많은 수의 환자를 보고 있다. 이처럼 많은 환자를 짧은 시간 안에 진료해야 하기 때문에 의사는 필요한 처방과 검사를 잊기도 하고, 환자와 가족은 환자의 상태에 대해 충분한 설명을 듣지 못한 채로 진료실을 나서야 한다. 그리고 병원은 임상시험을 통해 검증이 충분히 이루어지지 않은 건강검진을 상업적으로 팔고 있다. 또 대형병원은 최대한의 수익을 올리기 위해 입원환자에게 MRI와 같은 비싼 검사를 한밤중에 진행해 치료에 부정적인 영향을 끼치고 있다. 물론 의료 수가를 올린다는 것은 국민들이 내는 보험료가 더 많아질 수 있다는 것을 의미하기 때문에 정치적으로 쉽지 않은 문제이다. 일반 국민들도 현행 저수가 제도가 의료시스템에 부정적인 영향을 끼치고 있다는 것을 이해해야 할 것 같다.

건강 관련 종사자의 의사소통과 의무기록 작성 기술에도 개선할 점이 많다. 효과적인 치료에는 의학 지식뿐만 아니라 환자 및 다른 직역과의 원활한 의사소통 기술이 필요하다. 즉, 아무리 의학 지식이 뛰어나도 환자와 다른 의료제공자에게 충분한 정보가 효과적으로 전달되지 않으면 의료 사고나 약화 사고가 일어날 수 있다. 그런데 이와 같은 의사소통과 의무기록 작성 기술의 중요성이 의학 지식에 비해 상대적으로 간과되고 있는 것처럼 보였다. 이를 해결하기 위한 한 가지 방법으로 건강 관련 학과의 입학 사정에 의사소통 기술 항목을 포함시키고, 수련 기간 내내 이를 강조하며 의사소통 기술이 부족한 상태로는 졸업할 수 없도록 하는 방안을 제안한다.

의료 사고가 일어났을 때 누구에게 책임을 묻는가는 의료시스템 개선에 큰 영향을 줄 수 있다. 의료 사고는 고의나 태만에 의해 일어나지 않는 이상 대부분 개인의 잘못이 아니라 여러 사람이 관련된 시스템의 문제로 일어난다. 그런 점에서 프롤로그에서 언급한 2017년, 오염된 주사기를 사용해서 발생한 신생아 사망 사건에 대한 무죄 판결은 아쉬움이 많이 남는다. 앞으로는 개인의 고의나 태만으로 발생하지 않은 의료 사건에 법을 적용할 때에는 의료기관이 안전사고를 방지할 수 있는 시스템을 구축하고 개선시키려는 노력을 기울여 왔는지에 대해 초점을 맞춰야 한다. 그러면 의료기관과 정부는 더 안전한 의료시스템을 구축하고 개선하기 위해 노력하게 되고, 궁극적으로는 환자와 국민에게 혜택이 돌아간다.

마지막으로 시스템의 효율적이고 효과적인 운영에는 리더십이 매우 중요하다. 아무리 시스템이 훌륭해도 지도자가 이를 잘 이끌지 못하면 시스템이 제대로 작동할 수 없다. 2020년 미국의 코로나 19 바이러스에 대한 대응이 이를 잘 보여 준다. 비록 미국의 의료시스템에 여러 가지 약점이 있지만, 미국은 코로나 19 바이러스에 효과적으로 대응할 수 있는 제도와 인적, 물적 자원을 충분히 가지고 있었다. 미국은 질병통제예방센터CDC 라는 우수한 감염병 감시 및 예방 기관을 가지고 있으며 뛰어난 감염병 전문가들을 많이 보유하고 있다. 게다가 세계에서 가장 부유한 나라이다. 하지만 트럼프 대통령은 코로나 19 바이러스에 대해 심각하게 여기지 않았으며 미국의 방역 시스템을 효율적으로 이끌지 않아 전 세계에서 가장 많은 코로나 19 바이러스 확진자와 이에 따르는 사망자를 냈다. 또 그는 방역 전문가들이 권장한 마스크조차 쓰지 않아 국민들에게 모범을 보이지 않았고, 방역 전문가들의 권고를 무시하고 경제 봉쇄 조치를 빨리 풀어 버렸다. 결국 한때 줄어들었던 코로나 19 바이러스가 미국에서 다시 창궐하게 하는 데에 큰 원인을 제공했다. 시스템은 사람이 만들었으므로 이를 효과적이고 효율적으로 운영하는 것도 사람에게 달린 것이다.

우리나라의 의료제도는 그동안 많은 발전을 이루었다. 짧은 기간에 의료제도를 확립하고 이행하는 건강 관련 종사자들과 정부 그리고 이에 협조한 국민들 덕분에 국민들의 평균 수명이 늘어나고 건강도 증진되었다. 하지만 개선할 점도 많이 보였다. 이 책이 우리나라의 의료시스템을 더 좋은 제도로 만들어 모두가 좀 더 건강하게 사는 데 조금이나마 보탬이 되기를 희망한다.

한국인의 종합병원

환자와 보호자는 무엇으로 고통받는가

1판 1쇄 펴냄 | 2021년 2월 25일
1판 2쇄 펴냄 | 2021년 3월 24일

지은이 | 신재규
발행인 | 김병준
편   집 | 박강민
디자인 | 김은영 · 이순연
마케팅 | 정현우
발행처 | 생각의힘

등록 | 2011. 10. 27. 제406-2011-000127호.
주소 | 서울시 마포구 양화로7안길 10, 2층
전화 | 02-6925-4184(편집), 02-6925-4188(영업)
팩스 | 02-6925-4182
전자우편 | tpbook1@tpbook.co.kr
홈페이지 | www.tpbook.co.kr

ISBN 979-11-90955-09-6 03330